探索与建构

——我国刑事诉讼法研究

张亚 著

中国商业出版社

图书在版编目（CIP）数据

探索与建构：我国刑事诉讼法研究 / 张亚著. --
北京：中国商业出版社，2017.11
ISBN 978-7-5208-0135-5

Ⅰ.①探… Ⅱ.①张… Ⅲ.①刑事诉讼法－研究－中国 Ⅳ.① D925.204

中国版本图书馆 CIP 数据核字（2017）第 289372 号

责任编辑：武维胜

中国商业出版社出版发行
010—63180647　www.c_cbook.com
（100053　北京广安门内报国寺 1 号）
新华书店总店北京发行所经销
北京亚吉飞数码科技有限公司
*　*　*　*　*
787 毫米 ×1092 毫米　16 开　17.25 印张　223 千字
2018 年 5 月第 1 版　2024 年 9 月第 2 次印刷
定价：60.00 元
*　*　*　*
（如有印装质量问题可更换）

前　言

2013年11月中共十八届三中全会通过了《关于全面深化改革若干重大问题的决定》,该文件对我国各个领域建设的改革做出了顶层设计,并明确提出了建设法治中国,必须坚持依法治国、依法执政、依法行政共同推进,坚持法治国家、法治政府、法治社会一体建设的观点。2014年10月,中共十八届四中全会通过了《关于全面推进依法治国若干重大问题的决定》。该决定明确提出了全面推进依法治国的指导思想、总目标、基本原则,提出了关于依法治国的一系列新观点、新举措,回答了一系列重大理论和实践问题,对科学立法、严格执法、公正司法、全民守法、法治队伍建设、加强和改进党对全面推进依法治国的领导做出了全面部署。党的十九大提出,建设新时代中国特色社会主义必须坚持全面依法治国。把党的领导贯彻落实到依法治国全过程和各方面,坚定不移走中国特色社会主义法治道路,完善以宪法为核心的中国特色社会主义法律体系,建设中国特色社会主义法治体系,建设社会主义法治国家。

此外,我国立法机关为了贯彻中央的要求,还修订了《刑法》《立法法》等法律,授权启动了人民陪审员制度改革、刑事速裁程序、认罪认罚从宽制度试点工作;中央政法部门在中央全面深化改革领导小组的统一领导下,相继出台了多个规范性文件,积极推进各项改革进程,其中有很多关于刑事诉讼的文件,包括《中央政法委、财政部、最高人民法院、最高人民检察院、公安部、司法部关于建立完善国家司法救助制度的意见(试行)》(2014年1

月17日印发)；《最高人民法院关于刑事裁判涉财产部分执行的若干规定》(2014年10月30日发布，同年11月6日起施行)；最高人民法院《人民法院落实〈领导干部干预司法活动、插手具体案件处理的记录、通报和责任追究规定〉的实施办法》(2015年8月19日发布，同年8月20日起施行)；最高人民法院、最高人民检察院《关于办理刑事赔偿案件适用法律若干问题的解释》(2015年12月28日发布，2016年1月1日起施行)；最高人民检察院《人民检察院办理羁押必要性审查案件规定(试行)》(2016年2月2日发布施行)；《最高人民法院、最高人民检察院、公安部、国家安全部、司法部关于推进以审判为中心的刑事诉讼制度改革的意见》(2016年8月2日发布)；《最高人民法院、最高人民检察院、公安部关于办理刑事案件收集提取和审查判断电子数据若干问题的规定》(2016年9月9日发布，同年10月1日起施行)；最高人民法院《关于全面推进以审判为中心的刑事诉讼制度改革的实施意见》(2017年2月17日发布)；《最高人民法院、最高人民检察院、公安部、国家安全部、司法部关于办理刑事案件严格排除非法证据若干问题的规定》(2017年6月27日起施行)。

鉴于我国刑事诉讼的不断发展，本书结合最新修订的刑事诉讼法以及相关规范性文件，并参考国内外高水平的学术专著和论文，全面、系统地分析和研究了刑事诉讼法。本书主要内容划分为七章，第一章是从整体上对刑事诉讼法进行介绍；第二章在第一章的基础上对国内外刑事诉讼法的发展进程进行分析，这样可以从时间维度掌握刑事诉讼法；第三章针对刑事诉讼观进行研究，包括刑事程序法与刑事实体法的关系、刑事审判权的独立行使等内容；第四章分析刑事诉讼的理念和原则，这对研究刑事诉讼法具有基础性作用；第五章分别研究了刑事诉讼法涉及的各项制度，如管辖、回避、辩护与代理等；第六章和第七章则分别介绍了刑事诉讼的一般程序和特别程序。

在撰写本书的过程中，参考了相关专家、学者的著作、论文，从中获得了许多有益的成果、见解，谨致以诚挚的谢意。由于作者水平有限，书中难免有不妥之处，敬请同行专家、学者和广大读者批评指正。

作者

2017 年 11 月

目　录

第一章　刑事诉讼法概述

刑事诉讼法是指国家制定或认可的用于对刑事诉讼活动进行调整的法律规范的总称。刑事诉讼法是我国法律体系中的一个重要构成部分,它对公安司法机关以及诉讼参与人参加的刑事诉讼活动进行调整,是一门对犯罪行为进行揭露、证实、惩罚的活动。

第一节　刑事诉讼的概念和特征

诉讼按照内容和形式的不同,可以划分为三种类型,即刑事诉讼、民事诉讼和行政诉讼。刑事诉讼是指审判机关、检察机关和侦查机关在双方当事人以及其他诉讼参与人的参加下,按照法律规定的程序解决被追诉者刑事责任问题的诉讼活动。研究刑事诉讼法,首先应该明确形式诉讼的概念以及特征。

一、诉讼的概念和特征

(一)诉讼的概念

研究刑事诉讼法,首先应该明确诉讼的概念,而诉讼具有很多含义。从字面上理解,东汉的许慎曾在《说文解字》中解释,“诉,告也”,“讼,争也”。也就是说,“诉”的含义是告诉、控告;“讼”的含义是争论、争辩。综合来看,“诉讼”就是指一方控告,另一方争辩,二者对争议无法达成共识,交由裁判官裁决争议的是非曲直,并对争议做出处理结论。我国历代的著述中,通常认为《后汉书·陈宠传》中对“诉讼”一词的运用是我国对该词最早的运用。该文中提到,“西州豪右并兼,吏多奸贪,诉讼日百数。”

西方国家对“诉讼”一词有不同的表达方式。如,英文中的“诉讼”表达为 procedure,德语表达为 prozess,法语表达为 proces,虽然表达方式有所区别但词源均是拉丁语 procedere,该词的意思是程序、过程、步骤等。这个词实际上表达的是一种解决社会冲突的过程,具体而言是指国家司法机关在当事人以及其他相关人员的参与下,按照一定法定程序对法律上的权利争议问题进行裁决,并决定解决方法的过程。合理的诉讼程序,应该保证双方当事人在理论上处于平等地位,在此条件下将争议交给法院,再由法院对该争议做出公正结果。该诉讼模式需要依靠双方当事人确立起争议,并且双方当事人应该根据争议草拟答辩和协议,大致勾画出争议的界限。

(二)诉讼的特征

现代诉讼可以划分为三大类,刑事诉讼、民事诉讼和行政诉讼。诉讼是一项专门解决争议的程序,具有以下几个主要特征。

1.公力救济

有社会冲突的存在才可能产生诉讼,处于社会关系中的不同主体为了实现各自的利益诉求而发生矛盾、产生冲突,并且这种社会冲突不宜或者不可以通过同态复仇、和解、调解或者行政性处理方式进行切实解决,必须由专门的国家司法机关按照法定程序,以相关法律作为依据做出评断时,便产生了诉讼。在解释诉讼存在的意义时,最好的评价角度便是如果没有诉讼的存在,将会发生哪些情况。通过对实践进行研究,有很多社会冲突是只可以依靠国家的暴力强制手段实现解决的,尤其是对于那些存在暴力侵害的社会冲突来说更是如此,因此诉讼的存在具有十分显著的必要性。[①]同时,诉讼是一种公力救济方式,它与私力救济存在很明显的区别,但是与同为公力救济的调解、仲裁等方式之间也存在区别。这是因为,诉讼并不会以双方当事人的自由意志作为判定的基础,同时也不将双方当事人的事先约定作为判决前提。诉讼是一种以国家强制力作为基础的公力救济,具有明显的权威性,通过诉讼可以按照法律解决社会冲突,是一种最有效也是最终的解决手段。

2. 三方关系

诉讼的三方关系是指争议的双方当事人以及处于中立地位的裁判者之间的关系。在法律角度来说,双方当事人具有相同的法律地位,作为裁判者的法官在法律地位上位于二者之上,法官作为权威的裁断者对双方当事人之间的争议和冲突进行裁断。根据具体的诉讼,三方关系可能出现一定“形变”,但是这种关系一直是一切诉讼的基本构造,并且还对诉讼的基本运行方式具有决定性作用。在实际的诉讼过程中,除三方关系中的人外,还会有证人、鉴定人、代理人、辩护人等人员参与诉讼活动,但不论参与诉讼的是谁都是以三方关系的基本架构为中心而存在的。在诉讼中,法官代表自然正义,因此必须保证听取双方当事人的陈述,法官应该公平的关注和对待双方当事人的意见,要切实听取双方当事人提出的论据和证据,[②]以此为基础形成两方平等对抗、法官居中裁判的现代诉讼构造。

3. 动态法定过程

首先,必须保证诉讼是按照一定法定程序进行的。原告人必须拥有相关法律依据作为前提,才可以向法院提出诉讼请求,并且要保证符合法定程式;被告人必须按照相关法律规定,对原告人的诉讼请求进行答辩;法官作为中立的具有权威代表性的裁判者,必须严格遵守法律预先确立的程序规则和证据规则对诉讼

① 顾培东．社会冲突与诉讼机制[M].北京：法律出版社，2004，第41页．

② 戈尔丁．法律哲学[M].上海：三联书店，1987，第240页．

进行主持和裁判，只有这样才可以保证双方当事人以及社会公众可以认可诉讼的过程以及结果。为了保证参与诉讼的各方当事人进行的活动从整体角度符合基本的形式正义的要求，通常会在法律上对诉讼的过程按照不同阶段进行具体、明确的规定，会用相应的规定要求诉讼各阶段的程序，从而促使各个阶段和步骤之间可以有效地衔接和运转。在双方当事人以及法官严格遵守以上法律要求进行诉讼活动时，诉讼便会呈现出一种动态的过程，通过法律规定实现了诉讼过程的技术化和程序化，从而使得最终做出的结论具有不可逆转性、有效性和权威性。

二、刑事诉讼的概念和阶段

（一）刑事诉讼的概念

根据法律争议的性质进行划分，可以将诉讼分为刑事诉讼、民事诉讼和行政诉讼三种类型。我国的刑事诉讼是指公安司法机关在法律争议当事人以及其他诉讼参与人的参加下，按照一定的法律程序和要求，解决被追诉者刑事责任问题的活动。

（二）刑事诉讼的阶段

在刑事诉讼的过程中，要进行报案、控告等材料的审查、询问、勘验、检查、审查批准逮捕、审查起诉、开庭前的准备、法庭证据调查、法庭辩论、被告人最后陈述以及评议和宣判等活动。可以将这一系列的行为进行阶段性的划分，划分为相对独立的单元后就形成了刑事诉讼的各个阶段。每一个刑事诉讼阶段都是完整的相对独立的程序，这些阶段具有自身的直接任务和形式。一般情况下，按照以下标准进行刑事诉讼阶段的划分。

1. 直接任务

不同刑事诉讼阶段会有不同的直接任务。例如，侦查程序的直接任务是进行相关证据的收集，查明犯罪事实，根据证据确定犯罪嫌疑人，有必要时还有羁押犯罪嫌疑人的任务；以公诉为例，起诉程序的直接任务是对侦查机关侦查终结后移送起诉的案件，从认定事实到适用法律的各个方面进行全面系统的审查，并按照实际情况以及法律规定决定是否提起公诉。

2. 参加诉讼的主体构成

根据刑事诉讼阶段的不同，参加诉讼的机关和个人构成也有所区别。例如，在刑事诉讼的侦查阶段主要是侦查机关或部门参加诉讼，起诉阶段主要是检察机关参加诉讼，审判阶段主要是法院参加诉讼。

3. 诉讼行为的方式

根据刑事诉讼的不同阶段，也会采取相应的诉讼方式。例如，在侦查阶段通常都是采取不公开的方式开展工作，按照法律规定进行专门调查工作并采取相应的强制性措施；在审判阶段通常采取法官主持的诉讼方式，并且还要保证在出庭支持公诉的检察官、双方当事人以及其他相关人员的参加下，对法律争议进行公平公正的开庭审理以及宣判。

4. 诉讼法律关系

刑事诉讼法律关系是指进行或参加刑事诉讼的机关或参与人，以刑事诉讼法的相关规定为基础形成的各种权利与义务的相互关系。不同的刑事诉讼阶段具有不同的直接任务、主体以及活动方式，因此它们的法律关系也存在一定差异。在审查起诉阶段，犯罪嫌疑人和检察官之间具有不平等的权利义务关系，而在审判阶段双方当事人具有法律上的平等关系。

5. 诉讼的总结性文书

在完成某一阶段任务时会有该阶段的总结性文书，而根据诉讼的不同阶段，总结性文书也各不相同。例如，起诉书、不起诉决定书是在审查起诉阶段完成任务后的总结性文书，判决书、裁定书是审判阶段完成任务的总结性文书。

按以上标准进行划分，我国的刑事诉讼过程可以分为立案、侦查、起诉、第一审、第二审和执行等阶段。除了这些基本程序外，还有两个特殊阶段，即死刑复核程序和审判监督程序。只有出现特定案件的情况时才会启用这类特殊程序，死刑复核程序是仅适用于判处死刑的案件的特殊阶段，审判监督程序是仅适用于裁判已生效的案件的特殊阶段。

刑事诉讼阶段和各个具体的诉讼程序之间存在一定联系，但二者之间也存在一定区别。刑事诉讼阶段指在对某个刑事案件进行处理的全部过程中，为了实现某项具体的直接任务而进行诉讼活动的过程，这个过程相对于整体过程来说具有相对独立性。具体的诉讼程序是指在具体的诉讼阶段中，为了实现直接任务而进行某些诉讼行为时采取的具体方式以及手续。

三、刑事诉讼的特征

（一）法律关系主体的特征

从法律关系主体的角度来看，参加刑事诉讼的主体包括国家专门机关以及诉讼参与人。刑事诉讼是国家专门机关行使对犯罪行为人进行刑事处罚的国家刑罚权的活动，基于此国家专门机关必须作为法律关系主体参加刑事诉讼活动。一般情况下，国家专门机关会利用其拥有的各项权利实现对犯罪者的刑罚，也就是通过行使立案侦查权、起诉权、审判权、执行权、法律监督权实现国家刑罚权。同时，刑事诉讼实际上是国家专门机关行使国家刑罚权的活动，因此，犯罪嫌疑人、被告人必须作为法律关系主体参加刑事诉讼活动。在刑事诉讼中，为了对案件事实进行调查和明确，或者为了维护相关当事人的合法权益，除了国家专门机关和双方当事人外，自诉人、被害人、附带民事诉讼的原告人和被告人等人员会作为案件的当事人参加刑事诉讼，辩护人、证人、鉴定人员、见证人等人员也可能作为其他诉讼参与人参加刑事诉讼。根据不同的国家专门机关和诉讼参与人，他们在刑事诉讼中享有不同的权利也承担不同的责任和义务，这也就决定了不同的法律关系主体在刑事诉讼中享有不同的诉讼地位。

（二）诉讼程序的特征

刑事诉讼必须保证严格遵循相关法律规定的程序进行。因为刑事诉讼活动具有鲜明的程序性以及程序的法定性，因此刑事诉讼程序具有显著的有限性以及确定性特征。例如，我国刑事公诉案件的诉讼活动，必须保证严格遵守法律规定的立案、侦查、起诉、审判、执行五大程序，而这些大程序由若干个不同的小程序构成，针对每个小程序还有不同的规定。立案程序可以划分为立案材料的接受、审查以及决定几个小程序；侦查程序可以划分为侦查破案、预审以及侦查终结几个小程序；起诉程序可以划分为审查起诉、决定起诉、提起公诉以及支持公诉几个小程序；审判程序可以划分为第一审、第二审、死刑复核以及审判监督几个小程序；执行程序可以划分为交付执行、具体执行以及执行变更几个小程序。而在这些小程序中，还有一些可以继续划分为若干个步骤。从程序价值的层面来分析，一些程序的设定目的在于保障实现刑法，为了收集证据、查明案件事实、查获以及控制犯罪嫌疑人或被告人；一些程序的设定目的在于保障诉讼参与人的合法权益，对国家机关权力进行科学合理的限制或规范，构建刑事诉讼活动中的局域秩序，通过这些程序的具体设定，可以体现不依附于刑法而存在的独立刑事诉讼价值。

（三）诉讼解决问题的特征

实际上，刑事诉讼解决的核心问题就是犯罪嫌疑人、被告人的刑事责任问题。在刑事诉讼中也存在按照法律保障诉讼参与人的合法权益不受侵害，对国家机关权力进行合理的限制或规范的问题，但实际上在解决犯罪嫌疑人、被告人刑事责任问题的过程中也解决了以上这些问题。刑事诉讼需要解决的核心问题，包括涉案的犯罪嫌疑人、被告人的行为是否在法律意义上构成犯罪，犯罪的具体性质和类型，应该对犯罪嫌疑人、被告人处以怎样的刑罚等问题，这些问题也就是涉案犯罪嫌疑人、被告人的刑事责任问题。对于分辨刑事诉讼、民事诉讼以及行政诉讼来说，明确诉讼需要解决的核心问题便是关键。

第二节　刑事诉讼法的基本理论

刑事诉讼法作为揭露、证实和惩罚犯罪的法律规范，在设计和实施的过程中都应该十分严谨。因此，在研究刑事诉讼法时，必须充分掌握其基本理论，如刑事诉讼法的概念和性质、渊源及其与其他法律之间的关系等。

一、刑事诉讼法的概念和性质

刑事诉讼法是一门专门用于对刑事诉讼进行规范的法律。我国的刑事诉讼法是国家制定的规范人民法院、人民检察院和公安机关进行刑事诉讼，当事人和其他诉讼参与人参加刑事诉讼的法律。刑事诉讼法包括以下几项具体内容：第一，刑事诉讼中的专门机关以及这些机关享有的权力和承担的义务；第二，刑事诉讼中的当事人、其他诉讼参与人以及这些主体享有的权利和承担的义务；第三，刑事诉讼需要严格遵循的原则、规则和制度；第四，刑事诉讼中收集和运用证据时应该遵循的规则及制度；第五，刑事诉讼的具体实施程序。

刑事诉讼法可以从狭义和广义两个层面进行解释。狭义层面上的刑事诉讼法是指刑事诉讼法典。广义层面上的刑事诉讼法是对一切有关刑事诉讼的法律规范的总称。一般情况下，会从广义层面上理解刑事诉讼法的概念。

按照社会经济基础以及国家基本性质,刑事诉讼法的历史发展中先后出现了奴隶制、封建制、资本主义和社会主义四种具有不同性质的法律类型。我国的刑事诉讼法属于社会主义类型的法。按照法的不同角度进行分类,我国的刑事诉讼法属于以下类型的法律。

(一)我国刑事诉讼法属于程序法

根据法的内容和作用可以将我国的法律划分为实体法与程序法。实体法是指对实质内容进行规定的法律,比如对权利、义务等进行规定的法律;程序法是指对诉讼程序和行政执法程序进行规定的法律。刑事诉讼法属于程序法,它对国家行使刑罚权的程序进行了具体规定,该法律与刑法相对应。随着时代的进步,现代法治国家对程序法的重视程度越来越高,认识到了程序法的重要价值。

(二)我国刑事诉讼法属于公法

按照法律涉及国家和个人的关系对我国的法律进行划分,可以分为公法和私法,这是罗马法的传统分类。公法是指对国家与个人之间关系进行有效调整的法律;私法是指对个人与个人之间关系进行有效调整的法律。刑事诉讼法按照其调整的主体关系属于公法,因为该法调整的是刑事诉讼中的国家专门机关与法律争议当事人及其他诉讼参与人之间的关系,尤其是与犯罪嫌疑人、被告人和被害人之间的关系。在刑事诉讼法的制定和实施的过程中,应该重视其属于公法这一显著特征,要秉承公平正义的态度处理刑事诉讼中国家权力与公民权利的冲突和平衡问题。

(三)我国刑事诉讼法属于基本法

按照法律的层次对我国的法律进行划分,可以分为根本法、基本法和一般法律。根本法是指对国家管理具有根本作用的法律，也就是国家的宪法；基本法是指必须由全国人民代表大会通过的重要法律；一般法律是指通过全国人民代表大会常务委员会的法律。我国的刑事诉讼法属于基本法，该法的制定必须通过全国人民代表大会，在我国的整体法律体系中具有十分重要的地位。

二、刑事诉讼法的渊源

（一）宪法

宪法规定了我国的社会制度、经济制度、政治制度、国家机构及其活动原则、公民的基本权利和义务等重要内容，是国家的根本大法，具有最高的法律效力，同时宪法也是制定一切法律的重要根据。因此，刑事诉讼法的制定也是以宪法为重要根据的。在宪法中有一些原则和制度是与刑事诉讼具有直接联系的，例如，按照法律规定独立行使审判权、检察权，适用法律一律平等，分工负责、互相配合、互相制约，使用本民族语言文字进行诉讼、辩护权等。在刑事诉讼法中，这些规定是其基本原则和重要内容。

（二）刑事诉讼法典

我国现行的刑事诉讼法典是《刑事诉讼法》，该法典于 1979 年 7 月 1 日通过第五届全国人民代表大会第二次会议，并于 1980 年 1 月 1 日起正式实施执行；1996 年 3 月 17 日，第八届全国人民代表大会第四次会议对该法典进行了第一次修正，并于 1997 年 1 月 1 日起正式实施执行；2012 年 3 月 14 日，第十一届全国人民代表大会第五次会议对该法典进行了第二次修正，并于 2013年1月1日起正式实施执行。《刑事诉讼法》是我国的基本法，同时也是我国刑事诉讼法的主要法律渊源。

（三）有关法律规定

有关法律规定是指全国人民代表大会及其常务委员会制定的与刑事诉讼相关的法律规定。这类法律规定可以分为两类。一类是全国人民代表大会及其常务委员会制定的法律中与刑事诉讼相关的法律规定。如《中华人民共和国刑法》《中华人民共和国人民法院组织法》《中华人民共和国人民警察法》《中华人民共和国法官法》《中华人民共和国国家安全法》《中华人民共和国律师法》《中华人民共和国保护未成年人法》等。另一类是全国人民代表大会及其常务委员会针对刑事诉讼的相关问题做出的专门法律规定。例如，第六届全国人民代表大会常务委员会通过的《关于国家安全机关行使公安机关的侦查、拘留、预审和执行逮捕的职权的决定》等。

（四）司法解释

司法解释是指被授权进行司法解释的最高人民法院、最高人民检察院，针对审判以及检察工作中具体运用刑事诉讼法的方式方法进行的解释、通知、批复等。例如，由最高人民法院、最高人民检察院、公安部、国家安全部、司法部、全国人大常委会法制工作委员会做出的《关于实施刑事诉讼法若干问题的规定》，由最高人民法院做出的《关于适用〈中华人民共和国刑事诉讼法〉的解释》，由最高人民法院、最高人民检察院、公安部、司法部做出的《关于刑事诉讼法律援助工作的规定》，由最高人民法院、最高人民检察院、公安部、国家安全部、司法部做出的《关于进一步严格依法办案确保办理死刑案件质量的意见》，以及最高人民法院做出的《关于减刑、假释案件审理程序的规定》等。

（五）行政法规和规章

行政法规是指由国务院颁布的行政法规中与刑事诉讼程序

相关的法律规定,如国务院通过的《拘留所条例》等。规章是指国务院下属各个部门以及其他相关部门,针对本部门的实际工作中涉及刑事诉讼的部分做出的相关规定,如公安部制定的《公安机关办理刑事案件程序规定》等。

（六）国际条约

各国之间签订的各类条约是国际法最主要的渊源,只有保证缔约国忠实地按照签订的条约规定履行自身的义务,才可以保证国际社会的法律秩序安定。当事国应该善意履行其缔结的条约,我国先后加入很多国际公约,成为缔约国后也需要对相应的条约善意履行。我国承认国际条约是我国的一个法律渊源。虽然属于国际法主要渊源的国际条约,并不在我国国内法的范畴内,但是国际条约通过法定程序具有与国内法同样的拘束力,因此,国际条约也是我国国内的一个法渊源。[①]我国先后签署了很多国际人权公约,如《制止恐怖主义爆炸事件的国际公约》《世界人权宣言》《公民权利和政治权利国际公约》《经济、社会及文化权利国际公约》《消除一切形式种族歧视国际公约》等。1998年10月5日,我国政府签署了联合国《公民权利和政治权利国际公约》。该公约中有很多关于刑事诉讼标准的规定,其中包括权利平等,司法救济,生命权的程序保障,人身自由和安全的程序保障,禁止酷刑或施以其他残忍的、不人道的或侮辱性的待遇或刑罚,无罪推定,不可以强迫任何人自证其罪,辩护权保障等。2003年8月27日,我国全国人大常委会批准了《打击跨国有组织犯罪公约》,2003年12月10日,我国签署了《反腐败公约》,在这两个国际公约中也有很多关于刑事程序问题的规定。总之,各个国际条约中关于刑事问题的规定,构成了刑事诉讼的国际标准,这些规定的制定目的就是在国家追究犯罪者刑事责任的过程中,充分保障人权,从而切实实现法律判决的公平正义。在我国,我国签署、批准

---

① 沈宗灵．法理学[M]．北京：北京大学出版社，2009，第269页．

加入的国际公约中与刑事诉讼相关的各项规定，都属于我国刑事诉讼法的渊源，我国在实施刑事诉讼的过程中应该严格遵守这些规定的内容。

应该注意以上法律规范适用的法律层次问题，也就是法律的位阶问题。宪法是我国的根本大法，处于所有法律的最高层次地位，其他任何法律都不可以与宪法相抵触，一切与宪法相抵的法律都不具有法律效力。位于宪法地位以下的所有法律，都应该严格遵循《中华人民共和国立法法》有关规定的精神，同时必须严格遵循上位法优先遵守的原则。例如，如果司法解释或行政法规与全国人大及其常委会制定的法律之间出现一定矛盾，应该优先执行全国人大及其常委会制定的法律；地方法规如果与中央行政法规发生冲突，应该优先执行行政法规等。但是在履行法律的实践过程中，经常会发生适用法律上下错位的现象，例如，有时会出现司法解释和部门规章与刑事诉讼法典中的相关规定发生冲突，公安司法机关有时会忽略上位法优先遵守的原则，越过刑事诉讼法典直接执行本系统中央机关制定的司法解释和规定，实际上这种行为并不正确，这属于违背我国《立法法》的精神和法治原则的行为。

三、刑事诉讼法与宪法的关系

（一）宪法是刑事诉讼法的重要立法依据

在我国的《刑事诉讼法》中，第 1 条便明确的做出了“根据宪法，制定本法”的规定。《宪法》第 5 条规定：“国家维护社会主义法制的统一和尊严。一切法律、行政法规和地方性法规都不得同宪法相抵触。一切国家机关和武装力量、各政党和各社会团体、各企业事业组织都必须遵守宪法和法律。一切违反宪法和法律的行为，必须予以追究。”因此，刑事诉讼法以及各个部门法中的规定都必须将宪法作为重要依据，必须保证这些法律中的规定不与宪法相抵触。

第一，在制定和修改《刑事诉讼法》时，必须严格遵循《宪法》的基本精神，要坚持将其作为指导原则以及出发点。《宪法》中关于我国国家性质、社会制度、政治制度、国家机关的组织体系和活动原则等规定，是我国《刑事诉讼法》的性质、目的、任务以及基本原则的决定依据。

第二，我国《刑事诉讼法》在对诉讼人权保障进行规定时，应该将《宪法》中涉及公民基本权利以及尊重和保障人权的相关规定作为直接依据。我国《宪法》第 33 条规定，我国公民在法律面前具有平等的法律地位；第 37 条规定，我国公民的人身自由不受到非法侵犯；第 38 条规定，我国公民的人格尊严不受到非法侵犯；第 39 条规定，我国公民的住宅不受到非法侵犯；第 40 条规定，我国公民的通信自由以及通信秘密受到相关法律的保护等。刑事诉讼必须严格遵守相关的法定程序，明确规定了关于人身强制措施、对财产的强制性侦查措施、技术侦查等特殊侦查措施的适用条件以及法定程序等，此外还明确强调在刑事诉讼过程中不可以进行刑讯逼供，还建立起非法证据排除规则等，通过各种人权保障措施保障公民的合法人权。

第三，《宪法》中人民法院、人民检察院的性质、组织体系、职能、活动原则、领导体制的相关规定，是制定《刑事诉讼法》中相关规定的具体依据。在《宪法》中有以下几项明确的规定条款。第 129 条规定，中华人民共和国人民检察院是我国法定的法律监督机关；第 125 条规定，除了相关法律规定的特殊情境外，人民法院一律公开进行案件的审理工作；第 126 条和第 131 条规定，人民法院和人民检察院按照相关法律规定独立行使其审判权、检察权，行政机关、团体以及个人不可干扰其行使这些权利；第 135 条规定，在办理刑事案件的过程中，人民法院、人民检察院和公安机关应该进行科学合理的分工配合以及相互制约，以此保证法律得到准确有效地执行。

（二）刑事诉讼法与宪法之间的依赖关系

现代宪法的基本内核是公民的基本权利和自由，有很多基本权利和自由都与刑事诉讼之间具有十分紧密的联系。当公民涉嫌犯罪就会自动启动国家追诉权，国家追诉权在广泛而深刻地意义上对公民的基本权利产生着影响，逮捕、传讯等刑事活动都会对被追诉人的基本权利和自由产生严重影响；搜查、扣押、冻结等刑事活动，会对公民的基本住宅权、财产权等权利产生严重影响；在刑事案件办理中使用技术侦查手段进行监听、秘密录音、秘密摄像等活动，会直接对公民的隐私权、通信自由权等产生严重影响。由此可以看出，宪法的一项主要内容就是公民的基本权利和自由，其中在相关部门办理刑事案件的过程中，涉及到的公民权利是公民宪法权利中最重要的权利。因为刑事诉讼法与宪法之间存在着密切联系，导致很多刑事诉讼问题实际上就是宪法中关于公民基本权利与自由的问题，因此，从这个层面来理解，可以将宪法与刑事诉讼法关系的研究总结为宪法性刑事程序。

近代各国为了通过宪法在一定程度上抑制国家权力，保护被追诉人的合法权利不受到侵犯，不仅在宪法上列举各种基本权利，并对这些基本权利相应地给予直接效力，同时还根据发展实际情况不断完善刑事程序基本权利体系，并在相关条件全部具备的情况下将其在宪法上予以列举。在13世纪初的英国，已经通过这种做法抑制国家权力。在英国1215年的《自由大宪章》中，已经有一些关于保障被追诉人的基本人权的思想体现。《自由大宪章》第39条规定："凡自由民除经其贵族依法判决或遵守内国法律之规定外，不得加以扣留、监禁、没收其财产，褫夺其法律保护权或加以放逐、伤害、搜索或监禁。"① 美国在这种理念基础上进一步发展，在美国的《权利法案》中明确规定了美国公民享有的23项基本权利，其中有12项都是与刑事诉讼相关的权利。例

① 法学教材编辑部.外国法制史资料选编[M].北京：北京大学出版社，1982，第254页.

如，第四修正案规定相关机关必须保障公民反对不合理的搜查和扣押的权利；第五修正案规定一切不名誉罪都应该由大陪审团审查起诉，严格禁止出现双重处罚，禁止强迫自我归罪；第六修正案中列举了一系列公民在刑事指控的过程中享有的基本权利，如迅速审判、公开审判、被告知指控的性质以及理由、通过强制手段和方法获得于己有利的证据等；第八修正案中增加规定，公民享有禁止收取过多保释金的权利。除此以外，在第五修正案和第十四修正案中还对正当程序条款进行了明确规定。权利法案中涉及的大多数规定本质都属于程序性条款，这具有十分重要的意义。正是因为这些规定的显著程序性，才使法治与人治产生了根本的基本区别。

在大陆法系国家也有一些类似的法律规定。法国的《人权宣言》中有很多关于被追诉人人权原则的规定，包括无罪推定、审判公开等。在第二次世界大战以后，德国在《联邦德国基本法》中明确规定，一些基本权利直接被视为可直接实施的法律，并使立法机关、行政机关以及司法机关承担相应的义务。就当前德国宪法与刑事诉讼程序来说，它们之间具有一种依赖性的特殊关系。罗科信教授根据宪法与刑事诉讼法之间的关系，将刑事诉讼法称作国家基本法的测震仪。德国宪法中有很多关于刑事诉讼问题的规定，包括程序法治、法官独立、公民自由权利等，从而形成了公民权利对国家公权力的有效、强大的抑制力量。此外，德国刑事诉讼还有宪法性申诉这一救济手段，这是指任何公民声称自己的宪法权利遭受国家侵犯时，都可以在使用过所有其他法律手段后，直接向宪法法院提出申诉。由此进一步体现出了宪法与刑事诉讼法之间的特殊“依赖性”。日本在第二次世界大战也受到了美国宪法的深刻影响，日本宪法也将基本人权作为其宪法价值体系的核心，在日本宪法中的规定几乎涵盖了所有刑事程序中涉及的基本权利。

现在很多国家都在国家宪法中规定了公民的权利与自由。根据学者的相关统计显示，在世界各国的宪法中，有 88% 的国家的宪法直接规定了被告人权利；有87.3%直接规定了公民发表意见的自由；83.1%直接规定了公民财产权；82.4%直接规定了公民平等权。①

我国宪法中也有一系列的规定是关于公民权利和义务的，这有效地保障和维护了我国公民的基本权利。但是对于公民在刑事诉讼中的基本人权问题，我国很少在宪法中进行直接规定，很多权利还没有上升至宪法性权利的层面，如正当程序的审判、无罪推定、反对强迫自证其罪等权力都是如此。戴雪在《英宪精义》中指出，人人都应该享有人身自由，这并不是一种特别利益。也就是说，人身自由权利应该是每个人享有的权利，它是寻常法律推行之下所成的结晶品，同时也是在寻常法院提供保护的情况下形成的产物。由此，我们当可适用一个通则于一特殊事件中。可以看出，人身自由的权利并不是国家制定和实施宪法的结果而是宪法的根源所在。②

四、刑事诉讼法与其他部门法之间的关系

（一）刑事诉讼法与刑法之间的关系

刑事诉讼法与刑法之间的关系表现为刑事程序法与刑事实体法的关系。刑法属于实体法，对犯罪与刑罚进行直接规定；刑事诉讼法属于程序法，对查明犯罪和惩罚犯罪的方法进行直接规定。从国家追究犯罪的活动来说，刑法和刑事诉讼法都具有不可替代的重要作用。刑法是对犯罪行为进行定罪量刑的依据和标准，没有刑法也就失去了诉讼活动的正确方向；刑事诉讼法是相关刑事机关进行侦查、起诉和审判的法定程序，没有刑事诉讼法就无法真正实现惩罚犯罪，而刑法的规定也就不再具有意义。在

---

① 徐秀义，韩大元．现代宪法学基本原理[M]．北京：中国人民公安大学出版社，2001，第75页．

② 戴雪．英宪精义[M]．北京：中国法制出版社，2001，第249页．

现代法治社会，刑法实行“罪刑法定原则”，这是指在法律中没有明文规定的不算犯罪，也不进行处罚；刑事诉讼法实行“程序法定原则”，只是指在没有经过法定程序时，不可以对任何人采取强制措施、追诉、审判以及定罪量刑。按照现代法治的要求，诉讼程序只有在符合刑事诉讼法的相关规定时才可以启动，并必须按照法定条件、法定步骤推进诉讼进程，再以此为基础决定案件涉及的逮捕、起诉和审理工作，然后按照刑法规定的构成要件和量刑标准确定某种行为是否构成犯罪、构成何种犯罪以及相应的刑罚。由此可以看出，刑事诉讼法可以在一定程度上保障刑法的实施，同时还可以限制刑法的作用。不可以将刑事诉讼法单纯当作刑法的“助法”和实施工具。

（二）刑事诉讼法与人民法院组织法、人民检察院组织法之间的关系

这三门法律是相邻近的法律部门。人民法院组织法和人民检察院组织法制定和实施的是对人民法院、人民检察院的性质、任务、职权范围、活动原则、组织体系、机构设置和人员构成进行规定的法律，其中，也包含关于法院、检察院的规定，规定了这些机关在刑事诉讼中承担的任务、职权以及相关的活动原则。在刑事诉讼中，法院、检察院具有十分重要的地位，刑事诉讼法是一门对刑事诉讼全过程进行规定的法律，因此其中必然有关于法院、检察院在刑事诉讼中的地位、职权、相互关系等方面的规定。由此可以看出，刑事诉讼法与人民法院组织法、人民检察院组织法存在内容上的交叉重合，三者之间关系密切。但是，这三门法律有其各自有特定的调整对象和范围，三者之间并不存在从属关系，因此它们只可以互为补充，并不可以互为替代。

（三）刑事诉讼法与民事诉讼法、行政诉讼法之间的关系

这三门法律都属于诉讼法，三者之间存在一定的共性，同时

也存在一定的特殊性。制定这三门法律的一个共同目的是为实体法的实施提供有力保障，它们具有很多共同的原则、程序和制度，例如，司法机关按照法律规定独立行使各自的职权；将事实作为有力根据、将法律作为有效准绳；两审终审制、审判公开以及回避制度；在诉讼中需要使用民族语言文字等。但是，这三门法律所调整的对象、任务和目的之间存在差异，这就导致三者所规定的原则、程序和制度之间也存在很多不同之处。刑事诉讼法的主要调整对象是刑事诉讼活动，解决的中心问题是被告人的刑事责任问题，除了人民法院参与刑事诉讼外，公安机关和人民检察院等国家机关也会参与诉讼，在刑事诉讼法中有侦查、强制措施、审查起诉、死刑复核等制度，这些制度明显区别于民事诉讼、行政诉讼的制度。民事诉讼法的主要调整对象是平等主体之间进行的民事诉讼活动，该诉讼法规定了民事诉讼实行当事人的辩论和处分原则、调解原则，当事人对于自己积极主张的事实需要承担相应的举证责任。行政诉讼法的主要调整对象是行政诉讼活动，其面临的需要解决的主要问题是由于行政机关及其工作人员的行政行为而引起的各种争议，其制定和实施的目的在于保护行政相对人的合法权益不受侵害，该诉讼法规定，作为被告人的行政机关需要对自身行政行为的合法性承担相应的举证责任。我国的行政诉讼法是将民事诉讼法作为基础和依据制定的，二者在程序设置方面具有很多共性。

第三节　刑事诉讼的基本范畴

刑事诉讼的基本范畴包括很多内容，如刑事诉讼目的、价值、条件等，研究刑事诉讼法的一项基础内容就是研究刑事诉讼的基本范畴。只有在此基础上，才可以进一步就具体情况做出正确的判断。

一、刑事诉讼目的

（一）刑事诉讼目的具有的含义

刑事诉讼目的是指立法者预先设定的、开展刑事诉讼活动想要实现的具体目标。刑事诉讼需要控、辩、审这三个方面共同活动而完成的过程，而这三个方面对于诉讼有各自不同的利益追求，立法者将占社会主导地位的价值观念作为有效依据，对诉讼各方的直接利益及其所反映的潜在利益进行一定权衡，以此使用统一的目的使各方在诉讼中的活动受到一定制约，这也就是说，诉讼中的任何一方都不可以没有任何限制地一味追求本方的利益，不可以为了本方的利益诉求而不择手段。因此，刑事诉讼目的并不是控、辩、审中任何一方参加刑事诉讼的目的。

刑事诉讼目的对于整个刑事程序来说具有如同灵魂一般的意义，刑事诉讼根据目的的区别，在刑事诉讼中保护的利益也会体现出不同的侧重点，在国家与个人之间的法律关系上也会有一定区别。在现代社会，从国家层面来分析，社会既存在依据宪法和法律对社会进行管理、对犯罪行为进行处罚的权力，又有尊重法治以及公民基本权利与自由的义务；从个人层面来分析，既有国家需要进行管理的对象，有需要严格遵守国家法律的义务，又是相对于国家而存在的社会生活的主体，按照相关法律规定享有不受国家权力侵犯的公民基本权利和自由。在现代社会，国家与国家的关系是基于政治国家与市民社会的分离的，这种关系在刑事诉讼中发生作用，这就要求刑事诉讼不仅是对犯罪进行惩罚的必经法定程序，同时还需要成为有效保障公民个人基本权利和自由的重要程序。因此，对于现代国家来说，刑事诉讼的共同目的就是追求惩罚犯罪与保障人权的有机统一。

（二）惩罚犯罪目的

刑事诉讼的一个重要目的就是惩罚犯罪，通过实现这一目的国家履行自身的公共管理职能，切实保护社会公众的合法利益。现代国家均认为犯罪主要并不是对个人利益有所侵犯，而是在于其对社会公共秩序的严重破坏；国家作为社会公共利益的代表者，应该担负保护其社会成员不受犯罪行为侵害的责任，当发生犯罪行为时，国家有义务通过合法的手段和方法调查案件、寻找犯罪人，并按照相关法律规定和法定程序对犯罪人进行处罚，以此促进法律秩序的有效恢复，预防社会再次受到犯罪的侵害，同时通过这种方式还可以有效地满足被害人和社会公众的泄愤心理。按照现代法治原则，刑罚权是一项公权，私人不可以擅自形行使这一权利，在行使刑罚权时必须保证该行为经过法律事先规定的程序，必须通过刑事诉讼活动才可以行使这一权利。在现代国家，刑事诉讼是唯一一个追究犯罪、惩罚犯罪的合法渠道，公正独立的法院将会按照法律规定的程序对犯罪案件进行审理，之后对案件做出具有法律效用的刑事裁判，这是国家以刑罚方法制裁具体社会成员的唯一合法根据。

（三）保障人权目的

刑事诉讼另一个重要目的是保障人权，这是近代以来人权理论和民主宪政发展的结果。在现代国家，刑事诉讼不仅作为国家政府行使刑罚权、惩治犯罪的必经法定程序，同时也是国家公民的基本权利和自由免受政府非法或者无理侵犯的有力保障程序。

从程序层面来说，刑事诉讼的保障人权目的主要包含四层含义。第一，保护国家公民不会因为政府的非法强制手段而沦为犯罪嫌疑人或被告人，这就是指保障公民不会受到无根据的或者非法的刑事追究；第二，在整个刑事诉讼的过程中，保障犯罪嫌疑人和被告人不会受到不公正的待遇，一方面要保证无罪之人可以尽快脱离刑事犯罪的追究程序，另一方面要使犯罪者的合法权益得到适当的保护，其中尤其是应该保障犯罪嫌疑人、被告人作为人的基本尊严；第三，在进行刑事诉讼过程中，应该保障被已经依法认定有罪的被告人可以受到公正的、人道的刑罚处罚，不可以采用酷刑和其他不符合人道的刑罚；第四，必须保证参加刑事诉讼的自诉人、被害人以及辩护人等其他诉讼参与人的诉讼权利和合法权益可以得到充分保障。

在刑事诉讼中，保障人权目的的核心就是保障个人不会受到无根据的或者非法的刑事追究以及犯罪嫌疑人、被告人的合法权益，但需要注意的是，刑事诉讼法保障的不只是犯罪嫌疑人、被告人的权利和自由，而是通过这种方式来捍卫和保障全体社会成员应该享有的权利和自由。保障人权是刑事诉讼的重要目的，具有重要的根本性意义，社会个体在面对将保护公共利益作为名义而提出刑事指控的强大政府，可以通过行使诉讼的方式有效有力的抵制非法迫害和专横武断的追诉，对于政府非法的或者无根据的刑事追诉，社会个体可以通过刑事诉讼得到公正、及时的司法救济，保证政府与个人在国家宪法以及其他法律面前具有平等的法律地位。对于刑事诉讼来说，保护人权的最低要求就是个人拥有反抗暴政的基本权利，这也正是保障犯罪嫌疑人、被告人基本权利和自由的逻辑起点。

（四）惩罚犯罪目的与保障人权目的的关系

在现代刑事诉讼中，惩罚犯罪目的与保障人权目的具有对立统一的相互关系。对于以民主主义作为基础的现代法治社会而言，政府权力存在的根本依据就是保障社会公民的个人权益，从根本上来说，惩罚犯罪与保障人权的目的是一致的。政府依法惩罚犯罪地直接目的，是为了满足维护法律秩序、保护社会公共利益的社会需要，同时这也是社会中的所有社会成员追求生命安全和生活幸福的一项基本保障，即使对于已经依法确定的犯罪者而言，也不会直接放弃国家的司法保护而使自身的合法权益遭受来自外界的侵害；同样，虽然刑事诉讼中保障人权的核心是保障犯罪嫌疑人和被告人的个人合法权益不受政府的非法侵犯，但这也是现代民主政府存在的合理根据，只要是一个国家以民主原则作为根本依据，就不可能在其对犯罪进行惩罚的过程中完全忽视犯罪嫌疑人和被告人的基本人权。因此，对于采取民主宪政体制的现代国家而言，必然会将追求惩罚犯罪与保障人权的有机统一作为刑事诉讼的重要任务和目标。

从理论角度来看，应该给予惩罚犯罪与保障人权同样的重视，因为任何一方都没有优越于对方的理性根据。如果政府单纯强调惩罚犯罪，却不重视人权保障，就会出现政府权力恶性膨胀、任意拘捕、无理追诉和不公正审判等情况，甚至可能由于对人权的忽视出现不经任何法定程序便非法剥夺社会公民的自由、财产乃至生命的现象出现。反之，如果国家一味地强调保障人权，却轻视惩罚犯罪，就会引起政府权利受到过分限制的情况，这样会使社会犯罪活动在一定程度上得到放纵，社会的安全稳定与社会成员的个人权利都无法得到保障。因此，这就要求国家将惩罚犯罪与保障人权紧密结合起来，要将二者放在同等的位置上，只有这样才可以实现政府权力与个人权利的有效平衡，只有这样才可以使刑事诉讼的过程和结果既可以正确反映公共利益需要，又可以满足社会成员应该受到宪法和法律保护的基本权利需求，使现代法治社会可以在安定平稳的状态中生存和发展。

但是在实际操作的过程中，惩罚犯罪与保障人权总是处于对立面。而引起这一现象的主要原因就在于，政府与个人在特定时空条件下所追求的刑事诉讼利益之间存在矛盾和冲突。立法机关和司法机关在处理这种冲突时，必须以利益权衡作为重要原则，谨慎地选择合适的政策。从某种程度上来说，惩罚犯罪与保障人权在本质上并不是处于静态统一的关系，而是在立法机关和司法机关在特定条件下做出的不同选择而呈现出动态的对立关系。从当前世界范围内刑事诉讼制度的发展趋势进行分析，可以看出当前的国际性趋势为刑事诉讼中进一步尊重个人的正当权益，不断扩大并切实保障犯罪嫌疑人和被告人的法定权利，也就是指，在最小限度地侵害犯罪嫌疑人和被告人人权的基础上，实现最大限度地惩罚犯罪效果。

我国刑事诉讼立法、刑事政策以及诉讼实践等方面基本上坚持和贯彻了惩罚犯罪与保障人权相统一的目的观，但是从实际情况来看，在很长时间以来我国刑事诉讼立法和司法实践并有保证给予这两个方面同样的重视，我国刑事诉讼长期以来的主要目的和首要任务便是“打击敌人，惩罚犯罪”。然而，我国市场经济飞速发展，改革开放也进入了新的阶段，个人所具有的社会地位得到了逐步提高，公民也逐渐加强了自身的权利意识和参与意识。1998 年 10 月 5 日，我国政府签署联合国《公民权利与政治权利国际公约》，这表明我国已经承认关于人权保障的国际刑事司法准则。推进司法制度和程序的改革，提高司法公正性，已经成为整个中国社会的共识。也就是说，从立法和政策的角度对刑事诉讼目的观进行适当的调整，进一步优化和完善刑事诉讼制度，已经具备了广泛的社会基础。2012 年 3 月，十一届全国人大五次会议通过了《刑事诉讼法》修正案，该修正案将惩罚犯罪与保障人权并重的司法理念融入其中，明确地将 2004 年宪法修正案确立的“尊重和保障人权”原则写入《刑事诉讼法》中，并且还在具体的法律制度和法律程序中体现了这一原则的精神，通过对这些规定的调整，意味着我国司法制度进一步明确了社会主义性质，这样可以促使公安司法机关在办理刑事案件时，更好地遵循和贯彻“尊重和保障人权”的宪法原则，这样会在很大程度上提升我国刑事司法过程中的人权保障水平。

二、刑事诉讼价值

（一）刑事诉讼价值具有的含义

价值是经济学和伦理学中的基本概念，它具有两种不同的含义。一是指某种事物在满足人类需求或愿望的层面上所具有的实际效用或者有用性，在经济学中这种价值被称为使用价值或者交换价值。价值客体的实际价值，取决于它满足价值主体的需要的程度。二是指用于评价某种事物伦理品质的标准、原则或者观念，如审美标准、道德标准等。

相应的，刑事诉讼的价值也有两种不同的含义。一种理解为，刑事诉讼价值是指刑事诉讼立法及其实施可以满足国家、社会及其一般成员的特别需要而对这些主体所具有的效用和意义。[①] 在这种理解的基础上，一些学者提出了刑事诉讼价值有秩序、公正、效益三种的理论，一些学者则认为刑事诉讼价值可以分为自由、秩序、公正和效益四种，还有一部分学者则主张刑事诉讼价值有自由与安全这两个方面。另一理解为，刑事诉讼价值是指刑事诉讼程序在其设计和运行的过程中所体现的基本价值标准，这些价值并不会通过诉讼结局得以体现，而是评价刑事诉讼程序或者过程的一些价值标准。[②] 以这种理解作为基础，一些学者认为刑事诉讼价值并不是指某些抽象价值，而是包含内在价值与功利价值这两个方面的内容。为了实现刑事诉讼的内在价值，就必须保证在设计方面使其符合特定的伦理价值标准；为了实现刑事诉讼的功利价值，就必须保证在设计层面使其可以对刑法的正确实施产生正确积极的效用和保障；刑事诉讼的经济效益价值相较于以上两种价值处于次级价值的地位。

刑事诉讼价值不仅具备工具价值或效用的意义，同时在评价标准层面也具有一定意义，这两者不可以完全割裂的来分别看待开，更不可以通过一种价值去否定另一种价值。如果只是研究抽象层面的秩序、安全和自由价值，就很难将刑事诉讼法价值与其他法律的价值区别开来，也就无法切实体现刑事诉讼价值具有的独特特点。此外，如果单纯地按照内在价值和外在价值区分刑事诉讼价值，并不能完全体现刑事诉讼价值的全部内涵，尤其很难

---

① 宋英辉．刑事诉讼目的论[M]．北京：中国人民公安大学出版社，1995，第13页．
② 陈瑞华．刑事诉讼前沿研究[M]．北京：中国人民大学出版社，2000，第92页．

合理的解释刑事诉讼具有的效率价值。刑事诉讼价值一方面是刑事诉讼立法及实施所反映出来的实际效用,另一方面是立法者设计刑事诉讼程序以及公安司法机关实施刑事诉讼法的评价标准。对法律价值的一般原理和刑事诉讼具备的特点进行综合考虑,可以认为刑事诉讼价值主要包括两种,即公正价值和效率价值。

（二）公正价值

从刑事诉讼的角度来说,公正主要包含两种意义。第一,刑事诉讼的实体公正,这是指结果公正,也就是保证刑事案件的实体处理结果可以充分体现公正。这就要求据以定罪量刑的犯罪事实必须是完全准确的,必须具有充分的证据,在实行诉讼过程中坚持“疑罪从无”原则;保证正确适用刑法,按照相关法律明确犯罪嫌疑人、被告人是否有罪以及犯了什么罪;在对犯罪者判处刑罚时必须遵循罪刑相适应原则,保证刑法适当;如果出现案件处理错误的情况,必须按照法律规定及时纠正并合理赔偿。第二,刑事诉讼的程序公正,这是指过程公正,也就是需要保证在刑事诉讼程序方面必须体现公正。这就要求在刑事诉讼的过程中必须严格遵守相关的规定,充分保障当事人和其他诉讼参与人,尤其是犯罪嫌疑人、被告人的诉讼权利;严格禁止对犯罪嫌疑人、被告人刑讯逼供,不可以通过非法手段获取证据,按照法律排除非法证据;在诉讼中坚持贯彻控审分离原则,保障司法机关依法独立行使自身的职权;按照法律规定落实审判公开原则以及辩护原则,保证被告人可以得到公正的审判等。随着时代的进步,程序公正的标准也会有所改变和发展。根据《公民权利和政治权利国际公约》以及其他国际公约的规定,国际社会已经明确规定了最低限度的程序公正标准,包括无罪推定、审判独立、不得强迫任何人自证其罪、审判公开等。

刑事诉讼程序的首要目标是确保刑法得以正确实施。立法者在设计刑事诉讼程序的过程中,必须对国家实施刑法、惩治犯罪的实际需要进行综合、充分的考虑,在评价国家刑事诉讼程序时，应该将该程序运行的结果是否足以保证刑事案件在实体结果上获得公正的处理作为重要的衡量标准。如果可以保证诉讼程序设计的科学性和合理性，那么在通常情况下，通过这一程序进行诉讼得出的实体结果应该是属于公正的结果。如果刑事诉讼程序在设计上没有保证其科学合理性，或者程序本身公正但却没有得到认真落实，这就会导致实体结果上出现意思错误或偏差。对于刑事诉讼来说，程序本身及其实施过程中的公正也具有十分重要的意义。公正的程序作为实体公正的有力保障，可以有效地弥补刑法中存在的不足，同时，还可以对刑法的实施产生积极的抑制作用，这样可以有效地防止公安司法机关滥用其拥有的职权，可以促使公民和社会组织的合法权益得到更好地保护。由此可以看出，刑事诉讼程序并不只是刑法的实施手段，它还具有十分重要的独立价值。

一般情况下，实体公正与程序公正是相互统一的，但在一些情况下也会出现矛盾。实现刑事诉讼公正就需要正确处理实体公正与程序公正之间的关系，这就要求立法者在设计刑事诉讼程序时必须坚持贯彻实体公正与程序公正并重的理念。一方面，应该使公安司法机关拥有足够的权力，这样才可以保证它们有能力在法定程序的框架下准确、及时地查明犯罪事实，并公正地对犯罪处以刑罚；另一方面，应该充分发挥程序规则和证据规则防止公共权力遭到滥用的功能，需要规定违反程序法的官方行为需要承担的相应不利后果，并需要保证诉讼参与人以及其他利害关系人拥有充分的诉讼权利和救济权利，应该单独看待刑事诉讼程序，不可以将其完全作为实体法的实施工具看待。同时，在司法实践中，公安司法机关应该转变司法理念，摒弃“重实体、轻程序”的传统观念和做法，应该逐渐建立起“程序先于实体”的司法理念，必须严格遵守相应的法定程序，在实践中贯彻“尊重和保障人权”的宪法原则，尤其是检察机关必须按照法律相关规定履行其法律监督职责以及证明被告人有罪的举证责任，法院应该贯彻落实公开审判原则，必须保证被告人及其辩护人的依法辩护权利得以行使，还应该充分发挥审判程序对侦查、起诉权力的审查、制约功能。在特殊情况下，应该根据社会的经济发展水平、法治观念、社会治安情况、犯罪的严重程度等实际情况，对刑事案件中存在的价值矛盾和冲突进行科学合理的权衡和取舍。此外，有必要进一步加强对程序法实施情况的社会监督，应该充分利用各种媒体和公众监督渠道，对公安司法机关及其工作人员的违法行为进行及时的披露，以此有效地督促相关机关或者其上级机关可以按照法律规定及时纠正其违法行为，并且在其诉讼领域内对那些自身权利受到侵害的当事人以及其他诉讼参与人给予一定合适的救济，在诉讼领域以外，应该严肃处置存在违法行为的当事人，甚至追究刑事责任。

（三）效率价值

刑事诉讼效率是指在刑事诉讼中投入的司法资源与案件处理数量之间的比例，其中人力、财力、设备等都属于司法资源。效率价值的主要要求是实现一定的司法资源投入可以处理尽可能多的刑事案件，也就是指提高单位时间内的刑事案件侦破率以及有效结案率，通过提高刑事诉讼程序的运作效率，降低刑事诉讼成本，可以在一定程度上减少案件积压和诉讼拖延等现象。

在处理刑事诉讼的过程中必然需要投入一定的司法资源，例如，必须设立一定数量的司法机关，配备一定数量的司法人员和辅助人员，配备一定数量的司法设施，还需要提供一定数量的运行经费和工作经费。同时，在侦查和审判具体刑事案件的过程中，必然需要一定数量的司法人员花费充足的时间开展相关工作，这样才可以实现案件的侦破和办结。但是一个社会可以提供的司法资源不可能无穷无尽，这并不会根据其犯罪率的高低有所改变，因此，刑事诉讼效率才成为立法、司法机关和诉讼参与人乃至社会公众所共同关注的问题。

如果不改变司法资源的投入，可以通过刑事案件的破案率、有效结案率、诉讼时间、错案率等变量，对刑事诉讼效率进行科学合理的评价。如果单位时间刑事诉讼的破案率和有效结案率比较高，就可以表明诉讼效率比较高；相反，如果破案率较低，或者有较多案件无法做到及时办结，或者已经办结的案件出现一定错误等，导致当事人反复上诉或者申诉，这就说明诉讼效率比较低。为了有效地降低诉讼成本，提高诉讼效率，很多国家都做出了一定规定，制定了轻微刑事案件以及被告人认罪案件按照简易、速决的方式进行处理的程序，同时，还设置了如拘留、逮捕等强制措施的具体适用期限，设置了如侦查、审判等诉讼活动的具体期限，此外，专门设置了再审程序或者审判监督程序用来处理和纠正错案。

（四）公正价值与效率价值的关系

现代刑事诉讼的目标是同时保证诉讼的公正和效率。从广义的角度来说，公正中也包含效率，因为只有保证诉讼效率高，才可以有效保证诉讼公正。在西方法治国家，它们通常将“接受迅速审判”规定为被告人的一项权利，这也反映了效率价值与公正价值之间具有紧密联系。

但是，刑事诉讼主要处理的问题是国家与个人之间存在的一些重大利益冲突，专门机关作为国家行使侦查、起诉和审判权力的代表，拥有很多具有强制性作用的权力，而对于处于相对方的犯罪嫌疑人、被告人而言，其自身的权利通常会受到各种条件的限制，例如，人身自由权、财产权等会受到一定限制，一些人并没有能力聘请辩护律师，即使犯罪嫌疑人、被告人聘请或者被指定有辩护律师，律师拥有的潜力一般也仅限于被动地应对国家的追诉，因此对于刑事诉讼的价值目标而言，公正一直是放在首位的。现代法治国家在刑事诉讼方面的一个普遍价值理念，就是公正优先、兼顾效率。

在司法实践中，公安司法机关首先需要做的是树立公正司法的理念，必须将诉讼公正放在最重要的位置。失去了公正价值的刑事诉讼也就失去了存在的意义。必须首先保证司法公正，在这个基础上追求效率价值，坚决不可以以公正价值作为代价换取效率价值。如果一味地强调办案的效率，甚至采取非法手段和方法收集证据，或者匆忙决定起诉、审判走过场，这只是造成了“结案率”高的假象，实际上却会导致很多错案出现，这样的办案方式很可能造成对无罪之人的错判，却让犯罪分子逍遥法外，这样不仅没有提高效率价值，还增加了诉讼成本，同时也使公正价值受到了损害。

需要注意的是，坚持公正优先，并不意味着轻视甚至忽视诉讼效率。公安司法机关在刑事诉讼的工作处理中，必须严格遵守法定的诉讼期限，要及时办结案件。对于没有足够证据的刑事案件来说，应该及时决定不捕、不诉或者无罪，避免不适当地长期限制公民的人身自由。

三、刑事诉讼条件

（一）刑事诉讼条件具有的含义

刑事诉讼条件是指产生法院对于起诉案件必须进行实体审理的诉讼关系所必要的条件。只有具备充分的诉讼条件，法院才需要也才能进行实体审理，若没有充足条件应该以形式裁判终结诉讼。

诉讼条件论实际上是将“诉讼法律关系说”作为基础衍生而来的，德国法学家比洛在民事诉讼法理论中率先提出从而逐渐发展形成，之后该理论被引入刑事诉讼理论，并在大陆法系诉讼法理论中得到了广泛承认。很长一段时间以来，我国诉讼法理论并没有对诉讼条件的相关问题进行研究，这就导致在司法实践中，对于不同条件做出何种裁决没有统一的规范。

事实上，在刑事诉讼中诉讼条件具有十分重要的意义。刑事诉讼的最终结果体现在确定国家的刑罚权及其范围，也就是明确具体的实体法关系，但如果没有充分的诉讼条件，法院就不可以使诉讼进入实体审理过程，而只可以凭借自身的权利和义务进行形式裁判。由此可以看出，诉讼条件实际上就是法院进行实体审理的条件。

诉讼条件并不是指起诉条件。起诉条件是指公诉或自诉是否合法的条件。在大陆法系国家和地区中，一般认为起诉条件应该具体包括以下三项：第一，检察官将依法侦查搜集获得的证据作为依据，认为被告人有足够的犯罪嫌疑；第二，被告人的犯罪行为有被判处刑罚的可能性；第三，犯罪行为有进行追诉的必要。[①] 应该将起诉时的情形作为依据判断是否具备这些条件。诉讼条件是指诉讼可以进入实体审理环节的条件，也就是起诉续存的有效条件，诉讼条件是在提起诉讼以后相关情况出现一定变化时用以进行判断的标准。例如，被告人在提起诉讼后死亡，那么虽然在起诉时该案件符合法定条件，但是由于被告人死亡起诉并不可以有效续存，法院也就不可能进行实体审理。如果出现了这种情况，大陆法系的普遍做法是要求法院做出不予受理的判决，我国对于这种情况会“裁定终止审理”，虽然在名称上有所不同，但实际上都是终止于形式裁判。要求公诉不仅必须具备合法条件，而且必须具备诉讼条件，这样可以很大程度上预防个人权利不受政府肆意威胁。

诉讼条件并不是处罚条件。处罚条件是指在实体法上的条件。如果没有充分的处罚条件，应该做出宣告无罪或者免予刑事处分的判决；诉讼条件是指在诉讼法上，诉讼进入实体审理 环节需要具备的条件，如果没有充足的诉讼条件，则应该做出免诉、不受理或管辖错误的判决。

诉讼条件和各个具体诉讼行为的条件之间也存在区别。诉讼条件是以实体审理为目标的所有诉讼行为的共同有效条件。从这个角度来看，诉讼条件也可以看作是这些诉讼行为的条件。但是具体的诉讼行为有很多种，每项诉讼行为需要的条件并不是

① 陈朴生．刑事诉讼法实务[M]．中国台北：台湾海天印刷厂有限公司，1981，第111页．

统一的,例如上诉、公诉、申请再审等都具有各自不同的条件。当具体诉讼行为没有充足的法定条件时,法院可以做出限期补正决定,如果逾期并未补正的,法院可以通过裁判的形式予以驳回;如果没有充分的诉讼条件,诉讼没有进入法院实体审理,因此并不可能要求当事人补正。

（二）刑事诉讼条件的类别

1. 一般诉讼条件和特殊诉讼条件

一般诉讼条件是指一般刑事案件所共同要求的诉讼条件,如法院的管辖权等;特殊诉讼条件只是指特殊刑事案件要求的特有且必要的诉讼条件。

2. 绝对诉讼条件和相对诉讼条件

绝对诉讼条件是指法院可以在不顾当事人主张的情况下,可以在原则上行使自身职权调查其是否存在的诉讼条件,这包括管辖权是否存在、追诉是否在时效期限内等;相对诉讼条件是指在原则上法院必须在当事人提出主张的情况下,才可以开展调查的诉讼条件。在大陆法系国家和地区的规定中,一般情况下诉讼条件都是绝对的诉讼条件,但是仍然有一些特殊情况适用相对诉讼条件。

3. 积极诉讼条件和消极诉讼条件

积极诉讼条件是指以一定事实的存在作为诉讼条件的,如法院对于受诉案件有管辖权等;消极诉讼条件是指以一定事实的不存在作为诉讼条件的,这也可以称为"诉讼障碍",如对同一案件还没有提起过公诉、追诉时效还没有完全完成等。

4. 形式诉讼条件和实体诉讼条件

形式诉讼条件指仅涉及诉讼的程序面、与诉讼的实体没有直接关联的诉讼条件,这种诉讼条件只产生诉讼上的效果;实体诉讼条件指涉及诉讼的实体面、将实体上是否存在某种事项作为诉讼条件，这种诉讼条件产生实体上的法律效果，一事不再理原则可以对其产生约束。

大陆法系的立法在形式诉讼条件方面并没有统一的规定，理论层面也存在不同的观点，但是从整体上来看，通常认为形式诉讼条件至少应包括以下六种：第一，必须保证被告人存在；第二，被告人必须具备作为当事人的能力；第三，法院必须拥有受诉案件的法定管辖权；第四，同一案件未经在同一或不同法院起诉；第五，必须按照法定有效的程序提起公诉，并保证公诉效力续存；第六，在撤回起诉后重新起诉时符合相应的法定条件。实体诉讼条件一般情况下包括以下四种：其一，对于同一案件没有做出明确的判决；其二，犯罪后的法律并没有废止其刑罚；其三，追诉仍然处于法定时效期内；其四，诉讼未经大赦。

（三）刑事诉讼条件的判断

按照大陆法诉讼的理论，诉讼条件并不是只与当事人、尤其是被告人的利益之间具有紧密联系，同时还具有十分重要的公益性质。因此，法院应该依自身职权调查诉讼条件是否存在，并不应该将当事人尤其是被告人自己提出的主张作为判定条件，立法上要求在当事人提出异议的情况下才进行调查的情形十分少见。英美法诉讼法理论更多的从充分尊重当事人的主体性以及充分保证程序公正的角度作为根本，通常要求在当事人对于诉讼条件是否存在提出主张的情况下，再由法院根据控辩双方的实际举证辩论情况进行判断，法院自行运用职权对诉讼条件进行调查的情形比较少。

诉讼条件是诉讼进入实体审理环节的条件，是必须从始至终一直存在的条件，因此从职权主义的立场来看，法院在最终做出终局裁判之前必须始终将诉讼条件的确认作为重点，不可以仅仅在起诉时对其合法性、有效性进行审查，但是如果在起诉后发生了诉讼条件欠缺的情况，法院则不可以进行实体审理。但是，如果地区管辖将被告人居住地作为根据产生时，居住地应该以起诉时作为界限进行确定，在案件起诉后、实体审理过程中或者裁判之前，即使被告人的居住地发生变化，也不会对诉讼条件的续存产生影响。如果允许当事人对于诉讼条件提出异议，在法律上通常规定应该在法庭审理的证据调查阶段开始之前提出异议。

在一些情况下，需要对案件实体具有一定认识的基础上，再判断是否存在诉讼条件。例如，关于案件是否属于“同一案件”、案件是否属于“告诉才处理的犯罪”等，都应该在对案件实体有一定认识的前提下进行判断。如果出现了这类情况，法院将起诉时指控的事实作为有效依据进行判断，还是将已经形成一定程度的心证后的实体作为有效依据进行判断，理论上存在不同的观点，但是大多数学者认为这种情况下应该将起诉书的记载作为判断标准，以此维护辩护方的权利。

（四）刑事诉讼条件缺失的法律效果

在诉讼条件有所缺失的情况下，法院应该以形式裁判终结诉讼程序。根据缺失的诉讼条件不同，形式裁判的选择也有所区别。根据大陆法系的立法和诉讼理论，当形式诉讼条件缺失时，法院应该做出不受理或者管辖错误的裁判；当实体诉讼条件有所缺失时，法院应该做出免诉的判决。我国立法在这方面并没有进行统一规定，在司法实践中的做法也多种多样，包括裁定终止审理、决定中止审理、宣告无罪、移送有管辖权的法院等，但是不论是在理论中还是在实践中，法院都不可以做出拒绝受理公诉或者驳回公诉的裁判。

四、刑事诉讼行为

（一）刑事诉讼行为具有的含义

刑事诉讼行为是指诉讼主体或其他主体实施的、构成诉讼程序内容的、可以产生诉讼上的特定效果的行为。刑事诉讼是一个动态的过程,它按照一定方向不停向前发展,该过程由参与诉讼的机关和人员的一系列行为构成,但是至少要满足以下两个条件才可以作为诉讼行为。第一,该行为必须可以在诉讼上产生一定的特定效果。例如,起诉行为可以使法院对于案件产生具体的审判权,被告人委托辩护人的行为可以使被委托人在相应的案件中获得与辩护人同等的地位等。某种行为及时对于诉讼的进行产生重要的影响,但是并没有使诉讼产生特定效果,那么这种行为就不属于诉讼行为。例如,在开庭审判前书记员会进行一系列的准备行为,辩护人对于案卷材料进行查阅和摘抄的行为等。第二,该行为必须是构成诉讼程序的行为。这是指诉讼行为必须是诉讼程序的构成部分,如果并不属于这类行为则不是诉讼行为,如法官的任免、审判案件的分配等均不属于诉讼行为。

从狭义的层面上来讲,刑事诉讼是指起诉后审判阶段的诉讼程序,诉讼中的侦查与执行并不具有"诉讼"的性质,但是按照我国刑事诉讼法的相关规定,侦查与执行是刑事诉讼中的两个独立阶段。因此,从广义的层面来说,侦查行为与判决、裁定的执行行为也是刑事诉讼行为。

(二)刑事诉讼行为的类别

1. 法院行为、当事人行为和第三人行为

按照行为主体的不同可以将刑事诉讼行为分为法院行为、当事人行为和第三人行为。

(1)法院行为

法院行为主要是指法院的审理和裁判行为。但是法院为了实现审判的目的,还需要采取一定方法进行准备或进行其他附带行为,这些行为也属于法院的诉讼行为。例如,为了对案件进行调查、对证据进行核实而进行的勘验、检查、扣押、鉴定、查询、冻结等行为,为了促使被告人到庭采取的传唤行为,为了保证被告人按时出庭而采取的拘传、取保候审、监视居住、逮捕等强制措施

等。只要某种行为是以法院名义行使职权的行为，那么不论该行为具体的实施场所和实施人员，均属于法院行为，这些行为具有法院行为的效力。

（2）当事人行为

当事人行为是指自诉案件的自诉人、被告人和被害人实施的行为。我国法律并没有相关规定明确检察院在刑事诉讼中的当事人身份，但是从诉讼理论的角度来看，公诉人以检察院名义实施的行为实际上就属于当事人的行为，因而对于这种行为应该视为当事人的行为。辩护人、法定代理人、委托代理人在其法定权限范围内作为被告人、被害人的代表所采取的诉讼行为，也属于当事人行为。

按照形式可以将当事人的诉讼行为划分为申请、主张、举证和陈述这四种。申请是指当事人请求法院做出一定决定的意思表示。例如，当事人申请审判人员和书记员回避、向法院提起公诉或自诉、向法院提出上诉或抗诉等。法院对于当事人的申请行为，不论属于程序问题还是实体问题都应该以裁判形式做出处理结论，应需要向当事人说明裁判理由。主张是指当事人关于事实和法律问题表达意见的行为，例如，公诉人发表公诉词、辩护人发表辩护词等行为、主张在实务中一般称为辩论行为。这些行为并不可以直接成为法院进行裁决的依据，但是双方在对主要内容进行争执的过程中，会对审判人员形成正确的心证产生很大的影响，因此该行为具有十分重要的作用。举证是指为了证明一定事实而实施的诉讼行为，例如，公诉人为了证明其提起诉讼的犯罪事实而提出的一系列证据、询问证人以及鉴定人确定相关事实的真实性等行为，当事人向法院提出通知新证人到庭作证的要求、被告人对于被指控的犯罪行为进行供述或者辩解等行为。在诉讼中，陈述是指对相关事实进行叙述，通常陈述是对询问或者质问的一种回答，一般情况下应该通过言词的方式进行陈述。

（3）第三人行为

第三人行为指除当事人以外的诉讼参与人，为了协助法院调查相关案件真实情况而实施的诉讼行为。例如,案件相关证人出庭作证、鉴定人对鉴定意见以及过程陈述意见、翻译人员在庭审中通过实施翻译行为协助审判人员与当事人或其他参与人进行语言沟通等。一般情况下,第三人行为属于义务、口头陈述行为,并不具有主张、举证或申请这类性质。

2. 法律行为和事实行为

将诉讼行为产生一定法律效果是否与行为人的主观意志有所关联作为科学依据进行分类,可以将诉讼行为分为法律行为和事实行为。法律行为是指将产生诉讼上的特定效果作为其进行意思表示的要素,并根据这种意思表示而承认其具有的法律效果的诉讼行为。行为人的以表示会直接影响法律行为能否产生法律效果,二者之间存在直接的因果关系,如果没有特定意思表示就代表没有特定的法律效果。例如,当事人提起诉讼、法院做出裁决、被告人提出上诉等行为均属于法律行为。事实行为是指不将产生诉讼上的特定效果作为其意思表示的要素,并且这种意思表示所产生的法律效果与行为人的意思之间并不具备直接关系的诉讼行为。例如,讯问被告人、控辩双方就犯罪事实进行辩论等属于事实行为。

3. 实体形成行为和程序形成行为

根据诉讼行为相对于诉讼整体的关系,可以将诉讼行为分为实体形成行为和程序形成行为。实体形成行为是指将案件的实体问题作为依据使法官产生一定认识或心证的行为,如对证据进行调查、对犯罪事实进行辩论等行为。程序形成行为是指推动诉讼程序的进行、促使发生或消灭某种诉讼法律关系的诉讼行为,如被告人提出上诉或抗诉、法院做出撤回上诉决定等行为。这种分类并不能绝对化,因为这种分类是以诉讼行为的主要作用作为根据来说的,虽然也有一些纯粹程序性的诉讼行为,但这些诉讼行为通常同时会具备实体形成和程序形成的功能。通常情况下,实体形成行为大多属于事实行为,程序形成行为大多属于法律行为。

本章小结

我国的刑事诉讼是指人民法院、人民检察院和公安机关在当事人及其他诉讼参与人的参加下，依法定程序解决被追诉者刑事责任问题的活动。刑事诉讼法则是由国家制定或认可的、用于对刑事诉讼活动进行调节的法律规范的总称。刑事诉讼法是我国法律体系的重要构成部分，是使我国成为现代法治国家的基本保障，因此有必要深入了解和研究这门法律。本章是对刑事诉讼法进行整体上的概述，包括刑事诉讼法的概念和特征、基本范畴以及刑事诉讼法的基本理论，通过对这些方面进行研究分析，从整体上把握刑事诉讼和刑事诉讼法，以此为更为深入的研究奠定基础。

第二章　刑事诉讼法历史发展进程

无论是人类社会中哪一种文明,均属于前人智慧的结晶,同样刑事诉讼制度也不例外。当今世界上每一个国家所实施的刑事诉讼制度均是在吸收、借鉴了奴隶制弹劾式诉讼与封建制纠问式诉讼中的一系列合理因素之后发展、壮大起来的。英国、美国法系的当事人主义倾向于人权保障,以法国、德国两个国家为代表的大陆法系国家的职权主义则倾向于惩罚犯罪。如今,伴随世界各个国家的政治、经济、文化交流的越来越频繁,两大法系之间的诉讼制度彰显出渐渐融合、彼此渗透的发展趋势。本章所阐释的是外国与中国的刑事诉讼法的历史发展进程。

第一节　外国刑事诉讼法的历史发展进程

法律制度并非从来就有,刑事诉讼法律制度自然也不例外,它们均是伴随私有制、阶级和国家的出现而出现的。在原始社会时期,不存在阶级,不存在士兵、宪兵和警察,不存在贵族、国王、总督、地方级的官员和法官,不存在监狱,不存在诉讼,而所有的一切均是那么的有条有理。每一项争端和纠纷,均是由那些当事人的全体也就是氏族或者部落进行解决,或者由各个氏族彼此解决。在那时,仅仅有氏族或者部落成员共同遵守的习惯,根本没有彰显统治阶级意志的法律一说。在原始社会解体以后,奴隶主和奴隶阶级随之出现,这时彰显阶级意志的刑事诉讼法才开始出现。人类在漫长的历史长河中,总共出现了四种阶级社会形态,第一种是奴隶制社会，第二种是封建制社会，第三种是资本主义社会，第四种是社会主义社会，无论是哪一种阶级社会均存在与其相适应的刑事诉讼形式。无论是哪一种类型的社会，它们的刑事诉讼法律均存在相似之处，不过，因为历史进程、文化传统和经济基础存在不同之处，所以，每个国家即便是同一个国家的各个发展时期，它们的刑事诉讼法律也会彰显出不一样的特点。下面，我们就针对外国刑事诉讼制度的发展进程来分析、研究刑事诉讼法律发展过程中的一般规律。

一、奴隶制时期的刑事诉讼法

奴隶制时期的刑事诉讼法在人类漫长的历史上属于最早的刑事诉讼法，早先的奴隶制国家仅仅具有习惯法，后来才慢慢有了成文法，那时候的立法体例同各个法合体、实体与程序之间有着密切的联系。截至今天为止发现的相对较早的奴隶制成文法典，例如古巴比伦的《汉谟拉比法典》、古罗马的《十二铜表法》等，均存在与刑事诉讼程序方面相关的规定。

每一项奴隶制国家的刑事诉讼法均属于奴隶制经济基础上方的上层建筑，均能够体现奴隶制度本质和特征。而每个各不相同的奴隶制国家的刑事诉讼法律制度又彰显出各自的特点和各不相同的发展过程。

对于古代西方来讲，最早进入奴隶制国家的则为古希腊和古罗马。

古希腊是在公元前 7 世纪由原始社会慢慢过渡到奴隶社会，古希腊属于城邦制国家，没有与希腊全境相适用的法律制度，每个城邦多具有成文法规，其中一部分成文法规具有诉讼程序和供司法部门引证的具体条例。在每一个城邦中，雅典的法律制度要数最具有代表性意义的，雅典的刑事诉讼程序领域的法律具有以下两个显著特点：其一，存在比较复杂但职责清晰、分工明确的法院体系。而最先出现的法院则为元老院，这些元老院管辖犯故意杀人罪、毒害罪及纵火案件罪的案件。随后又开设了埃菲特法院，又称作51人法院(该法院由51名法官组成)，它管辖误杀、教唆杀人、导致人员受伤残废以及杀死异邦人等一系列案件。后来，在公元前6世纪梭伦执掌国家政权的时候，创立了陪审法院，该法院属于雅典最高司法机关，不仅是不少重大案件(国事罪、渎职罪)的首要审法院，同时又属于其他法院的上诉审级。不仅如此，还存在一种专门审理刑事案件的由11名法官组成的法院，管辖那些强盗案件、夜盗案件、小偷案件以及其他社会犯罪分子的诸多案件；从起诉的方式上来讲，只有那些雅典的男性公民才能够起诉。诉讼分为两种，一种是“dike”，另一种则是“graphe”。其中，前者属于私人诉讼，由受害人员抑或是其法定代理人员提出，没有结案之前能够中途停止，最终的诉讼结果是原告仅仅能够取得赔偿；后者属于公共诉讼，每一个享有完全权利的公民都能够提出，诉讼需要进行到底，诉讼的最终结果是由国家惩罚犯罪人员。其二，诉讼程序分为两大阶段，分别是侦查和庭审。法院在审判原告的诉状以后，就开始进行侦查，这个时候被告有权提出反驳书，也就是所谓的“paragraphe”，例如被告人员的反驳书被认为是科学的、合理的，那么审查其反驳书后就可以进行结案。在侦查过程中无论是原告还是被告均需要提出一些必要的证据，且发誓他们所提出的证据是真实的。侦查结束之后就进入到庭审阶段，法官首先会对原告人的起诉书和被告人的反驳书给予宣读，然后双方当事人进入下一个阶段——辩论。庭审结束之后，法官通过秘密投票的表决方式做出审判结果。对审判结果不服的，可以对陪审法院提起上诉，陪审法院的判决属于终审判决。

不得不说，古罗马法在世界诸多法律文化遗产中具有十分重要的地位，除了一整套完善的实体法规范之外，罗马奴隶制国家还具有十分先进的诉讼法律制度。例如，古罗马最早颁布的《十二铜表法》(从公元前2世纪到公元前1世纪)属于共和国时期最具代表意义的法典，这一法典把罗马国家的诉讼分为两种，一种是“公诉”，另一种是“私诉”。其中，“公诉”则指对于损害国家利益相关的案件的审判；而“私诉”则指依据个人的申诉对于损害私人利益相关的案件所进行的审判。这同罗马法学家把法律划分为两种，即公法”和“私法”相符。“私诉”案件的审判划分为两种截然不同的阶段，一种是法律审查阶段，另一种是裁判阶段，其中，法律审查阶段是通过执政官（非职业法官）针对当事人提出的要求给予审查；而裁判阶段则是通过法官针对双方当事人所提到的原因、实施以及证据进行审查同时做出审判结果。在共和国的前期，针对“公诉”案件的审判，尚未出现专门的司法机关，通常情况下是由民众大会和最高长官做出判决结果。后来，到了共和国后半期，因为需要急速处理的犯罪案件越积越多，所以开设了刑事审判的专门机构，也就是刑事法院，法官则通过元老院和富有的公民之中精挑细选出 300 人至 400 人进行担任，受到最高裁判官员的领导。该刑事法院审理案件通常是将习惯法作为依据，每一个公民只要获得最高裁判官员的许可，就能够提出控诉。案件的审判则是在某一指定的时间里进行，如果原告人没有到庭，那么撤销控诉，同时对原告给予惩罚；如果被告人没有到庭，那么针对该案件做出缺席审理。在审讯处理案件的时候，法官需要先听原告、被告当事人的陈述和辩论，同时审查判断证据。判决通过法官进行表决，遵循多数票宣判。后来，到了帝国时期，皇帝慢慢开始独揽司法大权，亲自做出审判结果或者委派官吏去审判处理刑事案件，所以，刑事法院的权限大大消弱甚至消亡。

总体来讲，各个奴隶制国家的刑事诉讼法律具有非常相似的发展轨迹，而在诉讼制度方面同样具有共同特征。

二、封建制时期的刑事诉讼法

欧洲的中世纪时期，从 5 世纪日耳曼人侵略西罗马截止到 17 世纪英国资产阶级革命为止，封建制度延续了大概 1200 年的历史，西方国家最具典型意义的要数欧洲封建时期的诉讼制度了。

在公元 8 世纪之后，西欧的许多土地处在法兰克王国管辖范围内，法兰克王国政府为了巩固国家的统一，开始了日益加剧的封建化过程，增强深化了成文法渊源，那个时候最为主要的制定法要数《蛮族法典》与《撒利克法典》。而针对诉讼制度和司法制度的具体规定通常体现在以下三个方面：第一，审判组织由那些普通地方法院和王室法院组合而成，地方法院基本上划分成两种类型，一种是郡法院，另一种是百户法院。许多案件由百户法院管辖，审判结果则以多数人的意见为准，所采取的表决方式有两种，分别是撞击武器和大声喊叫，前者表示赞同，后者表示反对。第二，实行自诉原则，通过原告一方传唤被告一方，如果被告一方因为公务拒绝不到庭，那么则会受到相应的惩罚。第三，证据种类通常分为三种，第一种是证人证言，第二种是誓言，第三种是神明裁判。在这三种证据种类中，神判色彩相对比较明显，存在很多神明裁决的形式，例如火审、水审和决斗等。

在公元 843 年，法兰克王国分裂成了三个国家，分别是法兰西、德意志以及意大利。对于法兰西的法律制度来讲，它承袭了日耳曼法律、罗马法律和教会法律，属于欧洲相对比较有代表的封建法律制度。通过分析，我们能够看到法兰西王国的历史具有三个发展时期：其一，封建割据时期（发生在公元 9 世纪截至公元 12 世纪）；其二，等级君主制时期（发生在公元 12 世纪截至公元 16 世纪）；其三，君主专制时期（发生在公元 16 世纪截至公元 18 世纪）。对于法兰西王国的封建法律制度来讲，它就是在以上三个历史时期经济以及政治制度的演变过程中发展起来的。

在法国的封建割据时期，那时的法院存在四种，第一种是国王法院，第二种是领主法院，第三种是教会法院，第四种是城市法院。因为国王和领主平起平坐，所以国王法院仅仅能够审判王室领地内的案件；对于领主法院来讲，它在其独立的领地内行使审判权；对于城市法院来讲，它通常是对依附农民犯罪案件的法院给予审判处理。不仅如此，还具有主要适用教会法，审判处理同宗教事务相关的犯罪和其他事务的教会法院。该时期的诉讼，采取私诉原则,也就是依据受害人员的控告提起诉讼。证据存在三种形式,分别是誓言、神明裁判以及决斗。

在等级君主制时期,伴随王室领地的日益扩张和王权的逐渐加强,国王渐渐取消了领主的司法权,开创了由王室法院组合而成的阶梯式审判网,也就是邑法院、总管法院以及巴列门法院。其中,巴列门法院属于重大案件的首要审法院和普通案件的最高审法院。在该时期,诉讼制度最为明显的变化体现在两个方面,一方面废除了司法决斗,宣誓司法决斗不再属于一种证据种类,同时初步确立了两种诉讼形式,一种是秘密式的,另一种则是纠问式;另一个方面腓力四世开设了代表国王的检察官制度,这些检察官不仅针对地方当局和各个封建领土给予监督,而且以国家公诉人的身份针对犯罪人员给予侦查,听取旁人告密,审核批准被告人的起诉书,参与法院的审判处理。

腓力四世所开设的检察官制度,成为近代国家追诉主义的发端。在法国的君主专制时期,伴随王权得到逐渐加强,纠问式诉讼程序得到进一步加强,不需要经过当事人起诉,通过国家机关主动侦查起诉,每一个刑事诉讼程序均是私密进行的,针对被告人能够采取严刑逼供的方式,形式证据成为判定案件的最重要的依据。该纠问式诉讼制度属于大陆法系职权主义诉讼模式的最早渊源。

对于中世纪的欧洲来讲,同欧洲大陆的诉讼制度相比,英国的诉讼制度最为独特。在公元 5 世纪中期,盎格鲁 - 撒克逊人侵略不列颠,创建了一部分小王国,公元 9 世纪发展成了统一的英吉利王国,它的社会封建化进程与欧洲大陆各个国家相比要相对缓慢一些。公元 5 世纪与公元 10 世纪之间,英吉利王国的刑事诉讼法律制度与法兰克王国十分相似,除在中央开设百户法院和郡法院之外,各个领主均在自己领土上面开设法院,普遍采取发誓、占卦等诸多证明方法和神明裁定、判决、决斗等诸多方式来解决案件。到了 12 世纪,亨利二世针对司法进行了改革,将王室法院划分成三部分,第一部分是审判处理刑事案件的王座法院,第二部分是审判处理民事案件的民事法院，第三部分是审判处理财政案件的国库法院（也称作棋盘法院）。与此同时，亨利二世正式构建了巡回法官制度，其中，巡回法官将习惯法作为依据，在审判处理土地纠纷的时候需要精挑12名了解案件情况的人做证人，在经过宣誓之后向法庭做出陈述，以确定哪一方有理，所挑选的12名证人（知情人）其实就是陪审员。所以，巡回法官制度不但成为普通法赖以存在的基础条件，同时成为陪审制度的最早雏形。在1166年，亨利二世再一次颁布诏令，规定但凡那些重大的刑事案件均需要由以上所讲到的相同的12名陪审员向法庭提出控告，他们除了需要证明犯罪事实的存在之外，还需要向法庭呈请将被告逮捕，也就是所谓的“大陪审团”。在13世纪至16世纪期间，英国实行了君主政体，不仅废除了领主法院而且开设了肩负警察和司法重任的治安法院。在1352年，爱德华三世颁布文件，除了不允许起诉陪审团参与制作判决之外，还专门开设了一个由12人组合而成的陪审团参与法庭针对案件事实做出审判处理，也就是“小陪审团”，这促使侦查职能与审判职能逐渐分离开来；与此同时针对上诉制度、审级制度给予明确的规定。英国封建制度后期的刑事诉讼制度，成为现代英国、美国法律体系当事人主义的最早渊源。

除此之外，教会在欧洲封建社会中同样发挥了不可磨灭的作用，它成了加强、深化封建统治的一个至关重要的工具。教会为了更好地行使司法权，构建了完善的法院体系，该法院体系在各个西欧封建制国家司法机关中属于一个极其重要的组成部分。而教会法院审判案件则是处在私密和野蛮的状态下进行的，其极其袒护教徒，且十分残忍地对待那些异教徒。等到12世纪末期，为了进一步巩固教会地位，宗教审判所正式创建了异端裁判所，它专门陷害“异端”或“异端嫌疑人员”以及反对封建势力的具有先见之明的思想家和科学家。异端审判采取纠问主义诉讼程序对那些被审讯人员给予严刑拷打，施以幽禁、流放、火刑以及没收财产等诸多刑罚。宗教审判所一直在16世纪中期，才伴随教皇势力的越来越衰弱而渐渐改变原来的组织成为教皇的圣职部，失去其以往的强大权势和作用。

三、资本主义时期的刑事诉讼法

资本主义时期的刑事诉讼法律制度属于资产阶级民主革命的产物。在17世纪末期到18世纪初期，反映新兴资产阶级利益的思想家以及法学家针对封建专横至极的司法制度给予猛烈的鞭挞，同时提出了不少彰显资产阶级民主、自由以及人权思想的诉讼法律原则与诉讼法律制度。例如，英国平均主义派代表李尔本在《人民约法》和《英国根本法和自由》这两项文件中提倡：法律面前人人平等；采取法官选举制；陪审员需要具备广泛的权限，他们不但需要判定被告人是不是有罪，同时需要做出依据法律量刑的判决；诉讼程序不应该是私密的、间接的和独裁式的。

在18世纪，法国十分著名的法学家、思想家以及社会学家孟德斯鸠在他的著作《论法的精神》中讲到现代西方法治的一项最为基本的原则，也就是司法独立原则，他提倡司法权需要由两部分独立行使，一部分是法官，另一部分是陪审员，这两部门不受行政权和立法权的影响。封建专横至极的诉讼制度就体现在这三种权力合一方面，不具备应有的制约。不仅如此，他大力抨击了刑事诉讼法中的那些拷讯制度，在他看来拷讯是能够避免的，他提倡针对被告人要给予人道主义关怀。

意大利的著名刑事法学家贝卡利亚在他的著作《论犯罪与刑罚》中，针对封建诉讼程序中的法律规定的证据制度和刑讯逼供的不合理性进行了辛辣的讽刺，并第一次提出了重要原则——“无罪推定”，他提倡每个人在法院的有罪判决书做出以前，均应当被假定为没有罪。

资产阶级的著名启蒙思想家、法学家所提到的与刑事诉讼制度相关的基本原则和制度，不仅在摧毁封建专横至极的司法制度方面发挥了不可磨灭的作用，而且为构建资产阶级的法制体系打下了夯实的理论基础。不得不说，资产阶级在夺取政权以后，逐渐将这些彰显民主思想和人权观念的刑事诉讼制度运用在了宪法和法律中。

在孟德斯鸠所提出的三权分立理论基础之上，资产阶级国家把司法独立视作一项宪法原则确定下来，英国国会率先其他国家在 1689 年和 1701 年在其分别通过的《权利法案》以及《王位继承法》中，针对法院独立原则和法官终身制原则给予明确规定。在此之后，有罗马法传统的法国率先其他国家在 1808 年颁布了世界上的首部刑事诉讼法典，同时把司法独立原则明确在刑事诉讼法之中。欧洲大陆和东方一部分国家相继仿效，也制定了各自的刑事诉讼法。例如，德国在 1877 年制定出了《刑事诉讼法》；美国在 1789 年制定出了《司法条例》；日本在 1882 年制定出了《治罪法》，在 1890 年修订成《刑事诉讼法》。

以上几个国家的刑事诉讼法，不仅规定了司法独立原则，而且规定了诸多彰显资产阶级民主思想的刑事诉讼法原则，例如控诉职能和审判职能分离开来、言词辩论、审判透明公开、自由心证和被告人享有权利获取辩护等诸多原则。这些原则的确立，反映出资本主义的刑事诉讼程度同封建社会专横至极的刑事诉讼制度进行比较是一个巨大的历史进步。

不过，因为历史进程、文化背景加上经济发展水平的各不相同，资本主义国家之间的刑事诉讼制度也有很多不同之处，其中欧洲大陆法系国家与英国、美国法系国家之间的差别最为明显。通常情况下，欧洲大陆法系国家相对比较倾向于成文法，同时制定出了专项的刑事诉讼法典。然而英国、美国法系国家通常是依据习惯法和判例，虽然同样制定出了一部分刑事诉讼程序领域的单行法规，但是尚未形成统一的刑事诉讼法典。例如，在英国的诸多刑事诉讼单行条例就存在《人身保护法》《刑事起诉法》《刑事证据法》《刑事审判法》《治安法院法》《刑事上诉法》《陪审团法》等。本来属于英国殖民地的一部分国家，诸如加拿大、澳大利亚等，大致沿袭了英国的立法传统。

美国属于英美法系的一个典型代表,原来同样属于英国的殖民地,它的法律制度包含诉讼制定在内大致沿袭了英国的传统,但也独具特色,例如它相对比较强调成文法的制定。在 1789 年,联邦制定出了《司法条例》,该文法对诉讼程序方面的问题给予明确规定。在 1881 年,纽约州制定出了一套刑事诉讼法典,随后各个州相继仿效。在 1911 年,国会一致通过了文法——《美国刑事诉讼法典》,与此同时也为联邦系统的一部分法院制定出了某些单行的刑事诉讼法律制度规定,例如《联邦刑事诉讼规则》《联邦上诉规则》,还有《证据规则》等。

美国的刑事诉讼法律制度同样具有另外一个十分显著的特点,那就是在《英国大宪章》与《人身保护法》两大文法的巨大影响下,它将刑事诉讼中一部分保障公民人身权利的条款明确规定在了宪法中,构成了宪法原则。例如,美国在 1791 年生效的宪法修正案(也就是《权利法案》)第 4 条一直到第 8 条规定了诸多刑事诉讼原则,如:美国公民不受没有理由的逮捕、搜查与扣押;没有经过大陪审团提起公诉,美国公民不允许被判决死刑或其他不名誉罪;对于刑事被告人来讲,他们依法享有迅速公开审判、通知他们被控犯罪的性质和理由、获准给予与对方证人对质、获取律师帮助等诸多权利;在刑事诉讼中不允许处以过多罚金和处以极其残忍的刑罚等。不得不说,美国开创了世界上各个国家宪法规定刑事诉讼法法律制度原则的先河。

在第二次世界大战之后,国家之间的沟通、交流日益加强,两大法系刑事诉讼法律制度也呈现彼此吸收、彼此融合的状况。许多国家吸收、借鉴其他国家的先进成果,进行了规模宏大的司法改革,针对该国的一部分立法给予修订。例如,俄罗斯进行了全面修法,日本进行了第三次司法改革,法国针对刑事诉讼法律制度给予修改,英国在刑事司法制度现代化方面给予改进等。但是各个国家的形式诉讼法律制度的改革均十分注重本国的国情,再加上各个方面的要素,两大法系之间的差异性将会长时间存在。

最近几年来,伴随国际社会经济方面、政治方面以及文化环境方面的变化，各个国家的刑事诉讼法律制度的发展出现了一些新变化。例如，与刑事司法相关的国际公约相继出台，对各个国家的刑事诉讼法产生了一定影响，如在2000年11月15日出台的文件——《联合国打击跨国有组织犯罪公约》，在2003年10月31日出台的文件——《联合国反腐败公约》等；延伸了司法民主与人权保障范围，除了对保障被告人的诉讼权利给予增强之外，而且各个国家的被害人保护制度同样获得了很大发展；在美国发生“9·11”事件之后，反恐演变成了一个国际范围内的重大话题，各个国家纷纷关注起打击恐怖犯罪、有组织性犯罪等一系列恶性刑事犯罪的程序立法，最具典型意义的要数美国的《爱国者法案》；无论是诉讼效率还是诉讼公正的平衡均演变成了各个国家立法关注的焦点，相当一部分国家在精简审判程序、提升刑事诉讼效率方面进行了大范围的改革。

第二节　我国刑事诉讼法的历史发展进程

中国自奴隶制一直到封建社会历经长达四千年的历史，它的刑事诉讼法律具有鲜明的特点：司法隶属于行政；刑讯逼供科学化、合法化；控诉职能与审判职能没有分离开来；注重狱讼，同时针对判案构建了各种各样的监督体制。中国清朝末期的“改制”，在封建专制的法统中注入了彰显资产阶级民主、人权思想的成分，如果从其所明确的诉讼制度和诉讼原则进行分析，那么其沿用的大致属于大陆法系的职权主义模式。在这之后，无论是北洋军阀政府还是国民党政府均一直沿用了清朝末期的刑事诉讼法律。新中国成立后，我国的形式诉讼法有了很大的进步。

一、古代和近代刑事诉讼法

（一）古代刑事诉讼法

中国是一个有着悠久历史的文明古国，在漫长的历史长河中，中国曾经创造过璀璨的制度文明。独具特色的中华法系，除了对亚洲的一部分国家的法律制定具有深远的影响之外，而且在整个国家的法律文化的宝库中占据相当重要的地位。

中国古代最开始的立法是诸项法律合体、实体与程序相统一的。当时尚未出现独立的刑事诉讼法典，所谓的刑事诉讼法是和刑法混为一体。最早的刑事立法出现在公元前21世纪的夏朝，《左传·昭公六年》有着这样的记载“夏有乱政，而作禹刑，商有乱政，而作汤刑，周有乱政，而作九刑”[1]。后来在西周时期，奴隶制的诉讼法律程序已经发展得十分完备，同时已经出现了民事和刑事之间的区分，刑事诉讼其实就是“狱”，也就是“告以罪名者”，而民事诉讼其实就是“讼”，也就是“以财货相告者”。当然，当时与刑事诉讼程序相关的各项规定，通常通过习惯法体现出来。而在春秋战国时期，魏相的著名法学家李悝集各个国家立法之大成，撰写了《法经》六篇，这成为我国历史上首部系统的法典，《法经》中所提到的“囚”法和“捕”法其实就是与刑事诉讼程序相关的规定。秦朝商鞅时期针对法律制度进行了一系列的改革，为清朝封建立法打下了夯实的基础，秦朝法律中的“治狱”和“讯狱”针对诉讼程序就已经具有了相对详细的规定。在隋王朝时期，依据北齐律所制定出的《开皇律》的第八篇提到的斗讼律、第十一篇所提到的捕亡律、第十二篇所提到的断狱律均属于诉讼程序方面的内容。在此之后的唐朝、宋朝、元朝、明朝、清朝历代所颁布的律令均大致沿袭了这种体例。

---

① 左传·昭公六年

从夏朝、商朝到明朝、清朝经历了四千年的历史发展，中国古代各个时期的刑事司法制度不仅有与其他国家相同的一面，同时也有自己的鲜明特点。这些特点，不仅成为中国几千年的集权统治的体现，同时与儒家学派潜移默化的影响相适应。具体来讲，中国古代各个时期的刑事司法制度通常体现在以下五个方面。

1. 司法隶属于行政，行政机关兼理司法

中国古代各个时期的司法机关是和行政机关有机结合在一起的，并没有设立独立的审判机关。在西周时代，周王成为最高裁判者，无论是重大案件还是诸侯之间的争讼，均由周王亲自审判处理。虽然在中央一级开设有秋官司寇负责管理刑事诉讼，地官司寇负责管理民事诉讼，各个级别的官府开设士具体负责案件的审理，不过这些官员通常情况下仅仅是各个级别的主要行政长官的司法助手罢了，审判处理权最终归于周天子。该特点开设了中国后世司法受行政管辖的先河。我国在长达将近三千年的封建专制社会之中，从秦朝、汉朝到魏朝、晋朝、南北朝，中央机关采取三公九卿制，其中，九卿中的廷尉"掌刑辟"则负责审判处理皇帝所下达的重大案件和地方官员所呈报的疑难案件，但是这些案件均需要经过廷尉审理之后务必上表请示皇帝和丞相裁决。在此之后，中央机关更改成三省六部制，虽说大理寺、刑部、御史台属于审判处理刑事案件的司法机关，不过最高审判权依然归皇帝所有，审批处理需要经过皇帝的批准。在秦朝、汉朝之后，在地方各个级别的国家机关中，均由各个级别的政府的行政长官审判处理案件或者设有辅佐官员辅助行政长官审判处理讼端，而决定权在行政官吏手中。在中国古代各个时期，虽然中央和地方机构的职权发生了一些变化，但是皇（王）权至高无上、司法与行政不分的制度却存在一脉相承之处。

2. 刑事诉讼与民事诉讼之间并没有实质性区别

中国古代的立法是诸项法律合体、重视刑罚轻视民众、实体和程序具有统一性。许多私人之间的财产关系抑或是人身关系均借助刑律进行调整，也就是采取定罪并处刑的手段进行处理。例如唐朝法律中的户婚篇，明朝、清朝法律中的户律，所规定的均属于田宅钱粮、家庭婚姻纷争，不过均使用科以刑罚的方式进行解决。司法部门在审判具体的案件的时候，基本上均属于适用刑事诉讼程序。因此在中国古代，与民事实体法相违背的案件，同样通过刑事诉讼程序进行审理。

3. 控诉和审判职能合一

中国古代各个时期均没有出现诸如检察部门行使侦查权、起诉权的公诉制度。针对诉讼活动的提起，通常是由司法官员依职权主动以国家的名义追究犯罪，司法官员不仅是追诉主体，而且是裁判者。如果发现犯罪，无论是被害人控告的，抑或是司法官员主动调查的，均需要依职权对被告人给予刑讯同时收集证据，然后做出判决。这是同中国历史上所存在的专制统治和司法与行政没有分开的体制相适应的。

4. 刑讯逼供科学化、合法化

在中国从商朝、周朝时期到明朝、清朝时期，刑讯逼供自始至终是获取证据的一个极其重要的手段。历代无论哪一个封建王朝均对刑讯逼供进行了明文规定，例如根据在湖北省云梦县所出土的《云梦秦简》的有关记载，秦王朝的法则、规定中规定："凡讯狱，必先尽听其言而书之，各展其辞……诘之极而数訑，更言不服，其律当笞掠者，乃笞掠。"汉朝律令中这样规定："会狱，吏因责如章告劾，不服，以掠笞定之。"[①]《唐律疏议》中"断狱"篇中则针对刑讯的适用条件、工具、所适用的对象以及顺序做出了既详尽又明确的规定。如同马克思所讲到的那样："中国法里面一定存在笞杖，同中世纪刑律的内容有着密切联系的诉讼形式必然是拷问。"[②]中国古代在刑事诉讼法律中使用刑讯逼供，这同断案使用口供主义原则存在密切的联系。因为在统治者看来，被告人的

① 班固. 汉书[M]. 北京：中华书局，1962，第 2660 页.
② 马克思恩格斯全集[C]. 北京：人民出版社，1956，第 178 页.

口供属于最可靠、最重要的证据，在众多证据中位于首位，所以，“断案必定选取输服供词”，“无供不录案”。由于口供对定案起着决定性作用，因此如果被告不供认，就只能对其施行刑讯逼供了。正如古人所记载的那样“捶楚之下，何求而不得？”[①] 在严刑拷打、屈打成招下，冤案、错案不胜枚举。刑讯逼供制度彰显了中国古代刑事诉讼制度的残忍和愚昧。

5. 注重狱讼，且创建了许多监督程序

中国古代的统治者大部分均能够意识到掌握生死、赏罚的大权的刑狱所发挥的重要性，对适用刑罚均能够做到谨慎从事。例如秦始皇“专任刑罚，躬操文墨，昼断狱，夜理书”[②]。自此之后的历代统治者均大力强调：“狱，重事也，用法一致，则民无所措手足。”他们要求司法官员在适用刑罚的时候务必做到“明审克之公，使奸不容情，罚必当罪，用迪于刑之中”。不仅如此，为了确保适用刑罚的公平、公正性，防止出现各种各样的冤假错案，构建了诸多监督程序，例如法官责任制度、御史检察制度、回避制度、会审制度、直诉制度、死刑复核复奏制度等，它们均能够比较好地起到防止刑罚的滥用的作用。

（二）清末和北洋军阀时期的刑事诉讼法

自从 1840 年鸦片战争爆发之后，闭关锁国的清政府受到诸多列国列强的“船坚炮利”的攻击，中国逐渐沦落成半殖民地半封建的国家。自 1900 年以来，因为民族矛盾和阶级矛盾的逐渐加深，清政府面临内忧外患的严重形势，试图推行“新政”和“预备立宪”来达到延续其反动统治的目的。在 1902 年，清政府创建了法律修订馆，在修订法律制度大臣沈家本等一些人的主持下，将资本主义国家尤其是德国、日本等诸多大陆法系国家有过关联的司法组织与诉讼程序的立法文件作为典范，开始编写修订专门

① 刘向·说苑·贵德
② 汉书·刑法志

的法院组织与诉讼程序领域的法律。其中，与刑事诉讼有所关联的法律主要有以下三个。

第一，《大清刑事民事诉讼法》，在1906年由沈家本、伍廷芳等一些人编写而成，总共有5章260条。它成为中国悠久的发展史上首部单行的诉讼法，第一次规定了律师制度，倡导取消刑讯逼供的手段。庭审采取英国、美国的对抗式诉讼和陪审制度。而沈家本在上奏请示清政府批准试行文件《大清刑事民事诉讼法草案》的时候，由于遭到各个地方长官、将军等诸多官僚的大力反对而未能如愿推行。一直到辛亥革命爆发之后，这一法典也始终没有被公布施行。

第二，《大理院审判编制法》，出台于1906年，总共有5节45条。其对司法独立原则和审判合议制给予大力强调，同时仿效日本的立法例，把整个国家的法院体系划分成四个级别，推行四级三审制，不仅如此针对检察官员的审判监督机制作了某些具体规定。在1907年，沈家本编写出《法院编制法》，总共有16章164条，这成为中国悠久的发展史上最早的完备的、系统的法院组织法，同时把全国的审判部分的组织体系划分为四个级别，分别是初级审判厅、地方审判厅、高等审判厅以及大理院。该法经过宪政编查馆修正，在1910年颁布，不过没有等到推行，辛亥革命开始爆发，在后代的民国时期曾经被引用。

第三，《大清刑事诉讼律》，在1911年由沈家本、俞廉工起草制定，总共有6编515条。其中，《大清刑事诉讼律草案》中涉及诉讼程序的规定主要如下所示：采取弹劾式诉讼，控诉和审判两大职能分离开来；检察官员垄断国家起诉权利；庭审采取直接言词、辩论原则；推行公开审判和辩护制度；取消法律规定的证据制度，使用自由心证制度进行取代等。《大清刑事诉讼律》成为中国首部刑事诉讼法典，虽然因为清王朝的短暂历史而没来得及颁行，不过它为随后所成立的民国政府所引用。

清朝末期在司法制度方面最为明显的一个变化，要数确认了列国列强在中国的领事裁判权以及其所创建的会审公廨，从而使中国合法的司法主权遭到侵犯，这成为清朝末期半殖民地化的一个最为重要的标志。

清朝末期改制时期的诸多制定刑事诉讼律的活动，即便存在其种种历史局限性，并且大部分均还没来得及颁布施行就已经伴随清王朝的覆灭而终结，但是，值得一提的是，这次改革不仅使中国首次结束了漫长的古代刑事诉讼制度，而且对随后的立法产生了持久的影响。其重大意义主要体现在以下四个方面。

其一，确认了一部分彰显资产阶级民主、自由以及平等思想的诉讼法律原则和制度。中国长达数千年的刑事诉讼立法律，一个十分基本的特征就是大力强调皇（王）权至高无上，忽视广大臣子、民众应当享有的合法权利。清朝末期所修订的一系列刑事诉讼律，虽然均附带十分浓厚的封建性，不过从其所明确的诉讼法律程序和诉讼法律原则进行分析，其大致归于资产阶级刑事诉讼法律的范畴，例如审判公开、控诉职能与审判职能分离开来、直接言词原则以及辩护制度等，而且在庭审程序上通常采取大陆法系的职权主义。需要说明的是，这些诉讼法律原则和制度的确立，为中国封建的专制主义和特权以及宗法等级观念中注入了新活力。

其二，打破了以往传统的立法体例。在中国各个王朝中，立法均推行诸法合体、实体与程序合二为一的立法模式。清朝末期的改制活动，首次把程序法与实体法分离开来，对诉讼法律给予了高度重视，同时依据诉讼法律在调整的对象与性质方面的差别，把其划分为两种，一种是刑事诉讼法，另一种是民事诉讼法。这在中国悠久的立法史上属于一个巨大的进步。

其三，符合刑事诉讼法律的历史发展规律，同时恰当地吸收、借鉴了其他国家的有益经验。刑事诉讼法律发展的规律，应该属于一个从蒙昧、野蛮、专制朝着文明、民主的方向发展的过程，清朝末期所制定的刑事诉讼法律不仅将中国的司法实践给予考虑在内，同时又充分地吸收、借鉴了其他国家的立法经验，把一部分彰显资产阶级民主思想的诉讼法律制度与原则确定下来。这同刑事诉讼法律的发展规律存在一致性。

其四，对大陆法系职权主义的诉讼法律结构给予初步确定。因为大陆法系的职权主义诉讼法律模式与中国那些传统的政治法律文化之间具有天然的联系，所以这次清末修律虽然也吸收、借鉴了一部分英国、美国当事人主义的积极因素，不过通常是将大陆法系的职权主义作为依据。该模式为随后所出现的刑事诉讼立法打下了良好的基础。

北洋政府时期，不仅大量沿用清朝末年所颁布的法律，而且为了巩固其反动统治的需求，出台了一部分与诉讼法律程序和司法组织相关的单行法规。例如，清朝末年没有来得及颁布实行的《各级审判厅试办章程》和《法院编制法》等诸多法律，北洋政府仅仅稍微修改，就予以通令施行。针对清朝末年没有来得及出台的《大清刑事诉讼律草案》来讲，北洋政府首先是分别引用其中的一部分编、章，在 1921 年再次对这一草案给予修改，更改名字为《刑事诉讼条例》，准予公开发布。而在“东省特别法院”区域首先准予施行，并且明确规定在 1922 年之后在全国法院统一施行。事实上，这一条列仅仅施行在北洋政府管辖下的区域，西南各个省份仍然引用广州军政府在 1921 年删减、修订并公开发布的文法——《刑事诉讼律》。北洋政府时期所出台的刑事诉讼法律程序和司法组织相关的法律主要具有三个特点：首先，实行没有完全意义上的司法独立，对于县一级政权来讲仍然通过县知事兼理司法；其次，广泛地使用简单、容易的程序。北洋政府为了促使司法官员可以快速结案，出台了一系列简单、容易的法律法规政策；最后，规定了不少与军法和“非常程序”相适用的审判处理程序。北洋政府为了巩固自身的反动统治，出台了各种刑事特别法规，明确规定了加大、增强军事镇压效果的“特别程序”，而在司法实践过程中诸多的特别程序已经代替了正常的刑事诉讼程序。

二、国民党统治时期的刑事诉讼法

在1927年大革命失败之后,以蒋介石为代表的国民党政府的统治代替了北洋军阀的统治。对于国民党政府来讲,它们为了巩固政权,不仅继续沿袭清朝末期、北洋政府时期的诉讼法律程序和司法体制,而且为了达到维系其反动统治的目的,相继出台了一系列成文法典。其中与刑事诉讼相关的法律主要有:1928年所出台的《中华民国刑事诉讼法》、1928年所出台的《中华民国刑事诉讼法施行法》、1935年所出台的《中华民国刑事诉讼法》、1935年所出台的《中华民国刑事诉讼法施行法》。不仅如此,国民党反动政府为了巩固自身统治,例如《危害民国紧急治罪法》《共产党人自首法》《特种刑事临时法庭组织条例》《特种刑事临时法庭诉讼程序暂行条例》《特种刑事法庭审判条例》等。具体来讲,国民党统治时期的刑事诉讼法律程序和司法制度主要具有几下四个方面的特点。

(一)标榜形式意义上的司法独立

《中华民国宪法》中第80、81条这样规定:"法官须超出党派以外,依据法律独立审判,不受任何干涉"。"法官为终身职,非受刑事或惩戒处分,或禁治产之宣告,不得免职。非依法律不得停职、转任或减俸。"[①]不过,国民党并未将这些司法独立原则全部落实到刑事诉讼法律程序之中,在县一级政权,并未创建独立的司法机关,县长不仅是行政长官,而且是检察官,同时是审判官,这同国民党伪法统的封建性质是分不开的。

① 中国网.台湾地区法官选任改革及其启示[EB/OL].http://legal.china.com.cn/2014-11/21/content_34114566.htm.

（二）检察官、行政官吏均享有侦查权

依据《法院组织法》中的规定，检察组织归法院系统所管辖，其具有以下主要职权：实行侦查、发起公诉、推行公诉、协助自诉、负责自诉及指挥刑事审判处理的执行。在《刑事诉讼法》中有着这样的规定，无论是县长、市长，还是警察局长、宪兵队长等均具有协助检察官官员侦查犯罪的权力，同时能够实行逮捕、拘禁以及搜查等诸多强制措施，这促使广大公民的合法人身权利极其容易遭到践踏。

（三）实行三级三审制，审判组织为独任制或合议制

在《法院组织法》中有着这样的规定，国民党统治时期的各个法院划分为三个级别，分别是地方法院、高等法院以及最高法院。对于刑事案件、民事案件来讲，实行三级三审制。对于法院的审判组织形式来讲，它可以被划分成两种，一种是独任制，另一种是合议制，地方法院审判受理民事、刑事案件，通常由推事一人独立审判处理案件，对于那些极其重要的民事、刑事案件来讲，它们也可以由三人组合而成的合议庭进行审判处理。

（四）奉行大陆法系职权主义的庭审结构

国民党统治时期的刑事法律审判程序通常所采取的为大陆法系的职权主义诉讼法律模式。例如实行国家起诉主义，拒绝使用起诉状一本主义，而审判长依据职权积极查清案情，证据制度方面所采用的是实体真实与自由心证密切结合的证据原则等。

三、中华人民共和国的刑事诉讼法的制定

中华人民共和国刑事诉讼法律的制定属于一个长时间孕育的过程，它的发展历程可以划分成两大阶段，一个是新民主主义

革命时期的刑事诉讼法，另一个是新中国成立之后的刑事诉讼法，这是与我国革命发展的两大历史时期，也就是新民主主义革命时期和社会主义建设时期相契合的。

（一）新民主主义革命时期的刑事诉讼法

新民主主义革命时期的刑事诉讼法，可以划分成三个阶段，第一个阶段是土地革命战争时期，第二个阶段是抗日战争时期，第三个阶段是解放战争时期。早在首次国内革命战争时期，位于中国共产党领导下的诸多工人和农民革命运动之中，就产生了人民司法机关的雏形。例如1925年所发生的省港工人大罢工运动，而在罢工委员会中就已经开设了会审处、特别法庭、军法处以及监狱等诸多司法组织。不多因为大革命遭到失败，以上群众性的司法组织仅仅存在了短暂的时间，但是它们已经形成了人民司法机关的雏形，同时反映出人民司法与所有旧式司法不同之处的本质特征。

在第二次国内革命战争时期，中华苏维埃共和国中央工农民主政府在1931年12月出台了重要文件——《处理反革命案件和建立司法程序的训令》（第六号），同时在1932年出台了另一重要文件——《裁判部暂行组织及裁判条例》，这成为党在历史进程上最早制定的涉及刑事诉讼程序的法律规定，成为我国社会主义刑事诉讼法律的萌芽。

从以上的法律规定中我们能够看到，工农民主政权由中央至地方创立四级审判机关，采取两审终审制。中央开设了最高级法院，地方开设了省级、县级以及区级的裁判部；除此之外在红军中开设军事裁判场所，划分为两个级别，一种是初级裁判所，另一种是高级裁判所；在每个级别的审判机关内安排专门的检察人员，同时在军事审判所开设了军事检察所，它们具有的职能是针对地方和军队中所发生的各种刑事案件提起公诉；而在中央则开设了国家政治保卫局，同时在省、县开设了政治保卫分局，区开设了政治保卫特派员，它们具有的职能是针对刑事案件进行侦查、搜捕以及预审。如果从刑事诉讼法的原则和制度进行分析，那么它们主要规定了以下制度：公开审判、巡回法庭、人民陪审员制度、回避制度、辩护制度、上诉制度、死刑制度、执行制度等。

以上所述的诉讼法律原则和诉讼法律制度，无论是对抵抗反革命的破坏活动，还是保障广大人民群众的权利，抑或是巩固革命政权，维系革命秩序，均起到了积极的作用。不过因为“左”倾思想的负面影响，苏区在“肃反”中，依然存在阶级斗争扩张化的发展趋势，曾经出现过混淆两类矛盾、大搞特搞主观主义“逼供刑”的事情，所以这些制度和原则不容易真正贯彻、落实下来。不过以上两个有关刑事诉讼程序的法律规定，已经初步具备了社会主义刑事诉讼法律程序的雏形。

在抗日战争爆发之后，为了达成国共合作，创建抗日民族统一战线，党做出重大策略，即针对各个根据地的司法机关的名称给予了一些改变，一部分法令条文中虽然明确写着受中央最高法院的管辖，不过事实上这和国民党政府的司法部门并不存在隶属关系。在审判处理案件的时候，依然把中国共产党和边区政府所出台的纲领、决议、条例以及律令作为依据，独立自主地做出审判结果。

后来，到了抗日战争时期，各个革命根据地，诸如陕甘宁边区、晋察冀边区、晋冀鲁豫边区等，均遵循党中央的基本路线、原则、方针以及政策，同时与该边区的具体情况有机结合起来，出台了许多与司法组织和诉讼程序相关的法律、法规，例如陕甘宁边区在1943年所出台的《高等法院组织条例》和《军民诉讼条例》，加上晋察冀边区和苏中区所出台的《暂行司法制度》和《处理案件暂行办法》等。以上法律规定，明确了审判权和逮捕权需要通过司法部门和公安部门给予统一行使；废除肉刑，重视证据不轻易相信口供；诉讼使用本民族语言进行；贯彻人民陪审员制度等。不仅如此，在审判处理方式方面，为了便于广大人民群众参与诉讼，且接受广大人民群众的监督，构建了就地审判、巡回审判以及公审制（这与如今的审判公开制存在不同之处，指的是在某一特定的历史条件下，对某一特定的刑事案件所使用的一种某一特定的群众路线的审判处理方式）。

到了解放战争时期，各个解放区大致沿用抗日战争时期所推行的卓有成效的诉讼制度，除此之外，也根据具体情况的变动和需求，制定了一部分新的刑事诉讼法，例如1947年所颁布的《关东地区各级司法机关暂行组织条例草案》，华北人民政府在1948年所颁布的《关于县市公安机关与司法机关处理刑事案件职责的规定》，1949年年初所颁布的《华东人民政府为清理已决犯的训令》等。而在解放战争结束前夕，中国共产党在1949年2月颁布了《关于废除国民党的六法全书与确定解放区的司法原则的指示》，随后的4月1日，华北人民政府遵循该指示的精神，出台了《废除国民党六法全书及一切反动法律的训令》。不得不说，这些文件的出台具有重大的历史意义，成为我国法制建设的一个至关重要的转折点，其针对我国新民主主义革命时期执法司法工作和刑事诉讼所取得的经验进行了大致的分析和概括，不仅取消了伪法统，而且为新中国成立之后深化司法改革和依法治国确立了重要的指导原则。

（二）新中国成立初期颁布的刑事诉讼法

1949年10月1日新中国成立，这意味着我国刑事诉讼法迈向了一个全新的发展阶段。在新中国成立之初，党中央在1951年出台了重要文件——《中华人民共和国人民法院暂行组织条例》《中央人民政府最高人民检察署暂行组织条例》以及《各级地方人民检察署组织通则》。该条例和法规明确了法院和检察署的职能权力，同时规定了人民法院审判处理刑事案件的时候实行公开审判、规避以及辩护等诸多诉讼制度。

在1954年9月党中央所召开的第一届全国人民代表大会第一次会议，该会议不仅顺利通过《中华人民共和国宪法》，而且出台了《中华人民共和国人民法院组织法》和《中华人民共和国人民检察院组织法》，在同年12月还出台了《中华人民共和国逮捕拘留条例》。该法律、法规针对刑事诉讼原则和制度具有以下规定：公安机关、人民检察院以及人民法院依据法律独立行使侦查权、检察权以及审判权；这三个机关在刑事诉讼过程中采取分工负责、彼此配合、彼此制约的原则；所有公民在适用法律上是公正、平等的；人民法院在审理案件的时候务必实行公开审判制度、辩护制度、人民陪审员制度、规避制度加上死刑复核等诸多制度，这些制度和原则在健全我国社会主义刑事诉讼法律制度方面发挥了关键作用，同时为后来制定并颁布刑事诉讼法典打下了夯实的基础。

（三）中华人民共和国刑事诉讼法的制定

中华人民共和国刑事诉讼法律的制定过程十分艰难曲折，其中就经历过“三起两停”的纷繁复杂过程。曾经在1954年全国人大法工委就开始从事刑事诉讼法律的起草工作，同时草拟了文件——《中华人民共和国刑事诉讼条例（草案）》。在党的第八次全国代表大会之后，全国人大常委会委派最高人民法院主持，创建了起草刑事诉讼法律的专门场所，并在1957年6月起草制定了文件——《中华人民共和国刑事诉讼法（初稿）》，但由于政治斗争的影响，起草修订工作也随即夭折。后来又在1963年4月制定了《中华人民共和国刑事诉讼法（草案）》，但是又受到“四清”运动等的影响，起草修订工作处在长时间的停止状态。

党在十一届三中全会之后，伴随社会主义民主法制建设取得了一定的发展，制定刑事诉讼法律的任务再次被提到议事日程上。在1979年2月，全国人民代表大会常委会法制工作委员会公开发布成立，其在抓紧《刑法》和其他一些法律草案的起草制定工作的同时，并在1963年出台的《刑事诉讼法（草案）》初稿的基础上，前后起草制定了修正一稿和修正二稿，并上交党中央和全国人民代表大会常委会审议。这一草案在1979年7月1日正式通过，随后在7月7日出台。至此，我国首部刑事诉讼法典正式出现。

从总体上来讲，1979 年出台的《刑事诉讼法》属于一部很经典的刑事诉讼法典，是与我国十年动乱之后国家的政治、经济和文化情况相适应的，同时在我国民主法制化进程中具有里程碑意义。《刑事诉讼法》可以划分成两部分，一部分是总则，另一部分是分则，总共有 4 编 17 章 164 条。这一部刑事诉讼法典大致沿用了大陆法系的职权主义诉讼结构。在 1980 年 1 月 1 日施行之后的种种司法实践表明，此《刑事诉讼法》无论是在有力、合法、及时地惩罚治理违法犯罪分子方面，还是真正有效地保障广大人民群众的合法权益方面，抑或是维系社会治安，促进我国社会主义现代化建设的顺利进行等诸多方面，均起到了不可磨灭的作用。

四、《中华人民共和国刑事诉讼法》的两次修改

刑事诉讼法属于规范刑事诉讼活动的一项基本法律。伴随我国改革开放的不断深入和社会主义建设事业的持续发展，尤其是社会主义市场经济体制已经逐步形成，1979 年所出台的《刑事诉讼法》为了更好地适应社会发展的需求，需要给予大范围的改革。在 1996 年 3 月，全国人民代表大会常委会通过广泛征求意见和循环补充修改，最终制定了《中华人民共和国刑事诉讼法修正案》（草案），紧随其后的 3 月 17 日，第八届全国人民代表大会第四次会议正式通过了《关于修改〈中华人民共和国刑事诉讼法〉的决定》。同时在 1997 年 1 月 1 日开始施行。《刑事诉讼法》循环补充修改之后，由之前的 164 条增加至 225 条，除了一些附带民事诉讼、期间和传至、死刑复核程序没有做出变动之外，其他的篇章均做出了很大的变动。具体来讲，这次针对刑事诉讼程序变动的内容主要涉及以下几个方面。

第一，吸收、借鉴了无罪推定的科学、合理内容，规定了没有经过人民法院依法判决，对所有人都不允许确定有罪。如今，无罪推定原则早已成为世界上各个国家普遍采取的一项原则，该原则的基本含义是所有人在被法院最终裁定犯罪以前，应当被推定

为没有罪的人。修正补充之后的《刑事诉讼法》吸收、借鉴了无罪推定的科学、合理内容，不过依据中国的具体国情，其并未全盘复制无罪推定的内容，而是规定没有经过人民法院依法判决，对所有人均不允许确定有罪。

第二，完善了刑事辩护制度。最初的《刑事诉讼法》中所规定被告人的辩护律师仅仅在审判这一阶段才能介入刑事诉讼，在1996年所出台的《刑事诉讼法》创新地把律师提供援助的时间挪到侦查阶段，同时无论是在起诉阶段还是审判阶段均使辩护律师获取了同公证人公平对抗的权利，这有力地增强深化了律师在诉讼中所发挥的作用。

第三，增强了对被害人正当权益的保护，赋予遭到侵害的人当事人的诉讼地位，大力肯定了遭到侵害的人申请规避、申诉权及委托代理人参与刑事诉讼的权利；不仅如此也扩大、延伸了遭到侵害的人提起自诉的范围，规定遭到侵害的人有证据证明形成犯罪事实然而公安部门和人民检察院均没有对犯罪嫌疑人刑事责任给予追究的，其可以直接向人民法院发起自诉。

第四，统筹兼顾惩罚、治理犯罪和保障人权，对刑事案件强制措施做出了很大修改。这通常体现在以下三个方面：其一，适当地衍生了违法犯罪分子拘留的期限，放宽了逮捕违法犯罪分子的条件，同时废除了收容审查；其二，健全了监视居住和取保候审，从而使这两种强制措施在实际的司法过程中更加具有操作性；其三，规定了各种类型强制措施的期限。除此之外还规定犯罪嫌疑人、被告人，加上委派的法定代理人、近亲属抑或是委托的律师或者其他辩护人，针对司法部分实施强制性措施超出法定期限的，享有权利要求解除或变化强制性措施。

第五，革新了庭审方式，吸收、借鉴了对抗制诉讼的科学、合理格局，对庭审方式进行了重大修改。这通常体现在以下三个方面：首先是把最初的《刑事诉讼法》中所规定的审判人员在开庭之前对刑事案件实行实质性审查调整为程序性审查；其次，弱化了法官在庭审过程中的权力，加大了控辩双方的对抗性；最后，扩大了合议庭的职能权利，改变了以往合议庭负责审理，而通过院长或审判委员会管辖的现象。

第六，增加了刑事审判案件简单、容易的程序。明确规定了所适用简单、容易程序审判处理案件的范围、审判处理组织、审判处理程序和审判处理审结时间。

不仅如此，修改、补充之后的《刑事诉讼法》针对证据、期间以及实际的一审、二审、再审程序同样进行了明确的规定。

在1996年《刑事诉讼法》修订之后的16年中，我国在刑事司法领域出现了不少新情况，存在不少亟需解决的问题。不仅如此，国家民主法制建设的不断推进和广大人民群众法制观念的越来越强，这对于维系司法公正、公平和维护广大人民群众的权力提出了更多、更高的要求。修改、补充《刑事诉讼法》不但是为了处理社会矛盾、冲突，解决广大人们群众反映极为强烈、对社会和谐稳定造成影响的突出问题，同时是加大和创新社会管理、促进社会和谐发展的需要。除此之外，不但规范司法行为，促使构建一个既公正又高效同时权威的社会主义司法制度，同样要求我国务必加快健全刑事诉讼制度的步伐。所以，在深入分析、总结实践经验，大力征求意见的基础上，遵循我国深化司法体制和工作机制变革的需求，对《刑事诉讼法》给予再一次的修改、健全被提上了工作日程。

全国人民代表大会常委会法工委在2009年初开始准备《刑事诉讼法》修改方案的分析、研究起草工作。在2011年8月，第十一届全国人民代表大会常委会第二十二次会议针对《刑事诉讼法》修正案草案给予了初次审议。在此次会议之后，把草案向各界人士公开征询意见。在2011年12月，全国人民代表大会常委会第二十四次会议做出决定把修正案草案提请到十一届全国人大五次会议上进行审议。在2012年3月14日，正式通过重要文件——《关于修改〈中华人民共和国刑事诉讼法〉的决定》，同时在2013年1月1日开始施行。这一次《刑事诉讼法》修改范围比较大，所修改的内容高于110条，同时法典还补充了一些新的编、章、节。不仅把"尊重和保障人权"明确列入法典之中，在刑事诉讼制度上，新补充和修改的内容主要体现在以下七个方面：证据制度、强制措施、辩护制度、侦查措施、审判程序、执行规定和特别程序。这一次修法的主要内容有以下八点。

其一，把"尊重和保障人权"明确补充到《刑事诉讼法》中。"尊重和保障人权"属于我国宪法明确规定的一项重要原则，彰显了社会主义制度的基本要求。《刑事诉讼法》无论是在程序设置方面，还是在具体规定方面均落实了该宪法原则。这一次修改把《刑事诉讼法》中的第 2 条做出如下修改：中华人民共和国刑事诉讼法律的任务，是确保准确、及时地查清犯罪事实，有效应用法律手段，惩罚违法犯罪分子，保障没有罪的人不受到刑事追究，教育广大公民自觉遵守法律法规，积极同违法犯罪行为作斗争，始终维护社会主义法制的统一，尊重和保障人权，保护广大公民的各项合法权利，诸如人身权利、财产权利、民主权利等，确保社会主义建设事业更好地发展。

其二，证据部分着重健全了非法证据排除制度，增强、深化了证人出庭和保护制度。具体来讲有：首先在最初《刑事诉讼法》规定严格禁止刑讯逼供的基础上，添加了禁止逼迫、威胁其他人证明自己有罪的规定。不仅如此，还确定了言词和实物两大证据排除的具体标准加上法庭审判处理环节对非法证据排除的考察、了解程序。除此之外，还对讯问场所和讯问环节的录音录像制度给予了明确规定；其次，明确证人出庭范围，加大增强了对证人的保护。如果公诉人、当事人抑或是辩护人、诉讼代理人针对证人证言持有异议，同时此证人证言对案件定罪量刑产生重大影响，在人民法院看来有必要的，证人需要出庭作证。增加开设了强制证人出庭这一制度。为了不断加大、增强对证人、鉴定人、遭受侵害的人的保护，对于一部分案件、鉴定人、遭到侵害的人由于在诉讼中作证，本人抑或是其近亲属的人身安全处于危险情况中的，人民法院、人民检察院以及公安部门需要采取一些必要的保护措施。如果证人、鉴定人、遭到侵害的人认为由于作证而处于危险情况中的,可以依法寻求人民法院、人民检察院以及公安部门给予保护。

其三,健全了逮捕、监察注视居住的条件、流程以及采取强制性措施之后通知家属的规定。具体体现在以下三个方面：首先,进一步明确规定了逮捕的条件和审查批准流程,把逮捕的条件进行了进一步的细化。同时增添了人民检察院在审核、调查批准逮捕的时候讯问犯罪嫌疑人和在旁听取辩护律师意见的流程,加上逮捕之后针对羁押必要性持续进行审核、调查的程序；其次,适当定位监视居住措施,同时对其使用条件给予明确规定。明确监视居住的定位致力于减少羁押的替代措施,同时对其与取保候审不一样的适用条件给予明确规定；最后,对采取强制性措施之后不必通知家长的特别情形给予明确规定。删除了之前逮捕之后影响侦查没有通知家属的特别情形,除此之外明确规定到,实行逮捕和指定居所监察注视居住措施的,除了那些不能通知的之外,需要在逮捕或者执行监察注视之后 24 小时以内通知家属。

其四,健全了辩护人在刑事诉讼过程中的法律地位和意义的规定,同时扩大、延伸了法律援助的所适用的范围。具体如下所示：首先,明确犯罪嫌疑人在侦查过程中能够委托辩护人。这同以往的立法相比是一项重大突破；其次,健全律师会见程序。法律明确规定除了那些对国家安全带来危害的犯罪案件、恐怖活动犯罪案件、特别重大贿赂犯罪案件务必经过审核批准之外,律师凭借律师执业证书、律师事务所证明和委托书抑或是法律援助公函,看守所需要及时安排会见,最晚不允许超出 48 小时；最后,扩大、延伸了法律援助的适用范围。把审判过程中提供法律援助调整成：无论是在侦查阶段,还是在审查起诉阶段,抑或是审判阶段均能够提供法律援助,同时扩大、延伸了法律援助的对象范围。

其五,重点健全了讯问犯罪嫌疑人的程序和某些必要的侦查措施,与此同时,增强深化了对侦查措施的规范和监督调查,以达到防止滥用的目的。具体有：新增了口头传唤犯罪嫌疑人的一些程序,适当延长了十分重大、错综复杂案件传唤以及拘传的时间,对询问证人的地点给予规定，健全了人身检查的程序，在查考、询问、冻结的范围内对债券、股票、基金份额等诸多财产给予规定。对严格规范技术侦查措施给予规定。同时增强深化了对侦查活动的监督。无论是当事人和辩护人，还是诉讼代理人，抑或是利害关系人，其对司法机关以及工作人员的违法违规行为有权申诉、控告，且对相应程序给予规定。

其六，进一步完善了审判流程中的一些关键环节。具体如下所示：首先，调整既简单又容易程序的适用范围，把所使用的简单、容易程序审判的刑事案件范围，更改为案件事实清晰、证据确凿的；被告人承认自己所犯下的罪行，针对指控的犯罪事实不持有异议；被告人对所适用的简单、容易程序不持有异议的案件。与此同时，依据具体的审判情况，针对第一审普通流程中涉及的案卷移送制度、在开庭之前的准备流程、与量刑有关联的流程、中止审理的流程等给予修改、补充；其次，明确了第二审需要开庭审理的案件范围，针对发回重审给予限制规定。不仅如此，还健全了查封、扣押、冻结的财产、物品以及孳息的处理流程等；再次，健全了附带民事诉讼程序。同时新增了提起附带民事诉讼案件的主体、证据安全和各种各样的处理措施等诸多内容；然后，对死刑复核程序给予了特别规定。不仅对最高人民法院再次审查核对死刑案件的程序给予明确规定，而且对最高人民检察院能够采取监督措施给予明确规定；最后，针对审判监督流程给予了增加、健全。主要涉及申诉案件决定重新审查的条件，指令最初审查的人民法院以外的下一级别的人民法院审判处理，人民检察院委派工作人员出席法庭，接着再次审查案件强制措施的决定流程，最初判决，裁定的中止执行等一些内容。

其七，重点健全了暂予监外执行的规定，增强深化了人民检察院对减轻刑罚、假释以及暂予监外执行的监督。主要有：对暂予监外执行的决定、审查、批准和及时收监的程序进行了严格规范。不仅如此，加大了人民检察院对减轻刑罚假释以及暂予监外执行的监督力度。

其八，增加规定了一些特别程序。新增了一编“特别程序”，针对相关程序给予专门规定。具体来讲如下所示：未成年人刑事案件诉讼流程，特定范围公诉案件的达成谅解的流程，犯罪嫌疑人、被告人逃走隐匿、死亡案件违反法律规定所得的没收程序、依据法律不承担刑事责任的精神病患者的强制性医疗流程等。

在2012年修法以后，最高人民法院所出台的重要文件《关于执行〈中华人民共和国刑事诉讼法〉若干问题的解释》《人民检察院刑事诉讼规则》《公安机关办理刑事案件程序规定》和最高级人民法院、最高级人民检察院、公安部门、国家安全部门、司法部门、全国人民代表大会常委会法制工作委员会所出台的《关于刑事诉讼法实施中若干问题的规定》等诸多十分重要的司法解释加上部门规章制度也给予了相应的修改，更加健全了刑事诉讼的法律法规规范体系。

在2014年10月，党的第十八届四中全会召开，该会议通过了重要文件——《中共中央关于全面推进依法治国若干重大问题的决定》。为了确保公平、公正司法、加大司法公信力度，十八届四中全会提出了各种各样的司法改革新举措，其中“推进以审判为中心的诉讼制度改革”尤其吸引众人眼球。最高级人民法院、最高级人民检察院和公安部门等诸多机关紧紧围绕着响应国家号召，纷纷提出了各自的重要策略，许多与刑事诉讼具体工作相关。在2015年，最高级人民法院出台了《关于全面深化人民法院改革的意见》，该文件提出65项改革措施，例如进一步完善轻微刑事案件快速处理机制、不断完善刑事诉讼环节中认罪认罚从宽制度等诸多内容与刑事诉讼具有密切的联系，尤其是大力采取证据裁判原则，要求增强、深化庭审中心观念，将直接言词原则落在实处，将证人、鉴定人出庭制度落在实处，发挥庭审在调查、起诉程序方面的制约和引导作用。采取疑罪从无原则，针对非法证据排除规则给予严格执行，进一步明确非法证据所适用的范围和排除程序。这些成为人民法院从今往后很长时间的实际工作。在2015年，最高级人民检察院修订颁布了重要文件《关于深化检察改革的意见(2013—2017年工作规划)》,检察部门将大力推进将司法责任制作为中心的四项改革试点,推进将审理判决作为中心的诉讼制度改革,落实证据裁判规则,完善听取辩护律师意见机制,以达到防止案件“带病”起诉这一目的。不仅如此,也会在深化刑事案件快速裁定程序试点,探究检察过程中认罪认罚从宽制度等诸多内容上继续努力。刑事诉讼法律再一次修订开始,我们又一次迎来了深化改革的黄金机会,良好契机,公安局、检察院、法院三机关一起努力,由此能够预见,我国的刑事诉讼法司将会在打击犯罪和切实保障广大公民的人权这两个领域取得更多、更大进步。

本章小结

每一个国家均有着各自的刑事诉讼法历史发展进程。对于外国刑事诉讼法的历史发展进程来讲,它包含三方面：奴隶制时期的刑事诉讼法、封建制时期的刑事诉讼法以及资本主义时期的刑事诉讼法；对于我国刑事诉讼法的历史发展进程来讲,它包含四部分内容,分别是古代和近代刑事诉讼法、国民党统治时期的刑事诉讼法、中华人民共和国的刑事诉讼法的制定以及《中华人民共和国刑事诉讼法》的两次修改。

第三章　刑事诉讼观的发展

刑事诉讼，是指国家制定的规范国家专门机关和诉讼参与人进行刑事诉讼必须遵守的刑事程序法律规范的总和。刑事诉讼必须严格依照法律规定的程序进行，刑事诉讼活动的程序性以及程序的法定性，决定了刑事诉讼程序的有限性和确定性。由于不同的国家专门机关和诉讼参与人在刑事诉讼中享有的诉讼权利和承担的诉讼义务不同，决定了他们在刑事诉讼中处于不同的诉讼地位。

第一节　刑事程序法与刑事实体法的关系

程序法是指影响诉讼进程的与重要诉讼行为相关的事实。基于中国刑事诉讼制度，可以将程序法分为三类：一是涉及人权司法保障的程序法事实，包括限制人身自由的强制措施以及审前羁押等事实；二是决定了诉讼的进程，包括立案、移送审查起诉和提起公诉等事实；三是影响公正审判的程序性事实。

一、程序法

（一）涉及人权司法保障的程序法事实

刑事诉讼制度重点关注的问题之一就是人权司法保障。广义上人权保障的对象包括所有诉讼参与人，刑事诉讼法关注的是犯罪嫌疑人、被告人的人权保障，特别是侦察程序中的人权保障。

侦查机关主要是为了收集犯罪的证据，进而查获犯罪嫌疑人，查明案情的事实。由于口供具有很重要的证明价值，能够从中获取很重要的线索和材料，通常犯罪嫌疑人是重要的取证对象。为了防止犯罪嫌疑人逃避侦察等因素，侦察人员将犯罪嫌疑人抓获归案后，通常会对其采取限制人身自由的强制措施。这导致实践中审前羁押成为一种常态，刑讯逼供和非法取证情形也屡禁不止。

为了依法保障犯罪嫌疑人的合法权益，刑事诉讼明确规定了各种强制性措施的适用条件。因此，对于限制人身自由的逮捕措施，法律专门规定了相应的条件：一是要有足够的证据来证明犯罪的事实；二是采取取保候审不足防止社会危险性。社会危险性评估包括：危害国家安全、公共安全或者社会秩序的危险；可能对被害人、举报人、控告人实施打击报复的行为；或者干扰证人作证以及串供；企图自杀或者逃跑。

犯罪嫌疑人、被告人被逮捕后，人民检察院需要对羁押进行必要的审查，为了规范审前羁押，防止逮捕附随的羁押成为常态，法律设立了羁押必要性审查制度，对不需要羁押的，应当建议予以释放或者变更强制措施。审查制度的目的在于确保审前羁押符合法律规定的条件，当案件证据发生重大变化时，不足以证明有犯罪事实或者犯罪行为系犯罪嫌疑人、被告人实施，或者当案件发生变化时，犯罪嫌疑人、被告人可能被判处管制、拘役、独立适用附加刑、免予刑事处罚或者判决无罪，当出现这类情形时，人民检察院可以向有关机关提出予以释放或者变更强制措施的书面建议。

（二）决定诉讼进程的程序法事实

刑事诉讼是从立案开始的，具体包括侦察、起诉、审判等阶段。

为了明确各个诉讼阶段的审查把关标准，法律规定了相应的事实证据条件。在立案过程中，当侦查机关发现犯罪事实或者犯罪嫌疑人,应当进行立案侦查。在侦察环节,侦查机关有足够的证据来证明犯罪事实时,应当进行预审。侦察终结的案件,要将犯罪事实了解清楚,确保证据的真实、充分。当人民检察院认为犯罪嫌疑人的犯罪事实已经查清,证据确实、充分,依法应当追究刑事责任的,应当做出起诉决定。

办案机关在诉讼阶段做出相应的司法处理时,应当有相应的事实证据来认证。为了保证办案的质量问题,我国刑事诉讼法规定的侦察终结移送审查起诉和起诉阶段的事实证据标准,与审判阶段的标准是相同的。这些关键性的诉讼阶段,决定着案件的实体处理,所以,相应的事实证据标准属于实体性的标准。

(三)影响公正审判的程序性事实

为了保障在审判的过程中,各程序都符合公正的原则,法律规定了要遵守的公正审判的程序标准。如法院应当对案件拥有一定的管辖权,办案人员应当要遵守回避的规定,法院应当遵守公开审判原则,对符合法定条件的被告人应当提供相应的法律援助等。

对于管辖、回避等程序性争议,法院要查询清楚是否违反了法律的相关规定,并依法做出裁决。如果一审法院违反了法律规定的诉讼程序,可能影响公正审判的,案件将被二审法院撤销原判、发回重审。

二、实体法事实及其构成

基于罪刑法定原则,刑法分则明确规定了各种罪行的构成条件,只有证明犯罪事件事实成立,才能依法认定被告人有罪。同时,基于罪刑相适应的原则,对于被认定为有罪的被告人,要基于其主管恶性和人身危险性等因素判处相应的刑罚,此类量刑事实也需要提供证据证明。

实体性事实,在刑事诉讼中称为“案件事实”。早期的法律规范和司法实践由于受到传统的“重定罪、轻量判”观念的影响，比较强调犯罪事实的证明，对量刑事实重视不够。伴随着量刑规范化的改革，社会各界普遍认识到，中国刑事诉讼模式侧重查明事实真相，刑事案件定罪率较高。在此背景下，大量案件的被告人对指控的犯罪事实没有异议，即使一些案件的被告人对犯罪事实存在异议，最终也往往被证实有罪，这意味着，量刑问题往往是当事人最为关注的问题，也是案件中的争议焦点。

（一）定罪事实及其构成

传统的犯罪构成理论，定罪事实也可被称为犯罪构成要件事实，即决定被告人刑事责任有无的事实。定罪事实的功能在于构成犯罪行为被告人被确认实施了犯罪行为，确保定罪的准确性，进而确定犯罪的性质和罪名。

在司法实践过程中，由于一些办案人员对案件缺乏准确的把握，导致部分犯罪构成要件缺乏证据证明，严重影响了案件事实的认定。尤其是一些涉及故意犯罪的行为，如以非法占有为目的的犯罪行为，如果没有证据收集到行为人故意犯罪的证据，就很难确定行为的性质和罪名。所以，要准确的把握犯罪构成要件，也是取证和证明活动最基本的要求。

定罪事实包括犯罪主体、犯罪主观方面、犯罪客体、犯罪客观方面的事实。需要指出，在刑法规范和犯罪学领域中所称的贩子事实，主要指的是犯罪客观方面的事实，包括了被告人在什么时间、什么地点、如何经过、使用了什么手段、所造成了危害与结果等要素。

在理论和规范层面，除了一些一般意义的犯罪构成要件事实外，还存在一些修正的犯罪构成和加重的犯罪构成，与修正犯罪构成和加重犯罪构成相关的事实，都属于定罪事实的范畴。

从审判的角度考察，如果一方未能提供出足够的证据来证明被告人具有犯罪行为，则不能为被告人进行定罪。同时，从诉讼程序的进程来看，犯罪构成要件事实还是启动刑事追诉程序的前提条件。如果缺乏确认犯罪事件的证据时,案件就不得移送审查起诉和提起公诉。

（二）量刑事实及其类型

量刑事实,是根据被告人刑事责任大小的事实。可以分为是否决定了对被告人处以重罚还是从轻处罚的事实。对死刑案件,还要特别注意刑法规定中所规定的被告人是否适用于死刑的量刑事实。

在规范层面,量刑事实体现为法律、司法解释和相关规范性文件等规定的量刑情节。需要指出的是,在涉及量刑事实的规范散见于法律和其他各类规范性文件中,有必要进行相应的整合,既避免各种规定之间发生的抵牾,也可以方便司法实务部门进行掌握。

此外,基于量刑事实与犯罪的内在联系,还可以将量刑事实分为三类。

一是罪中量刑事实,包括了犯罪的动机、手段、所造成的后果,以及在共同犯罪中的地位、作用等,这部分量刑事实与定罪事实紧密关联、相互交织,都是犯罪事实的组成部分。

二是罪前量刑事实,包括反映被告人人身危险性的前科、日常表现,以及被害人是否存在过错等。

三是罪后量刑事实,包括自首、立功、退赃退赔或者毁灭踪迹、进而继续进行犯罪的行为等。需要指出的是,由于刑事诉讼关于侦查程序的规定,主要关注犯罪事实的证明,这将导致办案人员对罪前、罪后的量刑事实不够重视,不利于对量刑事实进行证明,故有必要规范量刑的标准。

尽管强调了定罪事实与量刑事实的区别,但是两者之间还存在着紧密的关联。定罪事实主要是决定被告人是否有无犯罪行为,决定被告人是否有罪,定罪事实随之也要作为评价被告人刑事责任大小的依据。由此可见,定罪事实也是量刑事实,总的来说,在确认被告人有罪的情况时,整个案件事实都是量刑时需要考虑的因素,定罪事实之外的案件事实也只是量刑事实体系中的一部分。

需要特别指出，定罪是量刑的前提，犯罪事实始终是刑事诉讼中最重要的证明对象。对于侦查机关而言，首先要调查事实，收集犯案的证据；其次查明犯罪事实后，系统地收集犯罪事实之外的量刑事实，包括罪前的量刑事实和罪后的量刑事实。之所以强调首先查明犯罪事实，在于单纯的量刑事实与犯罪事实（特别是定罪事实）是不可同日而语的，侦查机关的首要职责是查明犯罪事实。

第二节　刑事诉讼中的人权司法保障

人权司法保障指的是通过使用司法手段来对个人的权利进行保障，保障人身权利不会受到他人的侵犯，或者在受到侵犯时对侵犯人加以处分；同时也包括个人权利不受到政府的侵犯，特别是在司法活动中保障诉讼参与人的权利。十八届四中全会《决定》强调，“加强人权司法保障”，体现出中央对人权司法保障的高度重视。刑事诉讼领域的人权保障，主要是指犯罪嫌疑人、被告人的人权保障。

一、有效辩护原则

刑事诉讼领域犯罪嫌疑人、被告人的人权保障，关键在于辩护制度。有专业的辩护律师对犯罪嫌疑人、被告人进行帮助，才能有效的维护自身的合法权益。

（一）辩护权的法律保障

1. 获得律师帮助的权利

犯罪嫌疑人、被告人具有获得律师帮助的权利，是国际刑事司法准则所规定的基本权利,也是一些国家宪法规定的基本人权。中国刑事诉讼法规定了被告人有权获得辩护的原则,并规定了相应的辩护制度。

由于司法资源方面的原因,很多的案件是没有辩护律师参与的,除了犯罪嫌疑人、被告人自主聘请的律师外,或者是法律规定的法律援助情形外。一旦缺乏律师的帮助,犯罪嫌疑人、被告人无法有效维护自身的合法权益,庭审阶段的控辩对抗也很难进行。毋庸置疑,刑事辩护率较低已经成为制约司法公正进行的主要问题。

为了强化犯罪嫌疑人、被告人的人权保障,立足现有司法资源,可以考虑从以下两个方面入手,有效保障犯罪嫌疑人、被告人获得律师帮助的权利。

一方面,建立具有健全法律援助的律师制度,在看守所派驻值班律师,为相应的犯罪嫌疑人、被告人提供常规的法律咨询和法律服务内容。

另一方面,有必要适当扩大法律援助的案件范围。对于可能判处三年以上有期徒刑的犯罪嫌疑人、被告人,或者不认罪的犯罪嫌疑人、被告人,如果其没有能力来聘请辩护律师,就应当由法律援助机构为其指派律师进行辩护。

上述两类案件在全部刑事案件中所占比例较低,指定辩护的成本并不高,现有司法资源能够承受。目前,浙江、上海等地探索为不认罪案件的被告人指定辩护,已经取得良好法律效果,值得各地积极借鉴推广。

2. 审前程序辩护权的法律保障

要保证审前程序的公正性,是进行公证审判的基础。由于司法传统等方面的原因,对于进行审前程序的辩护,始终是辩护制度中的短板。

2012 年刑事诉讼法得到修改,强化了侦查阶段的辩护职能,犯罪嫌疑人在第一次被侦查机关讯问或者强制采取措施之日起,有权委托律师为辩护人。这一改革显著优化了审前程序的辩护职能，为侦查阶段的人权保障奠定了更加坚实的制度基础。

随着司法改革的逐步推进，在辩护律师方面出现了很多阅卷难、会见难等问题。由于有的法律规定比较模糊，以及有些法律规定缺乏有效实施机制，影响了审前程序中辩护职能作用的发挥。

为了有效的保障审前程序的完善，有必要明确辩护律师所依法享有的诉讼权利，依法保障辩护律师的知情权、申请权以及会见、阅卷、收集证据等权利，有效的完善辩护律师参与诉讼工作的机制内容。

同时，为了发挥辩护律师在审前程序中的职能作用，需要建立起健全的审前程序办案机关，实行对律师所发布的意见进行听取的工作机制。侦查阶段，当律师提出当面反映意见或者提交证据材料时，侦查机关要依法进行办理，并制作笔录附卷；审查起诉阶段，对律师提出犯罪嫌疑人无罪、罪责较轻、证据合法性等意见时，检察机关要认真审核，并在案件审查报告中对是否采纳及其理由做出说明。

（二）庭审中的有效辩护

1. 有效辩护的要求

审判是案件最终做出裁判的阶段；进行庭审是控辩双方所平等进行对抗的阶段。被告人只有在审判阶段进行充分的辩护，在庭审过程中借助辩护律师进行有效指控，才能有效维护自身的合法权益，体现庭审的实质性。

辩护律师在庭审阶段能够为被告人提供有效的法律帮助，保证了审判公正进行的前提。一些国家非常重视审判阶段被告人获得律师帮助的权利，一旦认定辩护无效的情形下，将构成审判无效的理由。中国刑事诉讼非常关注审判程序的公正性，并规定了很多影响公正审判的情形，但是目前还没有将辩护律师认为无效的辩护视为影响公正审判的理由。

目前在司法实践中，一些辩护律师，尤其是承担法律援助职责的辩护律师，很多由于水平和责任心方面的问题，在辩护过程中存在辩护质量不高甚至是无效辩护的问题。由于一些辩护律师并没有认真的准备辩护工作，疏于审查案件事实的证据，没有发现证据中存在的问题，或者是辩护词过于简单只走形式，走过场。也有的辩护律师对侦查取证合法性存在的问题不重视，或者是不能收集办案人员涉嫌非法取证的证据材料，未能从证据合法方面提供有效的辩护。诸如此类的问题反映出，审判阶段辩护的有效性问题值得引起高度关注。

基于有效辩护的理念，法律或者律师行业规范应当确立其最基本的辩护质量标准，并为律师的辩护制定出一套质量体系。通过加强对辩护律师的管理，可以有效的解决无效辩护或者辩护质量不高等问题。同时，对于因辩护律师无效辩护而影响公正审判的情形，有必要对被告人提供相应的法律救济。

2. 庭审阶段辩护权的保障

由于各种主客观的问题，目前一些案件在开庭审的过程中，存在很多辩护律师的问题，即发问难、质证难、辩论难等问题。

最高人民法院发布了《关于依法切实保障律师诉讼权利的规定》，是为了加强庭审阶段辩护权的法律保障。该规定明确表示了，要依法保障律师的知情权、阅卷权、出庭权、辩护权等八大诉讼权利。法官在庭审过程中应该合理的配合诉讼双方进行有效的发问、质证、陈述以及辩论和辩护，充分的听取辩护律师的意见。除律师发言过于重复、与案件无关或者相关问题已在庭前达成一致等情况外，不应打断辩护律师发言。

一些案件中，对于非法取证排除的程序性争议，由于法官未能及时的做出裁决、或者没有充分说明裁决的理由，进而引发了所谓的审判冲突问题。对此，一方面要规范裁判的规则，当庭有效的解决此类争议，避免影响庭审的顺利进行。另一方面，要规范法庭的秩序，完善对藐视法庭权威等情形的处理程序。此外，法庭要加强对庭审的驾驭和指挥，积极引导控辩双方理性对抗，并恪守客观中立的裁判角色，保证庭审公正有序进行。

二、司法救济原则

目前，对犯罪嫌疑人、被告人合法权益受到不当侵犯的情形，法律规定了相应的申诉和处理程序。加强人权司法保障，其核心在于，当犯罪嫌疑人、被告人的人权在诉讼的过程中受到侵犯时，司法机关应当及时有效的进行救济，但是司法救济的及时性和有效性则需要加强。

（一）即时性的司法救济机制

1. 司法救济的必要性

对于犯罪嫌疑人、被告人的诉讼权利受到不当的侵犯时，如果不能够及时有效的提供救济，则所谓的诉讼权利将形同虚设，程序的公正性也无从谈起。换言之，无救济则无权利，权利救济机制，是权利得以实现的制度保障。

2012年刑事诉讼法将检察机关设定为诉讼权利的救济机关，专门规定：辩护人、诉讼代理人在受到公、检、法三司机关及其工作人员的阻碍而不能进行诉讼权利的行使的，有权向同级或者上一级人民检察院提交申诉或者控告。人民检察院对申诉或者控告应当及时进行审查，情况属实的，通知有关机关予以纠正。

这种救济机制，是建立在检察机关法律监督职能基础上，并非是诉讼程序内置的司法救济机制。也就是说，检察机关对辩护方提出的申诉或者是控告，采取类似行政监察的方式进行处理，并没有采用“申请—裁判”的诉讼方式进行。

在现有的司法体制下，目前进行程度的设计为：侦查阶段提出关于诉讼权利的救济，可由检察机关进行负责处理；审查起诉阶段提出的诉讼权利救济，可由负责审查起诉的检察机关负责处理，审判阶段所提出的诉讼权利救济，可由法院负责处理。

2. 侦查程序中的司法救济

在进行司法侦查的过程中，通常关于限制人身自由的司法措施和侦查手段，是很容易侵犯犯罪嫌疑人的人权的。如果犯罪嫌疑人的人权受到侵害，也没有及时的提供司法救济，将会严重地影响程序的公正性；此类争议延续至审判阶段，也将影响公正审判。在此，对侦查程序中犯罪嫌疑人诉讼权利遭到侵犯的情形，有必要提供及时的司法救济，这也是司法监督原则的内在要求。

在目前的审前程序构造中，侦查权缺乏必要的监督和制约。在缺乏辩护律师帮助的情况下，犯罪嫌疑人的诉讼权利遭到了侵犯，也很难通过有效的途径得到司法的救济。因此，强化审前程序犯罪嫌疑人获得律师帮助的权利，是落实司法救济原则的重要前提。在此基础下，在现有的制度框架下，检察机关是最先涉入侦查程序的机关，强调检察机关的司法救济职能，具有很重要的意义。

当犯罪嫌疑人受到辩护律师的帮助时，或者是已经获得值班律师的帮助者，辩护人可以对犯罪嫌疑人的权利遭到侵犯的及时向检察机关提出申诉、控告。无论是犯罪嫌疑人诉讼权利遭到侵犯的，还是辩护律师依法进行辩护遭到阻碍的，检察机关都应及时进行审查、依法处理。

此外，司法行政机关和律师行业要充分发挥其职能作用，对侦查程序中辩护人诉讼权利遭到侵犯或者阻碍者，进行及时的处理。根据中央改革要求，司法行政机关和律师协会应建立维护律师执业权利快速处置机制和联动机制。律师的维权申请合法有据的，司法行政机关、律师协会应当建议有关的办案机关进行依法处置，有关办案机关可以将处理的情况及时向司法行政机关、律师协会进行反馈。

（二）司法救济的程序模式

关于司法救济的程序模式，需要区分审前程序中的司法救济和审判程序中的司法救济两种情形。

1. 审前程序中的司法救济模式

审前程序的司法救济，在目前的司法体制下，无论是犯罪嫌疑人的合法权益遭到侵犯，还是辩护律师在进行诉讼过程中遭到困难，都可以由检察机关进行负责处理。

目前检察机关在相关职能的救济方面并未取得很显著的效果，可以考虑建立诉讼化的程序救济模式。具体来说，由相关的检察机关召集各侦查机构、犯罪嫌疑人和辩护人，在双方都达成一致意见的情况下，依法做出处理。对侦查机关违反法定程序，侵犯犯罪嫌疑人以及辩护人合法权利的情形，应依法予以制裁，为犯罪嫌疑人及其辩护人提供有效的法律救济。为强化检察机关处理决定的强制性，建议赋予检察机关在一定情况下的强制救济权，同时赋予检察机关的司法救济权以一定的强制执行力，以利于加强律师诉讼权利的保障。

鉴于检察机关所负起的追诉职责，在一些案件中，犯罪嫌疑人、辩护人可能对检察机关做出处理的公正性提出质疑。从长远的角度考虑，有必要由法院负责建立起诉讼权利救济模式。进一步来说，对审前程序中诉讼权利的司法救济，可以从两个方面进行。一个方面由检察机关受理犯罪嫌疑人及其辩护人提出的救济申请，并依法做出处理。另一方面，如果犯罪嫌疑人及其辩护人对检察机关所做出的结果不满意或者不服，也可以进一步向法院申请救济。法院按照规范的程序性裁判程序，依法做出处理。

2. 审判程序中的司法救济模式

法院负责在审判过程中，被告人或者是辩护人提出的权利救济申请，无论是初次进行的申请，还是对审前程序中检察机关的处理结果不服而提出的再次申请。

被告人及其辩护人在审判阶段申请救济的情形,通常体现为各种程序性的申请。对此中程序性的申请,法院应当按照规范的程序进行审理,充分的听取控辩双方的意见,并依法做出程序性的裁决。

有的案件中,被告人及其辩护人可能对一审法院做出的裁判结果表示不服。如果此类程序性争议会影响到审判的公正性,则有必要进一步的进行司法救济,避免因程序不公正而导致审判无效。借鉴域外经验,对一审法院做出的重大程序性裁判,可以考虑建立中间上诉程序。具体言之,如果一审法院的程序性裁判可能影响公正审判,被告人及其辩护人对此类裁判不服的,可以直接向上级法院就此事项提出上诉,待上级法院对该事项做出裁判后,一审法院再继续进行审判程序。

第三节　刑事审判权的独立行使

刑事审判权能够有效的维护法律的权威、制裁违法行为、维护社会公平正义的有效方式,也是国家司法机关行使审判权的一种体现。刑事审判活动由审理和裁判两部分活动所组成。所谓审理,是指人民法院在控辩双方和其他诉讼参与的参加下,对案件发生的过程、案件的证据、以及如何处置等进行系列的法律活动。所谓裁判,指的是人民法院在确认证据、查明案件的事实,以及在相关法律的指导下,对案件的的实体和程序问题做出处理的活动。审理是裁判的前提和基础,裁判是审理的目的和结果。

在整个刑事诉讼的过程中,审判处于一个中心位置,具有一定的决定作用,它决定了案件的最终处理结果,决定着刑事追诉的成功与否,以及决定国家的行使权力能否实现。

人民法院行使刑事审判权具有下几个基本特征。

一、审判程序启动的被动性

人民法院在审判案件的过程中，奉行的是没有起诉就没有审判的原则。公安、检察机关在发现犯罪事实后，具有主动性，主动的追究刑事责任，必须进行立案侦查，并提起公诉。审判程序启动的被动性可以表现在很多方面：在没有检察机关或者自诉人起诉的前提下，不能主动对案件进行审判；不能审判控方所未指控的犯罪事实；当案件的自诉被告人没有对案件进行反诉时，不能主动审理反诉案件；没有被告人一方的上诉或检察机关的抗诉，上一级法院不得启动第二审程序，等等。

二、独立性

审判权享有独立性，指的是人民法院依法独立行使审判权，在此，法官也具有独立性，在评议过程中，有权进行独立地、平等地发表意见。正如马克思所言，法官"除了法律没有别的上司"。

三、中立性

法院在审判的过程中，对于控辩双方应当保持一种中立的诉讼地位。法院在社会利益和人民利益间始终保持中立，代表的是法律。审判中立，是被告人获得公正审判的重要保证。《世界人权宣言》第10条即规定，"人人于其权利与义务受到判定时及被刑事控告时，有权享受独立无私法庭之绝对平等不偏且公开之听审"。中立性有一些具体的要求，当一个案件中所出现的牵连人是不能够承担该案件的法官，法官也不得与该案件存在一定的关系，其案件的结果或者纠纷各方有利益上或则其他方面的关系，法官不得存在支持或者反对的意见，等等。

四、职权性

这是指刑事案件一经起诉到法院，就产生诉讼系属的法律效力，法院就有义务、有权力进行审理并做出裁判。

五、程序性

是指审判活动应当严格遵循法定的程序，否则，可能导致审判活动无效并需要重新进行的法律后果。

六、亲历性

是指案件的裁判者必须自始至终参与审理，审查所有证据，对案件做出判决须以充分听取控辩双方的意见为前提。

七、公开性

在进行案件的审判过程中，应该是一个公开的过程，法庭的大门是永远敞开的，除了为了保护一些特定的社会利益而依法不公开审理的案件外，其他案件都应当公开受审，将审判活动置于公众和社会的监督之下，即使依法不公开审理的案件，宣告判决也应当公开。这是摒除司法不公的最有力的手段。

八、公正性

公正是诉讼的最终目标，也是诉讼的生命。所有的诉讼都应该具有公正性，审判也必须按照公正的程序进行，进而最大限度的实现实体上的公正。审判结果的公正性也是源自于裁判者在裁判过程中的独立性和中立性。

九、终局性

终局性指的是法院对案件进行的最终生效的裁判,具有最终的决定意义。当裁判一旦生效,诉讼的任何一方在原则上是不能够要求法院再次对该案件进行审判,其他任何的机关也不得对该案件进行审理,有关各方都有履行裁判或不妨碍裁判执行的义务。这也是由现代法治国家为了解决社会纠纷和争端,所制定的解决问题的最后一道决定性的机制。

第四节　刑事司法的民众参与

在刑事诉讼中,不同的刑事诉讼主体履行不同的刑事诉讼职能。刑事诉讼职能可以分为基本职能和非基本职能。刑事诉讼主体正是围绕形式诉讼的职能而展开,根据性质的不同,刑事诉讼主体可以分为专门机关和诉讼参与人两大类。

一、专门机关的组织体系

(一)人民法院的组织体系

我国人民法院,作为国家的审判机关是一个系统的组织体系,根据《法院组织法》的规定,我国人民法院由最高人民法院、地方各级人民法院和专门人民法院组成。

1. 各人民法院组织

最高人民法院,是国家审判机关,设刑事审判庭、民事审判庭、行政审判庭和其他需要设的审判庭。最高人民法院审判的案件包括:法律、法令规定由它管辖的和它认为应当由自己审判的第一审案件;对高级人民法院、专门人民法院判决和裁定的上述案件和抗诉案件；最高人民检察院按照审判监督程序提出的抗诉案件。

最高人民法院包括：省高级人民法院、自治区高级人民法院、直辖市高级人民法院。高级人民法院审判下列案件：法律、法令规定由它管辖的第一审案件；下级人民法院移送审判的第一审案件；对下级人民法院判决和裁定的上述案件和抗诉案件；人民检察院按照审判监督程序提出的抗诉案件。

另外，各级人民法院按照需要可以设助理审判员，由本级人民法院任免。助理审判员协助审判员进行工作。助理审判员，由本院院长提出，经审判委员会通过，可以临时代行审判员职务。各级人民法院设书记员，担任审判庭的记录工作并办理有关审判的其他事项。各级人民法院设司法警察若干人。

2. 审判组织

审判组织，是指人民法院审判案件的具体组织形式，我国的刑事审判组织有独任庭、合议庭和审判委员会三种，合议庭是最基本的、主要的形式。

独任庭，是指由审判员一人单独审判案件的审判组织。通常适用于简易程序审判的案件；可能判处三年有期徒刑以下刑罚的案件。案件是否独任审判，以及独任法官的指定问题，均由院长或庭长决定。

合议庭，是指由审判员或者审判员和人民审判员共同审判案件的审判组织，合议庭是由 1 名审判员担任审判长，由其主持和组织合议庭和审判法庭的诉讼活动。审判长由院长指定，院长或者庭长参加审判案件的时候，自己担任审判长。

审判委员会，是指人民法院内讨论和决定案件的一种组织形式，审判委员会成员并不在判决书上署名，而由审理该案件的审判人员署名。

3. 人民陪审员

人民法院第一审刑事案件中可以由审判员和人民陪审员组

成合议庭进行审判，人民陪审员除了不得担任审判长之外，在执行职务时享有与审判员同等的权利，即人民陪审员与陪审员共同决定案件的实施和法律问题。吸收普通公民参股刑事审判，具有重要的意义：第一，在政治层面上，具有司法民主的意义；第二，在法权层面上，具有制约和规范国家司法权规范行使的意义；第三，在智识层面上，具有弥补专业法官思维定式和职业偏见的意义；第四，在价值层面上，具有整合专业价值取向和普通社会价值取向的意义；第五，在社会层面上，具有提高司法公信力的意义。

另外，基层人民法院会与同级人民政府司法行政机关对人民陪审员进行培训，提高人民陪审员的素质，对于在审判工作中有显著成绩或者有其他突出事迹的人民陪审员，给予表彰和奖励。

（二）人民检察院的组织体系

中华人民共和国人民检察院，作为国家的法律肩负机关，是一个系统的组织体系。根据《检察院组织法》的规定，我国人民检察院由最高人民检察院、地方各级人民检察院和军事检察院等专门人民检察院组成。

各级人民检察院设检察长一人，副检察长和检察院若干人。检察长统一领导检察院的工作。各级人民检察院设立检察委员会。检查委员会实行民主集中制，在检察长的主持下，讨论决定重大案件和其他重大问题。

另外，各级人民检察院设助理检查员和书记员各若干人。经检察长批准，助理检查员可以代行检查员职务，书记员办理案件的记录工作和有关事项。助理检查员、书记员由各级人民检察院检查长任免。各级人民检察院根据需要可以设司法警察。

二、当事人

形式诉讼中的当事人，是指与形式案件的处理结果有着直接利害关系，享有较广泛诉讼权利，对诉讼的进程和结果有着较大影响的诉讼参与人。根据我国《刑事诉讼法》第 106 条第（2）项的规定，当事人包括被害人、自诉人、犯罪嫌疑人、被告人、附带民事诉讼的原告人和被告人。

（一）被害人

被害人是指在刑事案件中其人身、财产等合法权益受到犯罪行为侵害的个人或单位。但是，从程序意义上而言，在不同的刑事诉讼程序中，具有不同的诉讼地位，承担不同的诉讼职责，享有不同的诉讼权利和承担不同的诉讼义务。

作为刑事诉讼中的当事人，被害人的诉讼地位包含以下几个方面的内容：第一，与案件的处理结果有直接的利害关系。第二，在形式诉讼中承担部分控诉职能。由于公诉机关承担主要的控诉职能，因此，被害人仅承担部分的控诉职能。第三，与被告人相比，虽然被害人具有与被告人相当的诉讼地位，但是诉讼权利与被告人受到更多限制。第四，被害人是重要的证据来源。

（二）自诉人

我国刑事诉讼，实行公诉为主自诉为辅的起诉制度，自诉人，是指有权就刑事自诉案件直接向法院起诉的人。自诉人，通常为刑事案件中合法权益受到犯罪行为直接侵害的人，即被害人。

作为承担控诉职能的诉讼当事人，自诉人在刑事诉讼中承担以下法律义务：（1）举证责任，根据我国《刑事诉讼法》第 49 条中规定，自诉案件中被告人有罪的举证责任由自诉人承担，即自诉人应当提出证据证明被告人有罪，而且这种证明需要达到法定的证明标准；（2）如实提供证据，自诉人提供的证据必须要真实的，故意伪造证据陷害他人必须承担相应的法律后果；（3）遵守诉讼秩序，保留按时出庭和遵守法庭秩序等；（4）执行生效裁判和调解协议。

（三）犯罪嫌疑人、被告人

在公诉案件中，被追诉者在检察机关提起正式的起诉之前称为“犯罪嫌疑人”，在此之后称为“被告人”。在我国刑事诉讼中，犯罪嫌疑人，被告人作为当事人，享有诉讼主体地位，同时也是被追诉者。犯罪嫌疑人、被告人的诉讼地位包括以下几项内容：（1）与案件有直接利害关系。（2）享有主体性地位。（3）承担辩护职能。犯罪嫌疑人、被告人不仅可以自行辩护，还可以委托律师或者其他合法主体为其辩护。（4）享有较广泛的诉讼权利。（5）是重要的证据来源。犯罪嫌疑人、被告人供述和辩解是我国法定证据种类之一。对于侦查人员的讯问，犯罪嫌疑人、被告人承担如实供述的义务。

作为被追诉者或者由于具有犯罪嫌疑，同时，又是案件证据的重要来源，法律要求犯罪嫌疑人、被告人承担一定的义务，主要有：（1）接受侦查，即接受侦查机关依法进行的讯问、搜查、扣押、检查、辨认等行为；（2）对侦查人员的讯问，应当如实回答；（3）接受强制措施，即接受司法机关依法采取的刑事强制措施的约束；（4）接受起诉和审判行为，即检察机关和人民法院依法进行的起诉和审判行为，被告人应当予以配合；（5）执行生效裁判，即对公安司法机关做出的生效判决、裁定和决定应当予以执行。

三、其他诉讼参与人

根据我国《刑事诉讼法》第106条的规定，其他诉讼参与人包括，法定代理人、辩护人、诉讼代理人、证人、鉴定人和翻译人员。

（一）法定代理人

法定代表人的产生是基于法律的规定而不是当事人的委托；具有独立的诉讼地位，其意志和行为不受当事人的约束；其行为视为当事人的行为，即行为的法律效果归于当事人。

法定代理人参与刑事诉讼的主要职责是依法保护未成年人、无行为能力人、限制行为能力人的人身权利、财产权利、诉讼权利以及其他一切合法权利。

（二）辩护人

辩护人，是指在刑事诉讼中接受委托或者指派专门维护犯罪嫌疑人、被告人合法权益的诉讼参与人。辩护人具有以下基本特征：（1）辩护人参加诉讼的前提基础是基于委托或者法律援助机构指派；（2）辩护人具有独立诉讼地位，变化人以自身的名义根据事实和法律开展辩护活动。可见，辩护人的身份是基于委托或者指派，但其行为不受当事人作用。

辩护人依法承担以下诉讼义务：（1）不得妨碍司法义务。辩护人不得帮助犯罪嫌疑人、被告人隐匿、毁灭、伪造证据或者串供，不得威胁证人作伪证以及干扰司法机关诉讼活动的行为。（2）部分证据展示义务。辩护人收集的有关犯罪嫌疑人不在犯罪现场、未达到刑事责任年龄、属于依法不负刑事责任的精神病人的证据，应当及时告知公安机关、不得拒绝辩护。（3）依法执业义务。辩护律师执业，应当依法接受委托、收费、不得行贿等。（4）保密义务。辩护律师应当保存在执业活动中知悉的国家秘密、商业秘密，不得泄露当事人的隐私，对于在执业活动中知悉的委托人和其他人不愿泄露的有关情况和信息，应当予以保密。（5）遵守诉讼秩序义务。

（三）诉讼代理人

根据《刑事诉讼法》第 106 条规定：刑事诉讼中的诉讼代理人是指公诉案件的被害人及其法定代理人或者近亲属、自诉案件的自诉人及其法定代理人委托代为参加诉讼的人和附带民事诉讼的当事人及其法定代理人委托代为参加诉讼的人。据此，诉讼代理人具有以下基本特征：（1）诉讼代理人参加诉讼的前提基础是基于委托；（2）诉讼代理人以被代理人的名义参加诉讼；（3）诉讼代理人代理行为的法律后果归属于被代理人。

诉讼代理人主要承担以下诉讼义务：（1）不得进行妨碍司法的行为。（2）不得拒绝代理义务。法律接受委托后，无正当理由的，不得拒绝代理。（3）依法执业义务。（4）保密义务。（5）遵守诉讼秩序义务。如按时出庭、服从审判长指挥等。

（四）证人

证人，是指当事人之外了解案情并向专门机关做出陈述的人。在刑事诉讼中，证人具有以下基本特征：（1）了解案情，包括直接了解和间接了解；（2）是自然人，不包括单位；（3）向刑事诉讼专门机关做出陈述。

在刑事诉讼中，证人主要承担如下诉讼义务：（1）如实陈述证言。有意作伪证或者隐匿罪证要负相应的法律责任。（2）依法出庭。公诉人、当事人和辩护人、诉讼代理人经审判长许可可以对证人发问，审判人员可以询问证人。应当出庭作证的证人没有正当理由不出庭作证，需要承担相应的法律后果，包括强制其出庭、予以训诫或者拘留等。（3）保密。即对于公安司法机关询问的内容予以保密，如果向犯罪的人通报侦查的情况，则可能构成包庇罪。[①]

（五）鉴定人

鉴定人是指运用科学技术或者专门知识对诉讼涉及的专门性问题进行鉴别和判断并提出鉴定意见的人员。在刑事诉讼中，鉴定人具有以下特征：（1）必须是自然人，不包括单位；（2）具有专门的知识或技能，他需要根据专门的知识和技能对专门性问题做出判断；（3）取得执业证；（4）经专门机关指派或者聘请，这是鉴定介入刑事诉讼的方式或前提；（5）与案件没有利害关系，否

① 张明楷．刑法学（第2版）[M]．北京：法律出版社，2003，第829页．

则应当回避。

鉴定人依法承担下列法律义务:(1)受所在司法鉴定机构指派按照规定时限独立完成鉴定工作,并出具鉴定意见;(2)对鉴定意见负责;(3)依法回避;(4)妥善保管送鉴的鉴材、样本和资料;(5)保守在执业活动中知悉的国家秘密、商业秘密和个人隐私;(6)依法出庭作证,回答与鉴定有关的询问;(7)自己接受司法行政机关的管理和监督、检查;(8)参加司法鉴定岗前培训和继续教育;(9)法律、法规规定的其他义务。

(六)翻译人员

翻译人员,是指在诉讼过程中对外国语言、少数民族语言、聋哑手势、盲文等进行翻译的人员。翻译人员参与诉讼,其主要职责在于帮助其他诉讼主体进行信息沟通,因此,应当客观公正地履行职责。

在刑事诉讼中,翻译人员享有以下诉讼权利:(1)了解和翻译有关的案件情况;(2)查阅其翻译内容笔录,如有不符有权予以补充或更正;(3)获得适当的报酬。同时,翻译人员承担以下法律义务:(1)如实翻译义务,有意作假翻译的,应当承担相应的法律后果;(2)保密义务,对有关案件情况和他人隐私应当保密。

第五节　刑事诉讼的程序公正要求

十八届四中全会《决定》指出,要严格推进司法制度,健全事实认定符合客观真相、办案结果符合实体公正、办案过程符合程序公正的法律制度。深入贯彻无罪推定理念及相关的原则,是准确查明案件事实的前提;在准确查明案件事实的前提下,坚持罪刑法定、罪刑相适应等刑法原则,是确保办案结果符合实体公正的基础,也是公正的保障。

一、程序法定原则

（一）司法程序的法定化

无论是哪个时代的司法程序，都是具有一定的目的而存在的，例如，在封建时期，司法程序是为惩罚犯罪而服务的，对于被告人的刑讯、压迫是实现该时期司法程序的突出特点。相比现代的司法程序，不仅是为了达到实体法的预期功能，更重要的是保证审判的公正，进而体现司法的内在价值。为了实现司法程序的预期目标，需要法定化的司法程序作为基础。

1. 司法程序以保障公正审判为宗旨

司法程序的运作效果决定着司法程序的定位和理解。有学者对司法程序模式做出了归纳：犯罪控制模式下的刑事诉讼就如警察与检察官所操作的高速转配线传输带，而正当程序模式下的刑事诉讼则像是障碍赛；犯罪控制模式的装配线司法主要着眼于效率，而正当程序模式则更多的关注被告人对待案件的公平性。

在形式诉讼领域中，虽然一些案件最终未能提交审判，但是刑事程序的设计则是以审判为核心，审前程序的功能就是规范并促进对审判的准备工作。具体来说，为了查明案件的事实，需要赋予侦控机关相应的权力，这是刑事程序有效运作的前提。在此基础上，为了有效保护犯罪嫌疑人、被告人的合法权益不受到侵犯，有必要对侦控权力施加必要的限制。如何在有效规范侦控权力的同时充分保障被告人的合法权利，换言之，如何兼顾惩罚犯罪与保障人权，始终是刑事程序的核心问题。立足审判中心的视角，该问题集中体现为如何保证公正审判。

保证公正审判，不能简单的保护惩罚犯罪或者保障人权的立场。应当立足国家的追诉角度，每个人都可能成为犯罪的潜在被害人，所以应当加强对犯罪的惩罚。当站在被追诉对象的角度来看，每个人都可能成为潜在的犯罪嫌疑人、被告人，甚至可能成为冤案假案错案的受害者，所以应当强调对人权的保障。上述立场都有其合理性，又都存在片面性。从比较法看，各国司法程序大多试图寻求惩罚犯罪与保障人权的最优化平衡。

以保证公正审判为着眼点审视司法程序，需要认识到这样一个基本事实：司法程序是以人为对象，由人来主导，接受人评判的程序。

首先，与工业生产程序不同，司法程序的对象是平等主体的人，而不是物品。即使成为犯罪嫌疑人、被告人，人也是作为有尊严的个体，其所具有的合法权利仍需要得到法律的保障。在此，将司法程序比作生产产品的流水线或者游戏竞技的障碍赛，或者抽象地探讨刑事程序的所谓模式，都不是很妥当的。在现代法治社会，随着尊重和保障人权的理念逐步深入人心，司法程序不仅要关注准确地惩罚犯罪，更要始终保持对人权的尊重和保障。

其次，尽管司法程序在运作的过程中体现的是以国家司法权力来进行，但是其行使权力者仍然是具体的司法人员。由于人在认识方面的能力存在一定的局限性，加上各种制度限制的原因，司法程序对案件事实的认识可能只是足够的接近客观的真相，并且始终存在产生冤假错案的风险。鉴此，司法程序设计过程中，必须要保持对冤假错案的高度警惕，通过相关制度最大限度地减少冤假错案发生。

最后，司法程序的运作效果，很大程度上取决于诉讼各方，以及来自社会各界的感受。司法程序是否具有公正性，不仅直接影响裁判的结果，更重要的是关系到当事人和社会公众对司法的认知和评判。特别是对社会公众而言，他们所关心的不是裁判的结果，而是在裁判过程中司法机构是否具有公正性，也是他们认同裁判结果、尊重司法权威的基础。鉴此，司法程序应当保持公开性和透明度，以看得见的方式实现公正，通过程序公正保障实体公正，树立司法的公信力。

基于上述人本主义的考量,司法程序的定位应当着眼于保证公正审判,并重点关注加强人权保障、防范冤假错案和维护程序自身的公正性。只有法定化的司法程序,才能有效兼顾并固化上述程序目标,避免因恣意性的程序妨碍公正审判的实现。进一步讲,只有严格执行法定的司法程序,才能保证公正审判。

2. 司法程序自身也是惩罚

近年来随着刑事司法的改革,尤其是刑事诉讼法进行了大幅的修改完善,社会各界对司法程序的观度不断地提高。但是一些办案机关对程序所具有的正义性缺乏清醒、深刻的认识。尽管这与传统司法理念的影响有一定关系,但根本原因在于未能认识到司法程序自身的重要性,忽视了司法程序对当事人的现实影响。

司法程序既是实现准确惩罚犯罪的保障,其自身对犯罪嫌疑人、被告人而言具有一种惩罚性。在封建社会,社会公众之所以厌恶诉讼,主要是由于除了司法不公平之外,诉讼本身也牵扯极大,往往会耗费大量的人力和财力,甚至导致倾家荡产。在现代法治社会,司法公正性不断提高,司法程序逐步规范,但司法程序自身对当事人造成的困扰仍然存在。

在认定被告人无罪的前提下,法律上需要对其进行审讯调查,在侦查阶段接受讯问,面临审前羁押,出庭接受审判,诸如此类经历诉讼的过程也是令人感到煎熬的。即使有些被告人最终被法院判决宣告无罪,其在诉讼过程中的遭遇在某种程度上也无异于"惩罚"。如同有学者所指出的,诉讼过程就是惩罚,有些犯罪嫌疑人认为,其在诉讼过程中的遭遇(如被剥夺自由、名誉受损),与最终被判处的刑罚相差无几。

从这个角度来理解司法程序,可以发现,为了实现司法的公正性,就要接受司法程序所带来的必要代价,但是司法程序应当尽可能的减少犯罪嫌疑人具有的犯罪累计,降低犯罪嫌疑人、被告人在诉讼过程中的被惩罚感。

基于程序法定原则,在设计司法程序时,应当尽量减少程序给当事人带来的负担，特别是不能随意克减犯罪嫌疑人、被告人的合法权利。通过优化程序设计，强化司法人权保障，司法程序才能在充分体现程序价值的同时，实现自身的正当化。

（二）司法程序的拘束力

司法是在程序的约束下产生的。司法公正来源于程序的公正，司法的权威，来源于程序的权威。一些办案机关对司法程序采取实用主义态度，对办案有利的依照程序来办，不利的则想尽办法躲避程序。贯彻程序法定原则，关键在于严格执行法定的程序，维护程序的强制性和拘束力，树立程序的权威。

1. 程序违法应予制裁

基于程序法定原则，当一旦确立司法程序，就具有了强制性和约束力。办案机关要严格的遵守司法程序，相应的诉讼行为才能具有法律效力；反之，办案机关违反法定程序的行为将面临负面的法律后果。

当办案机关违反了法定的程序，会影响到审判的公正性，也会侵犯犯罪嫌疑人、被告人的合法权利。如果法院在审判的过程中，对一些不公平的现象或者违反规定的行为视而不见、或者给予默许，则当事人和公众就会对审判的公正性产生负面的评价，认为法院不能够坚守程序的正义性。为维护司法程序的拘束力，对程序违法行为应当依法予以制裁。唯有如此才能维护程序的确定性和内在价值，使程序公正成为看得见的公正。

在司法实践中，犯罪嫌疑人、被告人可以对办案过程中出现的违法行为提出异议，也可以在审判阶段向法庭提出申请做出程序性的裁判。对当事人当庭提出的程序性争议，法庭应当严格依法做出处理。对经审查确认的程序违法行为，应当依法进行制裁。如，在刑事诉讼过程中严禁对犯罪嫌疑人或者被告人进行刑讯逼供、威胁、利诱、欺骗以及其他的非法方法收集证据，并确立了非法证据排除规则，如果办案机关采用刑讯逼供等非法方法收集证据，被告人就可以申请法庭排除非法证据，法庭经审查确认或者不能排除存在法律规定的非法取证情形的，就应当对此类程序违法行为加以制裁，依法排除非法证据。

2. 程序公正优先

贯彻程序法定原则，强调司法程序的约束力，则意味着法定程序具有刚性，不能裁量和突破。在刑事诉讼领域中，证据具有一定的能力，来证明在案件的发生过程中事实的真相，这意味着，司法程序对案件事实的认定具有决定性影响。换言之，只有在司法程序框架下认定的案件事实，才符合公正司法的要求，要通过法庭审判的程序公正实现案件裁判的实体公正。

需要指出的是，为了保证公正审判的司法原则，最大限度的查明案件发生的事实真相，避免冤假错案的发生，促进实体公正的实现。但与此同时，如果案件在审判的过程中，出现了违法的行为，如果坚持进行程序法定原则，依法对程序违法行为进行制裁，就会妨碍事实的真相，进而影响了实体的公正性实现。此种情形下，涉及程序公正与实体公正发生冲突时的处理问题。

基于传统观念影响，有的办案机关认为程序只是手段，实体才是目的，因此，主张实体公正优先。这种观点值得反思。前文已经指出，司法程序是公正审判的保障，抛开法定程序，即使可能有助于实现个案公正，但此举将严重损害程序的权威性，办案机关极易以追求实体公正的名义公然违背法定程序。

如果一旦出现这种观念和做法，最终的结果是导致更多的案件缺乏实体公正性。同时，也会背离司法程序本身的做法，容易导致案件事实证据出现问题，非但不利于实现案例的公正性，反而会增加错假冤案发生的风险，这方面已有深刻的教训，目前发现的冤假错案多少都存在突破制度规定或者公然违背法定程序的地方。

法治是规则之治、是程序之治。正当程序是法治的必然要求，也是司法公正的基本保障。为了改变这种长期存在的重实体、轻程序的传统落后观念，不仅要强调程序的公正性，而且还要倡导“程序公正优先”的理念。强调程序公正优先，不是说程序公正比实体公正更重要，也不是说程序公正具有绝对性，而是说要高度重视程序公正的独立价值。

具体言之，程序公正作为一种“看得见的正义”，对于人格尊严的保障、诉讼的公开、透明、民主以及裁判的终局性和可接受性等方面，都具有更深层次的意义；而且从根本上讲，程序公正是实体公正的有效保障，完备的程序制度，能在最大程度上为防范冤假错案提供制度保障。

坚持程序公正，要求在司法的过程中始终在法定程序的框架中进行，办案机关和办案人员始终恪守法定程序的要求。倡导程序公正优先性，主要是当实体公正和程序公正发生冲突后，要坚持法定原则，不得规避程序、也不得突破法律程序，有时甚至会为此付出沉重的代价。例如非法证据排除和疑罪从无等，都是捍卫司法程序拘束力的必然要求，也是坚持程序公正的理性选择。

二、公正审判原则

公平审判牵涉到司法的各个方面，包含很多内容。从诉讼形态看，刑事诉讼、民事诉讼和行政诉讼都有公正审判的要求和实现公正审判的具体原则或操作程序。公正审判要求适用正当程序和法制原则，这些都是对人权的最基本的保护。因为人的其他权利在遭到侵犯的时候，得到公正审判权利是最后的保障。如果审判本真不符合保证人权的原则，则其他人权也难以得到保障。

（一）控辩平等原则

控辩平等是公正审判的基本要求，但由于公诉机关与被告人之间在控辩能力方面存在天然的差距，控强辩弱的问题较为突出，故有必要通过相应的制度设计保证审判阶段控辩双方平等对抗，维护程序的公正性。

1. 诉讼构造上的控辩双方法律地位平等

诉讼构造分为审前程序构造和审判程序构造。审前程序中所体现的控辩平等，主要是立足在任何人没有遭到强迫自证其罪和审前程序中的有效辩护等原则。这里重点体现的是审判程序中的控辩平等问题。

审判阶段的控辩平等，主要体现在诉讼构造上的控辩双方法律地位平等。目前，被告人作为诉讼当事人，有权获得律师帮助，能够有效参与审判程序，特别是随着司法改革的推进，被告人不再穿着看守所的识别服出庭受审，因此，被告人在庭审结构上，获得了与控诉方基本对等的法律地位。

在更深层次的审判构造上，控辩不平等的问题仍然是很突出的存在。具体表现在，当检察机关公诉部分在履行公诉职能外，可以对审判活动是否合法实行监督，这就意味着，公诉部分不仅是单纯的控诉方，也可以对法院的审判活动形成制约。在此情况下，法院审判仍处于控诉方的监督之下，被告人与控诉方的法律地位平等也就无从谈起了。

鉴此，为维护审判阶段控辩双方法律地位平等，有必要改变检察机关公诉部门对审判进行监督的做法。在现有制度框架下，可考虑探索实行公诉职能与法律监督职能相分离，对审判活动的监督由人民检察院公诉部门以外的部门负责。

2. 诉讼能力上的平等武装

除了体现在诉讼构造上的控辩法律地位平等外，实质上的控辩平等主要是体现在控辩平等武装。基于控强辩弱的实际，一方面对国家所追诉的权利加以必要的约束和规范，另一方面要强化被告人的辩护权保障。针对侦察权缺乏制约的问题，十八届四中全会《决定》提出了完善对限制人身自由司法措施和侦察手段的司法监督，这一改革举措可以帮助控辩双方实现诉讼能力的均衡调整。但是目前，检察机关对法院裁判的影响力远大于辩护方，这与法律监督职能有很大的关系。

有学者指出，检察长列席的审委会会议，大多是讨论检察机关起诉（有的包括侦查）个案的审判活动，检察长既为法律监督机关的代表，又是未结案件中公诉乃至侦查机关的首长，其出席审委会在辩方代表缺席情况下对案件处理发表意见，单方面影响对法院的审判活动，打破了诉讼结构的控辩平衡，损害了法院的中立性，其弊端显而易见。

控辩双方平等武装，其中最关键的一点是由于控辩双方在法定的程序框架内，可以通过庭审环节的公平对抗促使法院依法进行裁判。可以由检察长列席法院审判委员会制度，在庭审之外对法院裁判施加额外的影响，但是并不符合控辩双方平等武装的原则，所以在《人民法院组织法》修改过程中革除该项制度。

（二）直接言词原则

直接言词原则是保证公正审判的一项重要原则，是在克服书面审理程序所带来弊端的基础上建立的。在证据法上，与直接言词原则相对应的是传闻证据排除规则。

直接言词原则主要是有两项要求：一方面是法庭在亲自审理案件时，会直接接触第一手证据材料，并且调查原始的证据内容，才能有效的审查证据的可靠性，从而准确认定证据、查明事实。另一方面是让证人出庭作证，通过当庭的言词来维护被告人的质证权，保证被告人的权利，确保审判程序的公正性。直接原则强调的是法官亲身经历过，能够保证证据的原始性，言词原则强调的是与书面相对的证据提供形式。

贯彻直接言词原则，是实现庭审实质化的基本保障，其核心要求是证人出庭作证。如果证人不出庭，控诉方仅出示书面证言，即使被告人对证言有异议，也无法与证人当面对质；即使法庭对证据有疑问，也无法当庭核实。如果法庭的证据调查主要围绕书面证据材料进行，庭审难以成为诉讼的中心。这是实践中庭审流于形式、程序公正观念虚化的原因所在。

法律并未规定证人所出具的书面证言不能作为证据使用，再加上由于配套的制度落实不到位，导致证人在出庭过程中积极性不高，实践中证人不出庭的问题比较普遍。鉴此，十八届四中全会《决定》指出，要完善证人、鉴定人出庭制度。

需要特别强调的是，在传统上对直接言词原则的理解，可以更多地侧重法庭对证人的言词进行审查和判断，而对该原则与程序公正的关系不够重视。如果被告人对关键证人所提供的不利于其的证言有异议，一旦证人没有出庭作证与被告人进行对质，那基于该证人证言对被告人定罪在程序上是不公平的。鉴此，无论是确定应当出庭的证人范围，还是设计证人出庭作证的程序，都要充分考虑被告人的质证权。

（三）诉讼及时原则

在司法领域，基于司法资源的稀缺性等原因，公正与效率始终存在紧张关系。与经济领域相比，司法工作具有特殊性，公正是法治的生命线，对司法公正的关注始终是第一位的，但与此同时，也要统筹兼顾公正与效率。在保证公正的前提下，要通过优化司法资源配置、完善诉讼程序等途径，尽可能地提高诉讼效率。从这个角度看，诉讼及时原则可以被视为公正审判的内在要求。

1. 迟到的正义与非正义

刑事诉讼涉及多方的利益问题，诉讼当事人和社会公众都渴求得到正义的实现。在处理案件的过程中，不重视诉讼的效率，就会将案件拖得很久，不仅无法满足各方的正义诉求，而且还容易引发外界对司法公正的质疑。特别是对被害方来说，如果案件拖了很长时间，即使得到解决的结果是公正的，但是在这种情况下，效率低下的诉讼可能已经对正义的渴求和信心消失殆尽。

在处理案件的过程中，司法程序自身对犯罪嫌疑人、被告人也是一种“惩罚”。如果漠视诉讼效率，案件久拖不决，被告人是否有罪始终处于不确定的状态，将使诉讼各方承担巨大压力。在审前羁押率较高的背景下，一些被告人面临较长时间的超期羁押,与定罪后的监禁刑罚并无二致。毫无疑问,因诉讼拖延所导致的“被告人未被定罪先受惩罚”情形,与司法公正是背道而驰的。

在处理刑事诉讼的过程中,对诉讼的期限都有做出明确的规定,体现了诉讼及时的原则要求。目前一些案件拖了很久得到解决的原因是多方面的,有的是因为审前程序持续的时间太长,有的则是因为审判周期过长,有的是因为诉讼程序回流而产生拖延。

为了提高诉讼的效率,所以在执行的过程中要严格按照法律规定的诉讼期限,又要按照诉讼程序的繁简程度来完善诉讼程序。在立案审查前,有必要建立起犯罪嫌疑人认罪案件快速侦察的程序,加速审前程序进程。对于审判程序,有必要探索完善被告人认罪案件的简化审理程序,进而逐步的扩大裁判程序的适用范围,对被告人所犯的案件程度建立起处罚令程序。为了有效防止诉讼程序回流,所以有必要规范撤回起诉制度,开庭审理后,除经被告人同意并经人民法院准许外,人民检察院不得撤回起诉。

需要指出的是,通过优化司法资源配置等方式提高诉讼效率,前提是以符合诉讼规律、保证司法公正为前提,不能为追求司法效率而损害司法公正。对于疑难复杂案件尤其是死刑案件,始终应当坚持效率服从质量的原则。片面强调“从快”打击犯罪,不仅容易忽视人权保障和程序公正,而且容易导致冤假错案发生。这方面的教训需要铭记。

2. 集中审理和及时裁判

诉讼及时原则,主要体现在审判阶段,表现为集中审理和及时裁判。随着审判管理职能逐步强化,法院对审理期限的管理更加严格。

集中审理指的是在审理案件的过程中,应当持续不间断,直到审理完毕做出裁判为止。集中审理和直接言词原则紧密关联,有助于保证法官在当庭审判过程中根据新鲜记忆形成的心证做出判决,防止记忆模糊或者案外因素对心证产生不当影响。

目前，绝大多数案件，包括一些重大的、复杂案件的审判，都体现了集中审理的要求。但是很多案件，由于非法证据排除存在程序性争议，影响了案件的集中审理。在面对此类问题时，一方面，在庭审过程前期要对程序进行完善，通过庭前会议等机制有效解决管辖、回避、非法证据排除等争议，避免此类争议在庭审过程中导致审理过程中出现中断。另一方面，有必要对程序进行规范性的审理规程，通过专门程序有效地解决非法证据排除等程序性争议，保证庭审集中得以顺利进行。

此外，司法实践中，有的案件审理至裁判之间拖延时间较长，既增加了被告人的审前羁押期限，也容易面临庭审虚化的质疑。因此，有必要强调及时裁判的要求，对适用审裁程序审理的案件一律当庭进行宣判，对适用简易程序审理的案件一般应当当庭宣判，对适用普通程序审理的案件逐步提高当庭宣判率。

本章小结

本章主要是研究刑事诉讼观的发展，可以从五个方面进行：一是刑事程序法与刑事实体法的关系；二是刑事诉讼中的人权司法保障；三是刑事审判权的独立性；四是刑事司法的民众参与；五是刑事诉讼程序的公正性。从这五个方面，我们可以看出，在刑事诉讼发展的过程中，在程序发展方面，需要按照公正、公平的原则来进行，保证司法人的人身权利和利益，确保在审判的过程中能够实现公正、公开、公平、独立的原则。在刑事司法过程中，民众是必不可少的存在，民众在很大程度上影响了审判的结果，所以可以看出，在刑事诉讼过程中，任何一个阶段都是相互关联的。

第四章 刑事诉讼的理念和原则

为了能使刑事诉讼的目的得以实现,国家不仅要通过刑事诉讼法的有关规定,对刑事诉讼追求的具体价值目标进行宣示,而且还要把实现刑事诉讼目的的活动原则、程序,各专门机关及诉讼参与人的地位相互关系,以及体现诉讼主体间基本关系的格局予以进一步的确立。这种所进行的刑事程序法律规范所确立的构成刑事诉讼的各基本要素之间的诉讼地位和相互关系,就是刑事诉讼的构造。因此,修改、完善我国刑事诉讼法,关键是建构刑事诉讼的合理构造。而建立合理的诉讼构造,必须以符合诉讼规律的理念与原则为指导。

第一节 刑事诉讼的理念

一、惩罚犯罪与保障人权相结合

(一)惩罚犯罪

社会总是不可避免的存在着犯罪,所以为了能够进一步保障公民的生命、财产和其他合法权利不受侵犯,保障国家的安全和维护社会秩序的稳定,就必须对之进行相应的追究和惩罚,需要国家通过刑事诉讼行使刑罚权对犯罪加以惩罚。因此,可以说追究犯罪、惩罚犯罪是刑事诉讼的直接目的的一个方面。

为了能够保证及时有效地追究犯罪、惩罚犯罪,我国《刑事诉讼法》规定，公安机关或者人民检察院发现犯罪或者犯罪嫌疑人，应当立案侦查(第 107 条)。人民检察院对公安机关应当立案侦查而不立案侦查的案件，应当通过法律监督促使公安机关对犯罪进行进一步的追究。对于犯罪事实清楚、证据确实充分、依照法律需要追究刑事责任的案件，公安机关应当移送检察机关审查起诉，检察院应当提起公诉，人民法院应当做出有罪判决(《刑事诉讼法》第 160 条、第 172 条、第 195 条)。

(二)保障人权

对犯罪进行相应的惩罚只是刑事诉讼目的的其中一个方面，而刑事诉讼目的的另一个方面则是对人权进行相关的保障。《牛津法律大辞典》对人权的定义是："人权，就是人要求维护或者有时要求阐明的那些应在法律上受到承认和保护的权利，以使每一个人在个性、精神、道德和其他方面的独立获得最充分与最自由的发展。"人权被认为是当代国际社会获得普遍承认的价值和政治道德观念，尊重人权并使人权得到一定的保彰已经成为对一个国家民主法治文明程度进行评价的标杆。

我国《宪法》第 33 条第 3 款规定："国家尊重和保障人权。"根据《宪法》的规定，《刑事诉讼法》第 2 条把"尊重和保障人权"列为刑事诉讼法的一项重要任务。刑事诉讼领域内的保障人权，可以具体从三个层面去理解。

第一个层面就是对于犯罪嫌疑人、被告人和罪犯的权利要进行一定的保障，做到防止无罪的人受到刑事法律追究，防止有罪的人受到不公正的处罚。

第二个层面是对所有诉讼参与人、特别是被害人的权利进行相关的保障。

第三个层面是通过对犯罪进行相关层面的惩罚从一定程度上保护广大人民群众的权利不受到犯罪的相关侵害。

其中，上述所讲到的三个层面中，第一层面保障被追诉人的权利是保障人权的一个重心所在。

在刑事诉讼过程中，对人权进行相关的保障之所以非常重要，是因为国家有关的专门机关在进一步追究、惩罚犯罪的过程中，往往自觉不自觉地会超越权力、甚至滥用权力，从而从不同程度上对诉讼参与人的权利造成了一定的侵害，特别是牵涉到犯罪嫌疑人、被告人的权利，这就会进一步导致错追错判的现象发生，对于司法公正造成严重的损害。正因为如此，不论是世界上任何关于民主法治的刑事诉讼法，都会着重进行相关的规定旨在对人权的各种原则、制度和程序进行保障，以把惩治犯罪的权力的使用关在制度的笼子里。

我国的《刑事诉讼法》也是如此，它对“保障无罪的人不受刑事追究”的任务进行了明确的规定，规定了平等权、辩护权的具体原则，规定了不得强迫自证其罪原则和非法证据排除规则等一系列保障人权的原则、制度和程序。三中全会《决定》指出：“完善人权司法保障制度”，随着我国社会主义民主法治建设得到不断地发展，我国的刑事诉讼中的人权理念和制度保障也将进一步的会在一定程度上得到加强并加以完善。

综上所述，对犯罪进行惩罚并对人权予以一定的保障，在整体上来讲，就构成了刑事诉讼法主要目的两个方面的对立统一体，两者必须结合在一起进行，不可过于片面强调一面而把另一面忽视掉。刑事诉讼法应当妥善的协调好惩罚犯罪和保障人权两者之间的关系，把它们有机地结合在一起。当然，这种理念也在中央政法机关的文件中多次得到了明确的体现，例如，两院三部的《办理死刑案件意见》明确指出，在办理死刑案件的过程中应当“坚持惩罚犯罪与保障人权相结合”。

二、程序公正与实体公正动态并重

人类社会一直在不断地进行追求的首要价值目标，就是公正（正义）[①]。在各种相关的社会公正中，社会体制即社会基本结构的

① 公正，英语为 Justice，或译为正义。

公正，无疑是能够起到一种具有很大的决定性作用的公正。在社会公正中，司法公正占有十分重要的地位，它是进一步对社会正义进行维护的最后一道屏障，是能够明确体现社会正义的一个窗口，同时也是司法机关的主要灵魂和生命线。

司法公正，也称作诉讼公正，主要分为程序公正和实体公正两个方面。

（一）程序公正

程序公正就是所谓的过程公正，具体是指诉讼程序方面所体现出来的一种公正。刑事案件的程序公正，有以下几点要求。

（1）对于刑事诉讼法的规定要严格遵守。当然，这是需要以刑事诉讼法的内容公正为前提进行的。如果立法没有达到一定的公正，那么执法越严格就会越不公正，这是不言而喻的。

（2）要对当事人和其他诉讼参与人，特别是犯罪嫌疑人、被告人和被害人的诉讼权利予以认真地保障。

（3）严禁通过刑讯逼供和以其他非法手段进行取证。

（4）使司法机关依法独立行使职权得到真正意义上的实现。

（5）审前要做到程序尽量透明，审判程序公开。

（6）在进行相关的审判程序中，控辩双方平等对抗，法庭应该居中予以裁判。

（7）按法定期限办案、结案。

以上提到的七点，第一点可以说是属于形式上的程序公正，而后六点可以说是实质上的一种程序公正。

（二）实体公正

实体公正就是所谓的结果公正，具体指对案件实体的最终结局处理所体现出来的一种公正。刑事案件的实体公正，主要有以下几方面的要求。

（1）据以定罪量刑的犯罪事实必须根据证据准确地加以认

定，做到证据确实充分。

（2）正确适用刑法，准确认定犯罪嫌疑人、被告人是否有罪及其罪名。

（3）认定犯罪嫌疑人、被告人有罪或罪重在事实上法律上发生疑问的，应当从有利于被追诉人方面做出处理。

（4）按照罪刑相适应原则，依法适度判定刑罚。

（5）已生效的裁判得到合理有效的执行，使实体公正最后得以真正实现。

（6）对于进行错误处理的案件，特别是无罪错作有罪处理的案件，依法采取相关的救济方法并及时纠正、及时补偿。

由此可见，程序公正和实体公正各自有着其较为独立的公正内涵和标准，两者之间不能互相代替。而且我们必须要注意：当事人启动诉权、参与诉讼，其目的并不是为了追求过程中所具有的公正，而是为了能够在结果上有一个有利于自己的公正裁决。在司法实践过程中，当事人不服一审判决而随后提起上诉的，或者对已生效裁判再次提出再审申诉的，其理由绝大多数都是因为实体不公所致。

程序的价值首先在于能够对实体价值的进一步实现予以一定的保证。如果对程序所进行的相关设计和实践中的实施都是公正的，那么在大多数情况下所得出的实体结论也会是公正的。我国的《刑事诉讼法》为了能够对犯罪事实进行准确及时地查明，正确地定罪量刑、惩罚犯罪、保护无辜，系统对诉讼原则、规则、制度和程序方面作了相关的规定，并在相继的两次修改过程中都不断地进行了一定程度上的加以完善。但是，就算是把程序设计得相当完善，执行程序相当的严格，对于实体公正而言，也未必就能完全实现公正，正如美国学者罗尔斯说："关键的是有一个决定什么结果是正义的独立标准，和一种保证达到这一结果的程序。""审判程序是为探求和确定这方面的真实情况而设计的，但看来不可能把法规设计得使它们总是达到正确的结果。"[①] 因此，也就进一步提醒司法工作人员，在进行诉讼过程中不能仅仅为了满足于对程序公正的追求，而是要认真负责地去实现实体公正的主要目标。

程序价值的第二个方面，就在于它的独立价值，也就是程序公正本身直接体现出来的一种民主、法治、人权和文明的精神，它不依附于实现实体公正而存在，本身就是社会正义的一种重要内容。犹如球赛的规则不仅仅是为了保证较有实力的球队获胜——实体价值，而且同时要使球赛本身进行得更加文明更精彩，有着更大的观赏性——程序价值。公正的刑事诉讼程序，例如文明取证、公开审理、保障辩护权等，一方面可以把司法活动的民主和人权精神直接的体现出来，把那些看得见的正义体现出来，同时还能够保证对案件的处理能够做到客观公正。因此，程序公正既可以算是一种手段，又能称得上是一种目的。

对于程序的独立价值而言，也清楚地体现在它的终局性上。诉讼虽然从一定意义上来讲，必须努力追求实体的公正性，但是也是有一定限度的，不能没完没了，否则既会对效率造成一定的影响，更会在一定程度上导致司法所具有的权威性得以丧失。因此，在一定情况下，为了能够维护司法所具有的权威性，宁可牺牲实体公正作为代价也要对已生效裁判的稳定性进行维持。例如一些冤假错案必须予以及时地纠正；但量刑偏轻偏重的已生效刑事裁判就不必再提起审判监督程序加以纠正。

另外，程序具有的独立价值还主要体现在增加当事人对案件处理的实体结果的可接受程度上。如果程序没有达到一定的公正性，即使结果是公正的，也会使当事人理解不到位、不接受而致使其再次上诉、申诉；相反，如果程序得到了一定的公正性，即便在实体处理过程中略有一些缺憾，当事人也会采取理解、容忍的态度而息讼。但是如果实体处理发生严重不公，如定罪发生根本

① [美]罗尔斯.正义论[M].何怀宏，何包钢，廖申白译.北京：中国社会科学出版社，1988，第86页.

性错误或量刑明显不当，这种情形下，即使程序公正，也无法或难以平息当事人心灵上的不平而必然继续寻求种种纠错的方法。

关于实体公正和程序公正之间的关系，马克思曾明确指出："诉讼和法二者之间的联系如此密切，就像植物外形和植物本身的联系，动物外形和动物血肉的联系一样。"① 在马克思看来，实体与程序的关系就像是内容与形式两者之间的关系，两者是统一的。

这个观点在一定程度上来看，对我们正确理解和处理实体与程序的关系具有非常重要的指导意义。当今外国学者对此则见仁见智，莫衷一是。在美国，程序优先比较盛行。如美国一位著名大法官曾这样说："只要程序适用公平，不偏不倚，严厉的实体法也可以忍受。"②但也有部分学者认为程序的手段作用相对来说更重要。他们说："尽管程序也促进了一些独立于实体法目标的价值，但是庞德归纳出了一切程序性体系以实现实体法为存在的理由这一特征，在这一点上他无疑是正确的。"③ 大陆法系国家的学者则较多支持实体和程序并重论。如德国的一本权威教科书就明确指出："在法治国家的刑事诉讼程序中，对司法程序之合法与否，被视为与对有罪之被告、有罪之判决及法和平之恢复，具有同等之重要性。"④

我们认为，程序公正和实体公正，总体上来说是统一的，但有时候也会不可避免地发生相应的矛盾。在二者发生矛盾时，在一定的情况下，应当始终采取程序优先的原则进行处理，例如非法证据排除规则、程序的终局性等，但在某种较为特殊的情况下，又应当采取实体优先的原则，例如非法证据的自由裁量规则，又如由于错误地认定事实或适用法律，造成错判错杀，冤枉无辜，这种

① 马克思恩格斯全集（第 1 卷）[C]. 北京：人民出版社，1995，第 287 页 .

② 宋冰 . 程序、正义与现代化——外国法学家在华演讲录 [M]. 北京：中国政法大学出版社，1998，第 375 页 .

③ [美] 伟恩 · R. 拉费弗，杰罗德 · H. 伊斯雷尔，南西 · J. 金 . 刑事诉讼法（上册）[M]. 卞建林，沙丽金等译 . 北京：中国政法大学出版社，2003，第 28 页 .

④ [德]. 克劳斯·罗科信 . 刑事诉讼法 [M]. 吴丽琪译 . 北京：法律出版社，2003，第 5 页 .

情况下，一旦发现，就必须及时地纠错平反，并且给予国家相应的赔偿，而不受终局程序和任何诉讼时限的限制。

总之，程序公正和实体公正就像车的两个轮子一样，也像是鸟儿的两个翅膀，之间呈现着一种互相依存，互相联系的状态，一定不能有先后轻重之分。这一点，在我国中央政法机关发布的相关文件中也得到了明确的确认。如 2003 年 11 月 12 日最高人民法院、最高人民检察院、公安部联合下发的《关于严格执行刑事诉讼法，切实纠防超期羁押的通知》第 1 条明确指出："进一步端正思想，牢固树立实体法和程序法并重、打击犯罪和保障人权并重的刑事诉讼观念……"十八届四中全会《决定》进一步明确提出了"办案结果符合实体公正，办案过程符合程序公正"的要求。

当然，实体和程序的并重是一种处于动态之下的辩证的并重，即应当从实际情况出发对两者的价值取向有所侧重和调整。我国长期存在着"重实体、轻程序"的理念和做法，当前应当着重予以适当的纠正，并应当在立法上和司法上建立相关的程序制裁制度，以更好地保证程序公正。所谓程序制裁，就是指专门机关办理刑事案件违反法定程序，其行为结果视为无效，如非法证据排除等。

三、控审分离、控辩平等对抗和审判中立

刑事诉讼的基本职能一共有三种，具体可以分为控诉、辩护和审判。在现代民主法治国家的刑事诉讼过程中，这三种基本职能之间的互相关系可整体性的概括为：控审分离、控辩平等对抗和审判中立的理念。

（一）控审分离

控诉具体是指通过把被告人的罪行向法院进行控告，同时并要求法院通过一定的审判进一步确定被告人有罪并加以相应的处罚。控诉职能主要由国家的公诉机关——检察机关承担，除此

之外，被害人或其他单位、个人也可以行使这个职能。

在我国，公诉案件通常是由人民检察院向人民法院进一步提起公诉，自诉案件往往是由被害人及其代理人向人民法院进行起诉。所谓的控审分离，就是指控诉职能和审判职能不能集中由一个机关或一个人来承担，必须分别由专门行使控诉权的机关或个人以及专门行使审判权的机关来承担，如果没有法定控诉机关或个人的起诉，法院是没有权利对任何刑事案件进行主动审判的，被动性是进行审判的一个较为重要的特点。这也就是所谓的不告不理原则。

在古代纠问式的诉讼模式中，根本没有专门的公诉机关，所以那个时候的控诉职能和审判职能只能通过一个司法机关来行使。近代的司法改革，对控审分离的原则进行了明确的确立，这也可以说是刑事司法制度史上的一个重大进步。

控审分离的意义有两个方面，一方面，不仅在于能够使国家司法机关内部有着较为明确具体的分工，对于国家追诉犯罪的能力得到一定的强化，使公诉过程中的质量得到有效的提高；另一方面，更主要的是在于可以使审判机关中立化，从而对审判机关客观公正地审理和裁判案件有一个切实的保证。

（二）控辩平等对抗

在刑事诉讼中，之所以行使辩护职能是为了针对控诉在实体上和程序上提出有利于犯罪嫌疑人、被告人的事实和理由以对其合法权利进行相应地维护。辩护职能通常是由犯罪嫌疑人、被告人及其所委托的辩护人来进行行使。

在现代刑事诉讼中，不仅要设置辩护职能与控诉职能进行相对抗，而且双方都应当有着诉讼地位平等地相互对抗，这也是辩护职能能否进一步充分发挥具体作用的一个关键。因为行使控诉权的国家专门机关不论在权力、手段和物质条件上都明显超过了被追诉人，从实际力量对比来说，双方是难以对抗的。

正因为如此，国家在进一步制定刑事诉讼法时，对于控辩双方诉讼地位平等的程序必须刻意的予以构建，以更好地保证辩护权能够得到有效的行使。当然，控辩平等对抗集中体现于审判程序，而在侦查、审查起诉程序中，则应根据程序运作的特点适用这一理念。

（三）审判中立

是对审判的一个基本要求，同时也是审判职能的一个基本特征。所谓的刑事审判中立主要是指审判者不仅不能由控辩双方的主体或与案件有直接、间接利害关系的人来担任，而且审判者应当对控辩双方做到不偏不倚，与他们保持等距离的地位，即控辩审三者之间的关系应当保持在一个等腰三角形的结构状态。审判只有处于中立状态才能显现出一定的公正，如果没有中立那么自然也就没有公正可言。为了能够保证审判处于中立的状态，控审必须有所分离，而且控辩双方主体在审判中的诉讼地位必须保持平等状态。

综上可见，控审分离、控辩平等对抗和审判中立，三者之间是互相联系的，它能够在一定程度上构成控辩审三者之间最科学最合理的关系，同时它还是现代刑事诉讼的基本理念和要求，是进一步实现司法公正的一个基本保证。

四、追求诉讼效率

诉讼效率是指在诉讼过程中所投入的司法资源与所取得的成果的比例。讲求诉讼效率就要求投入的司法资源应该能够取得尽可能多一些的诉讼成果，即诉讼成本有所程度的降低，使工作效率得到有效的提高，加速诉讼的运作节奏，尽量减少案件拖延和积压的现象。

这就如同在市场经济中一样，企业要想在激烈的竞争中使自己立于不败之地并得到快速的发展，就需要不断地提高工作效率；司法工作尽管从某种意义上来讲不同于企业，但是也是大同小异，也必须注意适当的把效率予以提高，因为国家投入于司法中的资源毕竟是有限的，这远远不能满足司法的需要。

现代的发达国家，如美、英、德、日等国，几乎都会普遍感到司法经费的紧张，像中国这样的发展中国家，更是如此。把诉讼效率适当的予以提高不仅仅是为了节约司法成本、使办案经费的紧张得到相应地缓解，更重要的是为了及时对犯罪分子进行相关的惩罚，确保无罪的人能够早日免受刑事的追究，对于被害人而言，也可以及时从精神上和物质上得到相应的补偿，从而更加有效地实现刑事诉讼法应执行的任务。如果在办案过程中不紧不慢，拖拖拉拉，超期羁押，即便案件在最后得到了较为正确的处理，可是对司法公正也必然会受到严重的影响。贝卡利亚在谈到刑罚的及时性时就明确指出："惩罚犯罪的刑罚越是迅速和及时，就越是公正和有益。""我说刑罚的及时性是有益的，是因为：犯罪与刑罚之间的时间间隔得越短，在人们的心中，犯罪与刑罚这两个概念的联系就越突出、越持续，因而，人们就很自然地把犯罪看做起因，把刑罚看做不可缺少的必然结果。"①

现代诉讼都会主动把效率视为是在进行诉讼过程中的一种应有基本理念和价值要求，并在一些诉讼立法中加以相关的强调和规定。例如，《日本刑事诉讼法》第 1 条规定"本法的目的"包含有"正当而迅速地适用刑罚法令"的内容。《美国联邦刑事诉讼规则》第 2 条规定："本规则旨在为正确处理每一起刑事诉讼提供规则，以保证简化诉讼，公正司法，避免不必要的费用和延缓。"多年来，西方国家在效率理念的指导下，对诉讼程序进行了许多次的改革，如美国大力推行辩诉交易、德国扩大有罪不起诉的案件范围等。我国的《刑事诉讼法》第 2 条也规定了"准确、及时地查明犯罪事实"的内容，而且我国《刑事诉讼法》还从诉讼期限、轻罪不起诉和简易程序等多方面体现诉讼效率的具体理念。但在效率问题上来看，我国刑事诉讼明显对现实需要很难进行适

① ［意］贝卡利亚．论犯罪与刑罚[M]．黄风译．北京：中国大百科全书出版社，1993，第 70-71 页．

应，这就有待从观念上、制度上进一步加以解决。

在刑事诉讼的过程中，公正与效率之间的关系，应当是公正第一、效率第二。罗尔斯说："某些法律和制度，不管它们如何有效率和有条理，只要它们不正义，就必须加以改造和废除。"①这个话虽然从表面看上去说得有点绝对，但是，换个角度去想，其实也有一定的合理性所在。

在刑事司法中，应当在保证司法公正的前提下再去追求效率，而不能因为图速度快求办案量多，就草率办案从而对程序公正和实体公正造成一定的损害，甚至于是发生错案的现象。如果在其中发生了错案，事后就要严格对待并及时地加以纠正和赔偿，这又对效率造成了一定损害。

当然，公正的优先地位并不是绝对的，在一定较为特殊的情况下，为了效率，不得不对公正的价值做出适当的牺牲，例如把程序变得相对简易等。但是这种牺牲也要有一定的尺度，不能过分，否则，就会违反司法的基本要求了。

第二节　刑事诉讼的原则

一、刑事诉讼基本原则的含义

刑事诉讼基本原则，具体是指所进行的刑事诉讼活动应当对基本行为准则进行遵循。刑事诉讼的基本原则，能够对刑事诉讼的基本规律进行反映，也能使刑事诉讼的基本理念得以体现出来，从而对刑事诉讼立法和司法具有重要的指导意义。

有的国家在刑事诉讼法典中对于基本原则进行了专章规定，如我国《刑事诉讼法》第一编第一章为"任务和基本原则"，《俄罗斯联邦刑事诉讼法典》第一部分第一编第二章为"刑事诉讼的原

① ［美］罗尔斯．正义论［M］．何怀宏，何包钢，廖申白译．北京：中国科学出版社，1988，第3页．

则”。还有更多的国家在刑事诉讼法典中对基本原则没有进行相关的规定,不过他们往往会在刑事诉讼法学理论研究过程中对刑事诉讼的基本原则体系进行总结,如约阿希姆·赫尔曼教授即提出了德国刑事诉讼的一系列原则。[①]

二、刑事诉讼基本原则的体系

我国《刑事诉讼法》进一步将刑事诉讼基本原则作为一项重要内容进行了专门规定,足见其在《刑事诉讼法》中的重要地位。我国《宪法》中也有一些条款规定了刑事诉讼基本原则,如第 125 条规定了公开审判原则和辩护原则,即“人民法院审理案件,除法律规定的特别情况外,一律公开进行。被告人有权获得辩护”。

对于 1979 年《刑事诉讼法》确立的刑事诉讼基本原则体系,两次修改均有所涉及。1996 年修改《刑事诉讼法》时,变动较大,如增加了第 8 条“人民检察院对刑事诉讼实行法律监督”和第 12 条“未经人民法院依法判决,对任何人都不得确定有罪”。2012 年修改《刑事诉讼法》时,将第 14 条第 1 款“人民法院、人民检察院和公安机关应当保障诉讼参与人依法享有的诉讼权利”的规定修改为“人民法院、人民检察院和公安机关应当保障犯罪嫌疑人、被告人和其他诉讼参与人依法享有的辩护权和其他诉讼权利”,从而特别强调了人民法院、人民检察院和公安机关对犯罪嫌疑人、被告人辩护权的保障义务。

根据我国《宪法》《刑事诉讼法》的规定,刑事诉讼基本原则主要包括:侦查权、检察权、审判权由专门机关依法行使原则;严格遵守法定程序原则;人民法院、人民检察院依法独立行使审判权、检察权原则;依靠群众原则;以事实为根据、以法律为准绳原则;一切公民在适用法律上一律平等原则;人民法院、人民检察院和公安机关分工负责、互相配合、互相制约原则;人民检察院

① [德]约阿希姆·赫尔曼.德国刑事诉讼法典[M].李昌珂译.北京:中国政法大学出版社,1995,第 11-17 页.

依法对刑事诉讼实行法律监督原则；公民有权用本民族语言文字进行诉讼原则；犯罪嫌疑人、被告人有权获得辩护原则；未经人民法院依法判决对任何人都不得确定有罪原则；保障当事人和其他诉讼参与人辩护权和其他诉讼权利原则；依法不追诉原则；追究外国人刑事责任适用我国法律原则。

《刑事诉讼法》第一编第一章还对其他内容进行了相关的规定，如两审终审、人民陪审和国际刑事司法协助等，这些内容相对来说较为具体，将它们归为刑事诉讼基本制度更为适宜。

三、我国刑事诉讼基本原则

（一）侦查权、检察权、审判权由专门机关依法行使原则

《刑事诉讼法》第3条第1款规定："对刑事案件的侦查、拘留、执行逮捕、预审，由公安机关负责。检察、批准逮捕、检察机关直接受理的案件的侦查、提起公诉，由人民检察院负责。审判由人民法院负责。除法律特别规定的以外，其他任何机关、团体和个人都无权行使这些权力。"

第4条规定："国家安全机关依照法律规定，办理危害国家安全的刑事案件，行使与公安机关相同的职权。"第290条规定："军队保卫部门对军队内部发生的刑事案件行使侦查权。对罪犯在监狱内犯罪的案件由监狱进行侦查。"上述规定确立了"侦查权、检察权、审判权由专门机关依法行使原则"，简称"专门机关依法行使职权原则"。

正确地理解并严格地遵守这一原则，就需要注意以下几点基本要求。

1. 侦查权、检察权、审判权由公安机关、人民检察院、人民法院分别行使，非法定主体不得行使上述权力

公安机关、人民检察院、人民法院是刑事诉讼中专门行使侦

查权、检察权和审判权的机关,其他任何机关、团体和个人都无权行使这些权力。这是维护刑事法治的要求,是职权法定原则的体现。由于刑事诉讼事关公民的生命与自由等基本权利,侦查权、检察权、审判权如果不赋予专门机关行使,就可能出现私设公堂和滥用私刑的现象。准确理解这一原则,还需要注意侦查权行使主体的特别规定。

《刑事诉讼法》和最高人民法院、最高人民检察院、公安部、司法部、海关总署于1998年12月3日联合发布的《关于走私犯罪侦查机关办理走私犯罪案件适用刑事诉讼程序若干问题的通知》对行使侦查权的机关作了特别规定,具体包括:(1)国家安全机关负责危害国家安全刑事案件的侦查;(2)监狱负责罪犯在监狱内犯罪案件的侦查;(3)军队保卫部门负责军队内部发生的刑事案件的侦查;(4)海关走私犯罪侦查部门负责走私犯罪案件的侦查。这些是由法律明确规定的,属于"法律特别规定的"情形。这里的"特别规定"只是针对侦查权而言的,对于检察权和审判权则没有任何特别规定。

2. 公安机关、人民检察院、人民法院在刑事诉讼中必须依照法律规定行使侦查权、检察权和审判权

公安机关、人民检察院、人民法院在行使各自职权办理刑事案件的过程中,对于法律规定的诉讼程序必须严格地予以遵守,只有严格依照法律规定行使侦查权、检察权和审判权,才能进一步保证刑事诉讼既能完成惩治犯罪的任务,又能充分保障人权,防止出现侦查权、检察权和审判权的滥用现象。

3. 公安机关、人民检察院、人民法院行使的侦查权、检察权和审判权具有国家权力的属性,这些权力均具有强制性

这些机关在行使这些权力时,不会受到当事人及其他诉讼参与人意志的约束,其中就包括任何公民和有关机关、团体及企事业单位均无权拒绝。

4. 公安机关、人民检察院、人民法院在刑事诉讼中分别行使各自职权，不能相互代替或者超越本机关的职权

这一原则具体来说包含了诉讼职能分离的精神，是人类刑事司法制度的一大进步，在一定程度上使封建社会司法官集侦查、起诉和审判职能于一身的状况得到很大的改变。公安机关作为侦查机关，检察机关作为侦查机关和公诉机关，不能行使带有裁判性质的权力；人民法院作为审判机关，只能行使审理和裁判权，不得实施追诉犯罪的活动。根据这一原则，不允许对刑事案件进行所谓的"联合办案"，不允许召开"三长会"、协调会。

（二）人民法院、人民检察院依法独立行使审判权、检察权原则

《宪法》第126条规定，"人民法院依照法律规定独立行使审判权，不受行政机关、社会团体和个人的干涉"，第131条规定，"人民检察院依照法律规定独立行使检察权，不受行政机关、社会团体和个人的干涉。"《刑事诉讼法》第5条规定："人民法院依照法律规定独立行使审判权，人民检察院依照法律规定独立行使检察权，不受行政机关、社会团体和个人的干涉。"上述规定确立了"人民法院、人民检察院依法独立行使审判权、检察权原则"。

对于这一原则，需要具体从以下两个方面来理解。

（1）这一原则主要包括审判独立和检察独立，也就是说，人民法院应该依法独立行使审判权，而人民检察院也要依法独立的行使检察权。

（2）人民法院和人民检察院独立行使职权，具体是指其独立于行政机关和社会团体，但是，需要注意的一点是，并不代表他们独立于党的领导和立法机关。

首先，人民法院、人民检察院依法独立行使职权，必须始终坚持党的领导。其次，人民法院、人民检察院主要是由立法机关产生、必须要对立法机关负责。《宪法》第128条规定："最高人民法院对全国人民代表大会和全国人民代表大会常务委员会负责。

地方各级人民法院对产生它的国家权力机关负责。”第133条规定:“最高人民检察院对全国人民代表大会和全国人民代表大会常务委员会负责。地方各级人民检察院对产生它的国家权力机关和上级人民检察院负责。”

针对实践过程中存在的人民法院、人民检察院不能独立行使职权的现实,中国共产党十八届四中全会通过的《中共中央关于全面推进依法治国若干重大问题的决定》指出,要进一步完善确保依法独立公正行使审判权和检察权的制度。各级党政机关和领导干部要支持法院、检察院依法独立公正行使职权。建立领导干部干预司法活动、插手具体案件处理的记录、通报和责任追究制度。任何党政机关和领导干部都不得让司法机关做违反法定职责、有碍司法公正的事情,任何司法机关都不得执行党政机关和领导干部违法干预司法活动的要求。对干预司法机关办案的,给予党纪政纪处分;造成冤假错案或者其他严重后果的,依法追究刑事责任。

为此,中共中央办公厅、国务院办公厅印发并自2015年3月18日起施行了《领导干部干预司法活动、插手具体案件处理的记录、通报和责任追究规定》。2015年8月19日,最高人民法院发布了《人民法院落实(领导干部干预司法活动、插手具体案件处理的记录、通报和责任追究规定)的实施办法》和《人民法院落实(司法机关内部人员过问案件的记录和责任追究规定)的实施办法》,对人民法院切实贯彻执行“两个规定”提出了要求。

(三)以事实为根据、以法律为准绳原则

《刑事诉讼法》第6条规定,“人民法院、人民检察院和公安机关进行刑事诉讼”,“必须以事实为根据,以法律为准绳”。上述规定进一步明确地确立了以事实为根据、以法律为准绳的原则。这一原则也是我国司法工作在工作中不断进行的经验总结,是刑事诉讼、民事诉讼和行政诉讼共同适用的基本原则。

以事实为根据、以法律为准绳原则，主要包含下面两个方面的内容。

1. 以事实为根据

要求刑事诉讼活动必须把案件的事实真相进行查明，对案件所进行的相关处理必须要建立在查清事实的基础之上。以事实为根据，是正确惩罚犯罪，防止冤假错案，保障无罪的人不受刑事追究的一个根本保证。

想要准确地判断一个人是否犯罪，罪轻还是罪重，必须以事实为根据。所谓的"事实"，就是指有相关的证据能够进行证明且经过查证属实的事实，要求对事实的认定必须以证据为基础，不能凭借主观想象、推测、怀疑认定事实。在查清事实的过程中，不仅要注意实体法的有关规定，还要对程序法的相关要求予以一定的注重，特别是证据法的重要作用。

2. 以法律为准绳

要求刑事诉讼活动必须遵循法律规定进行，也就是说，要在查明案件事实的基础之上，准确地适用好法律。具体而言，是否进行立案，是否应该采取强制性的措施，是否确定侦查终结，是否提起公诉，判决有罪或者无罪，各种诉讼行为都必须依照法律规定进行，不能妄下结论。

在实体上而言，应当依照《刑法》规定判定被追诉人是否有罪以及如何定罪科刑；而在程序上来讲，人民法院、人民检察院和公安机关的诉讼活动都应当严格按照《刑事诉讼法》的规定进行，保证诉讼行为具有一定的合法性，对诉讼参与人的合法权益能够做到一个切实的保障。

正确处理案件的两个重要方面就是做到以事实为根据，以法律为准绳，把这两方面紧密联系在一起，相辅相成，就共同构成了对人民法院、人民检察院、公安机关进行刑事诉讼活动的具体要求。查明事实是必要的一个前提，是最根本的基础和根据，如果没有查清事实，就很难对法律进行准确地适用；法律是非常具体的标准、尺度，如果在处理案件的过程中，没有利用好法律，没有做到以法律为准绳，即便把事实查明了，也无法准确地进行相关的定罪量刑，无法有效实现国家刑罚权。所以，只有把这两者相结合在一起，才能有效地完成刑事诉讼的任务要求。

（四）依靠群众原则

《刑事诉讼法》第 6 条规定："人民法院、人民检察院和公安机关进行刑事诉讼，必须依靠群众。"上述规定进一步明确确立了依靠群众的原则。依靠群众是人民司法一直以来坚持的优良传统，同时也是刑事诉讼的一项基本原则。

社会秩序的维护和人民群众的根本利益密切相关，为此，人民群众也有义务去协助公安司法机关参与相关的刑事诉讼。我国《刑事诉讼法》及相关法律进一步详细解释了人民群众参与刑事诉讼的明确规定。公安部《规定》第 4 条重申了公安机关必须贯彻这一原则："公安机关进行刑事诉讼，必须依靠群众……"在立案和侦查阶段，第 166 条规定："公安机关对于公民扭送、报案、控告、举报或者犯罪嫌疑人自动投案的，都应当立即接受，问明情况，并制作笔录，经核对无误后，由扭送人、报案人、控告人、举报人、自动投案人签名、按指印。必要时，应当录音或者录像。"第 210 条规定："公安机关对案件现场进行勘查不得少于 2 人。勘查现场时，应当邀请与案件无关的公民作为见证人。"人民检察院在刑事诉讼中也需要人民群众的协助，最高人民检察院《规则》第 203 条规定："人民检察院在侦查过程中，应当及时询问证人，并且告知证人履行作证的权利和义务。人民检察院应当保证一切与案件有关或者了解案情的公民，有客观充分地提供证据的条件，并为他们保守秘密。除特殊情况外，人民检察院可以吸收证人协助调查。"自 2003 年以来，最高人民检察院主导建立并施行了人民监督员制度，这也明确体现了依靠群众的原则。在进行相关的审判阶段，人民陪审员制度是运用群众智慧、推进司法民主的集中体现，直接反映了依靠群众的原则。

刑事诉讼其实是一个相对复杂的过程，当在发现犯罪、收集证据、查证犯罪、定罪和量刑等环节，人民群众可以起到很大的作用，在这些环节中帮助公安司法机关及时、高效地进行诉讼活动。在具体地实践过程中，很多案件之所以能够及时地得到侦破，可以说离不开人民群众的帮助，正是他们提供了极为有效的线索；在案件的起诉和审判活动中，人民群众也可以适当地通过出庭作证等形式发挥一定的重要作用；在执行工作的过程中，社区矫正等执行环节也是不能离开人民群众的参与。

（五）分工负责、互相配合、互相制约原则

《宪法》第135条规定："人民法院、人民检察院和公安机关办理刑事案件，应当分工负责，互相配合，互相制约，以保证准确有效地执行法律。"《刑事诉讼法》第7条规定："人民法院、人民检察院和公安机关进行刑事诉讼，应当分工负责，互相配合，互相制约，以保证准确有效地执行法律。"

由此，分工负责、互相配合、互相制约就成为对刑事诉讼中人民法院、人民检察院、公安机关之间关系进行调整的一个基本准则，同时也是一项宪法性的刑事诉讼基本原则。

分工负责、互相配合、互相制约原则，主要包含以下三个方面的内容。

1. 分工负责

具体是指人民法院、人民检察院、公安机关在进行相关的刑事诉讼活动过程中，根据《刑事诉讼法》的具体分工，在自己法定的职权范围内进一步实施诉讼活动。

根据诉讼具体的职能分工，公安机关主要负责进行侦查，行使包括对刑事案件的侦查、拘留、执行逮捕、预审等权力；而人民检察院主要负责行使检察权，包括检察、批准逮捕、检察机关直接受理的案件的侦查、提起公诉等权力；人民法院就主要负责行使审判权，负责对公诉和自诉案件进行相应的审理并最终做出裁判。

2. 互相配合

具体是指人民法院、人民检察院、公安机关在进行刑事诉讼时，在已经有了明确分工负责的基础上，出于惩罚犯罪和保障人权双重目的的需要，应当彼此进行相互的支持，有效地合作，而不能利用自身的权利和义务相互掣肘，相互扯皮。

刑事诉讼法的任务，既要保证准确、及时地对犯罪事实进行查明，正确地应用好法律，及时惩罚犯罪分子，同时还要对无罪的人有一定的保障，使其不受刑事追究。

除此之外，还需要时刻教育公民应该自觉地遵守法律，积极同犯罪行为做斗争，共同对社会主义法制进行维护，做到尊重和保障人权，对公民的人身权利、财产权利、民主权利和其他权利予以一定的保护，使社会主义建设事业的顺利进行得到切实的保障。

由于各个国家机关之间的工作是有联系的，并不是互相分离的状态，所以也就表明了各个国家机关之间存在紧密的联系，因此在刑事诉讼过程中必然需要互相配合。例如，根据《刑事诉讼法》第 57 条的规定，在对证据收集的合法性进行法庭调查的过程中，人民检察院应当对证据收集的合法性加以证明。现有证据材料不能证明证据收集的合法性的，人民检察院可以提请人民法院通知有关侦查人员或者其他人员出庭说明情况；人民法院可以通知有关侦查人员或者其他人员出庭说明情况。经人民法院通知，有关人员应当出庭。

3. 互相制约

具体是指人民法院、人民检察院、公安机关进行刑事诉讼活动时，按照法定的分工互相进行制衡，从而能够及时地发现刑事诉讼活动中出现的各种问题和错误并加以改正。

互相制约，从某种角度来讲，是三机关之间较为有效的一种权力制衡方式。人民法院、人民检察院、公安机关之间，任何一个机关的诉讼行为都应受到一定程度上的制约。如公安机关进行侦查的案件，当需要对犯罪嫌疑人进行逮捕时，必须要经过人民检察院的批准,才能执行逮捕,这就进一步体现了检察权对侦查权的一种合理性制约；与此同时,人民检察院决定对犯罪嫌疑人进行逮捕的时候,这一执行权利应当由公安机关进行执行,也明确地体现了侦查权对检察权的一种合理性制约。再如,公安机关移送起诉的案件,人民检察院就可以做出不起诉的决定,公安机关认为人民检察院不起诉决定是错误的,依法可以要求复议、提请复核。又如,人民法院对人民检察院提起公诉的案件经过开庭审理后,有权做出有罪或者无罪的判决,而人民检察院则依法有权向上一级人民法院提出抗诉。

总而言之,分工负责、互相配合、互相制约,三者之间有着密切的联系,缺一不可。分工负责是不可缺少的必要性前提,没有了分工环节,那么就会进一步演变成国家权力封闭运行的混乱局面,导致诉讼职能合一。互相配合是保证刑事诉讼活动顺利进行的基本要求,如果没有了互相配合,刑事诉讼过程想要顺畅运行,几乎不可能实现。互相制约是对案件进行正确处理的一个必要条件,如果缺少了互相制约,不同国家机关之间就会很难发现和纠正存在的明显错误,这样一来,就会很容易出现一些冤假错案。分工负责、互相配合、互相制约,很好的在一定程度上揭示了人民法院、人民检察院和公安机关之间的诉讼关系,当然需要全面认识与有效地进行贯彻。

中国共产党十八届四中全会通过的《中共中央关于全面推进依法治国若干重大问题的决定》进一步提出了“推进以审判为中心的诉讼制度改革”的任务。以审判为中心的提出,可以说是我国完善刑事程序指导思想的一项重大突破,也在很大程度上充分体现了刑事诉讼的内在规律。

《中共中央关于全面推进依法治国若干重大问题的决定》指出,改革的目标就是“确保侦查、审查起诉的案件事实证据经得起法律的检验”,为此,一定要“全面贯彻证据裁判规则,严格依法收集、固定、保存、审查、运用证据,完善证人、鉴定人出庭制度,保证庭审在查明事实、认定证据、保护诉权、公正裁判中发挥决定性作用”。

由此，以审判为中心的内容包括三个方面：第一，侦查、起诉应当面向审判，服从审判的要求；第二，审判应当发挥认定事实、适用法律的决定性作用；第三，审判活动应当以庭审为中心，庭审应当贯彻直接言词原则。

以审判为中心与分工负责、互相配合、互相制约的原则有一定的关系，但是它们之间并不存在矛盾。分工负责、互相配合、互相制约原则，就进一步要求人民法院、人民检察院、公安机关在刑事诉讼中各自行使法定的职权，互相配合且互相制约。不过，这一原则在实践过程中的效果并没有达到很理想的地步，三机关之间或多或少都会存在着一定的“配合有余、制约不足”的问题，特别是对于审判程序而言，想要有效发挥对其他诉讼程序的制约作用几乎有很大的难度。而进一步确立以审判为主要的中心，这在一定程度上来讲，却是有利于克服传统的侦查、起诉、审判三阶段论即“程序阶段论”存在的弊端的。

以审判为中心明确地体现了审判在刑事诉讼中所占据一定的中心地位。审判程序是刑事诉讼的一个中心，对于指控方与辩护方而言，皆是如此。对于指控方而言，其犯罪指控需要获得法院的一致认可，只有经过法院的论罪科刑，对犯罪的惩罚才能进一步得以实现。对于被告人而言，其有权获得公正的审判，指控是否成立，被告人是否有罪，需要法院通过法庭审理予以进一步的判定。在现代刑事诉讼过程中，审判具有多方面的价值。

（六）人民检察院依法对刑事诉讼实行法律监督原则

《刑事诉讼法》第 8 条规定：“人民检察院依法对刑事诉讼实行法律监督。”上述规定明确确立了人民检察院依法对刑事诉讼实行法律监督的原则，简称检察监督原则。

人民检察院依法对刑事诉讼实行法律监督，是由人民检察院的性质以及人民检察院在国家机关中的地位和作用决定的。根据《宪法》第 129 条的规定，人民检察院是国家的法律监督机关，其基本职责就是要对国家法律的正确实施进行一定的监督。刑事诉讼作为重要的国家活动，能否正确地实施国家法律，应该在一定程度上成为人民检察院监督的重点。

人民检察院依法对刑事诉讼实行法律监督原则，主要包含以下四个方面的内容。

1. 立案监督

立案监督，即人民检察院对公安机关立案活动所进行的一系列的监督。人民检察院可以进一步要求公安机关把不进行立案或者立案的理由予以说明，在公安机关把不进行立案或者立案的理由说明以后，人民检察院侦查监督部门应当进行下一步的审查，认为公安机关不立案或者立案理由不能成立的，经检察长或者检察委员会讨论予以决定，同时应当通知公安机关立案或者撤销案件。人民检察院通知公安机关立案或者撤销案件的，还应当依法对执行情况进行相应的监督。

2. 侦查监督

侦查监督，即人民检察院对公安机关等侦查机关侦查活动所进行的系列监督，具体包括对侦查行为的监督和侦查结果的监督。

（1）侦查行为的监督

具体是指人民检察院在发现公安机关在相关的侦查活动中出现的各种违法行为后，都可以以口头形式提出纠正的意见；对于一些情节相对较重的违法情形，可以进一步向公安机关发出关于纠正违法的通知书；严重构成犯罪行为的，可以移送有关部门依法追究相应的刑事责任。

（2）侦查结果的监督

主要是指人民检察院的审查起诉活动，即对于公安机关侦查终结移送起诉的案件，检察机关应当进行相应的审查，依法做出起诉或者不起诉的决定，根据《刑事诉讼法》第 168 条第 5 项的规定，人民检察院在对案件进行审查的时候，还必须进一步查明所谓的侦查活动是否合法。

除了对公安机关的侦查进行相关的监督外，人民检察院侦查监督部门或者公诉部门对本院侦查部门侦查活动中的违法行为也应当适当地进行监督，并且根据情节分别进行处理。

3. 审判监督

审判监督，即人民检察院对人民法院的刑事审判活动进行一定的监督，具体包括审判行为监督和审判结果监督。

这里提到的审判行为监督具体是指，人民检察院如果发现人民法院审理的案件违反了法律所规定的具体诉讼程序，是有权向人民法院提出纠正意见的。审判结果监督是指通过抗诉实现，即人民检察院认为人民法院的第一审判决、裁定存在一定的错误，应当及时地向上一级人民法院提出抗诉；上一级人民法院应当开庭进行相关的审理。最高人民检察院对于各级人民法院已经发生法律效力的判决和裁定，上级人民检察院对于下级人民法院已经发生法律效力的判决和裁定，如果发现确实有错误，有权依照审判监督程序向同级人民法院提出抗诉。接受抗诉的人民法院应当组成合议庭重新对案件进行相关的审理，对于原判决事实不清或者没有确凿的证据的，可以指令下级人民法院进行再审。

4. 执行监督

执行监督，即人民检察院对刑罚执行机关执行刑罚的活动是否合法实行监督，如果发现在活动的执行过程中有涉及违法的情况，应当通知执行机关及时进行纠正。人民法院在交付执行死刑前，应当通知同级人民检察院派员临场监督。人民检察院认为人民法院减刑、假释的裁定不当的，应当向人民法院提出书面纠正意见。人民法院应当重新组成合议庭进行审理。人民检察院认为暂予监外执行不当的，应将书面意见递交决定或者批准暂予监外执行的机关，该机关接到人民检察院的书面意见后，应当立即对该决定重新审查。

根据 2012 年修改后《刑事诉讼法》的规定，检察监督原则的内容还在不断地进行扩大，如人民检察院依法对强制医疗的决定和执行实行监督，等等。

（七）审判公开原则

1. 审判公开原则的含义和内容

审判公开的原则，就是指人民法院在对案件进行审理和宣告判决的时候，都应该公开进行，允许公民到法庭进行旁听，允许新闻记者进行采访并做相关的报道，即将法庭审判的全部过程，除休庭评议外，都公之于众。

我国《宪法》第125条规定："人民法院审理案件，除法律规定的特别情况外，一律公开进行。"《刑事诉讼法》第11条也规定："人民法院审判案件，除本法另有规定的以外，一律公开进行。"这就是审判公开原则需要遵循的法律依据。审判公开不但使审判的透明度有所程度增强，同时也将审判过程和审判结果置于当事人和公众的监督之下，这不仅有助于防止司法腐败和司法权的滥用或专横行使，而且有利于加强当事人和公众对国家刑事司法活动的认同、信任和尊重，从而有利于提升刑事司法的公信力，增加刑事司法的权威性。

审判公开是一项具有民主性的审判原则，为现代国家立法所普遍规定，《世界人权宣言》和《公民权利和政治权利国际公约》也予以明确的确认，从而成为国际性的一条刑事司法准则。

就公开的内容而言，审判公开具体包括审理过程公开和审判结果公开，也可以称作审理公开和判决公开。审理过程公开就是要公开开庭，当庭对现有的事实和证据进行调查，当庭进行辩论；审判结果公开就是要把做出的判决公开宣告，具体包括公开判决的内容、理由和依据。

就公开的对象而言，审判公开又包括向当事人公开和向社会公开。向当事人公开，就是要求法庭必须开庭审理，进行书面审理无效，而且在进一步调查案件的事实与证据过程中，必须要在当事人的参加下才能进行。向社会公开，就是允许公民到场对审判过程进行旁听，允许新闻记者向社会公开报道审判活动和裁判结果。这也可以进一步理解成为是审判公开的形式。

2. 审判公开原则的例外

为了保护重要的法律利益，各国法律也都规定了审判公开原则限制适用的特别情形。这种限制主要表现在两个方面：一是法庭评议不公开；二是对部分案件不公开审理。

我国刑事诉讼法对审判公开原则适用的限制性规定与国外基本上大致相同。根据《刑事诉讼法》第 183 条的规定，下列案件不进行公开审理。

（1）有关国家秘密的案件。其目的是防止泄露国家秘密，对国家的利益造成危害。是否属于国家秘密，需要进一步根据保密法进行相关确认。

（2）有关个人隐私的案件。如强奸案件等。其目的是保护被害人或者其他人的名誉，防止对社会产生不利的影响。

（3）当事人申请不公开审理的涉及商业秘密的案件。不公开审理的案件，应当当庭宣布不公开审理的理由。不公开审理的案件，宣告判决一律公开进行。

3. 审判公开原则的基本要求

为了能够使审判公开得到进一步的实现，人民法院应当做到以下两个方面。

第一，对于依法应当公开进行审判的相关案件，应在开庭前将案由、被告人姓名以及开庭的时间和地点，以适当的方式、方法公之于众，以便公众能够及时到庭旁听，记者进行相关的采访报道。刑事诉讼法进一步要求：凡是能够进行公开审判的案件，应当在开庭 3 日以前先期公布案由、被告人姓名、开庭时间和地点。在司法实践的具体过程中，公布多采用在法院门前公告牌公告的形式。对于一些影响较大或者具有深刻教育意义的案件，可适当地采取新闻媒体进行报道、网上公告等其他较为适当的方式。

第二，建立一套与审判公开原则相配套的，便于群众进行旁听、记者进行采访的具体的工作制度，如旁听证发放制度、安全检查以及法庭安全保卫制度等。

（八）有权获得辩护原则

有权获得辩护原则，主要是指犯罪嫌疑人、被告人有权获得辩护，人民法院、人民检察院、公安机关应当保障犯罪嫌疑人、被告人获得辩护的一项基本原则。《宪法》第125条规定，“被告人有权获得辩护”。《刑事诉讼法》第11条规定：“被告人有权获得辩护，人民法院有义务保证被告人获得辩护。”《刑事诉讼法》第14条第1款再次强调了人民法院、人民检察院和公安机关应当保障犯罪嫌疑人、被告人依法享有的辩护权。

因此，有权获得辩护原则是一项具有宪法性的刑事诉讼原则。人民法院、人民检察院和公安机关应当切实对犯罪嫌疑人、被告人行使辩护权进行一定的保障，不得以任何理由和借口对其加以限制或者剥夺。

刑事诉讼有具体的三种职能，主要包括控诉、辩护和审判。

（1）控诉职能，主要是指为了对犯罪嫌疑人、被告人的刑事责任进行进一步的追究，依法立案进行相关方面的侦查，在确定了犯罪嫌疑人、收集证据、查明犯罪事实的基础上，进而向法院提起诉讼，要求法院对案件进行审判的一种职能。

（2）辩护职能，则主要是由人民检察院、公安机关、自诉人进行行使。辩护职能，是指对指控进行相关的反驳，进行一定程度的申辩和解释，提出犯罪嫌疑人、被告人无罪，罪轻或者减轻、免除刑事责任的材料和意见，维护犯罪嫌疑人、被告人合法权益的职能。辩护职能通常是由犯罪嫌疑人、被告人、辩护人行使。

（3）审判职能，是指依法对案件进行审理并做出具体裁判的一种职能。审判职能主要是由人民法院进行行使。

在现代刑事诉讼活动过程中，控诉、辩护、审判三种职能分别是由不同的诉讼主体进行行使，这个是不能互相混淆的，不能互相代替的。辩护权则是实现辩护职能的一种基本权能，与控诉权相对。

有权获得辩护原则包括以下两个方面的内容。

1.辩护权是犯罪嫌疑人、被告人的基本诉讼权利，具有全程性和全面性

辩护权贯穿于刑事诉讼的全部过程，不论这个案情本身是如何重大、罪行有多么地严重，犯罪嫌疑人、被告人都依法享有这一诉讼的权利。辩护又可以具体分为自行辩护、委托辩护和指定辩护，存在于刑事诉讼的各个阶段之中，具有全程性。

同时，辩护权有着十分广泛的内容，重点涵盖到了刑事案件的实体和程序两方面，具有一定的全面性。为了始终能够贯彻这一原则，我国对《刑事诉讼法》和《律师法》等相关法律不断地进行适当的修改。如为了更好地对会见权有一定的保障，规定辩护律师持律师执业证书、律师事务所开具的证明和委托书或者法律援助公函要求会见在押的犯罪嫌疑人、被告人的，看守所应当及时安排会见，至迟不得超过48小时。即便是危害国家安全犯罪、恐怖活动犯罪、特别重大贿赂犯罪案件，在侦查期间辩护律师要求会见在押的犯罪嫌疑人的，经过侦查机关许可，也可以进行会见。同时还明确规定，辩护律师会见犯罪嫌疑人、被告人时不被监听。

2.人民法院、人民检察院、公安机关有义务帮助犯罪嫌疑人、被告人获得辩护

为了能够使辩护的有效性得以进一步的实现，人民法院、人民检察院、公安机关应当采取多种方式对犯罪嫌疑人、被告人获得辩护进行帮助。

（1）及时告知

人民法院、人民检察院、公安机关有义务对犯罪嫌疑人、被告人有权进行辩护或者委托辩护予以相关的告知。如侦查机关在第一次对犯罪嫌疑人或者对犯罪嫌疑人进行讯问时采取强制措施时，应当告知犯罪嫌疑人有权委托辩护人。

（2）指定辩护

犯罪嫌疑人、被告人因经济困难或者其他原因没有委托辩护人的，本人及其近亲属可以向法律援助机构提出相关的申请。对符合法律援助条件的，法律援助机构应当指派律师为其提供辩护。犯罪嫌疑人、被告人是盲、聋、哑人，或者是尚未完全丧失辨认或者控制自己行为能力的精神病人，或者可能被判处无期徒刑、死刑，没有委托辩护人的，人民法院、人民检察院和公安机关应当通知法律援助机构指派律师为其提供辩护。

（3）提供救济

辩护人认为公安机关、人民检察院、人民法院及其工作人员阻碍其依法行使诉讼权利的，有权向同级或者上一级人民检察院申诉或者控告。人民检察院对申诉或者控告应当及时进行审查，情况属实的，通知有关机关予以纠正。

（九）未经人民法院依法判决对任何人都不得确定有罪原则

《刑事诉讼法》第12条规定：“未经人民法院依法判决，对任何人都不得确定有罪。”该条确立了“未经人民法院依法判决对任何人都不得确定有罪”原则，它吸取了国际通行刑事诉讼基本原则“无罪推定原则”的基本精神。

1. 无罪推定原则

无罪推定原则是指，在法院依法做出生效裁判之前，犯罪嫌疑人、被告人在法律上是无罪的。这一原则是由意大利古典刑事法学派代表人物贝卡里亚于1764年在《论犯罪与刑罚》一书中针对纠问式诉讼实行有罪推定第一次明确提出来的。在《论刑讯》一节中，他写道：“在法官做出判决之前，一个人是不能被称为罪犯的。只要还不能断定他已经侵犯了给予他公共保护的契约，社会就不能取消对他的公共保护。”[①]这一原则在立法上第一次得到正式的确认，源于1789年法国《人权与公民权宣言》，第9条规

① ［意］贝卡利亚．论犯罪与刑罚［M］．黄风译．北京：北京大学出版社，2008，第37页．

定:“任何人在其未被宣告为犯罪以前应被推定为无罪,即使认为必须予以逮捕,但为扣留其人身所不需要的各种残酷行为都应受到法律的严厉制裁。”此后,几乎所有资本主义国家的法律都对无罪推定原则做出了相关的明确规定,并且多数国家都将其作为公民的一项基本权利规定在《宪法》之中。

第二次世界大战以后,国际人权公约对无罪推定原则也进一步作了明确的规定。《世界人权宣言》第 11 条规定:“凡受刑事控告者,在未经获得辩护上所需要的一切保证的公开审判而依法证实有罪之前,有权被视为无罪。”《公民权利和政治权利国际公约》第 14 条规定了公民在刑事诉讼过程中应当享有的诉讼权利,其中第二项规定:“凡受刑事控告者,在未依法证实有罪之前,应有权被视为无罪。”这一原则的基本内容包括:第一,证明责任由控方进行相应的承担,即检察官应当举证证明被告人有罪;第二,犯罪嫌疑人、被告人没有证明自己无罪的义务;第三,不得强迫犯罪嫌疑人、被告人证明自己有罪,犯罪嫌疑人、被告人有保持沉默的权利;第四,实行疑罪从无,即当检察官的举证不能充分证明犯罪事实,对被告人是否犯罪有怀疑时,应做出有利于被告人的解释,即无罪。

2. 未经人民法院依法判决对任何人都不得确定有罪原则的基本内容

该原则主要包括以下三项内容。

(1)确定被告人有罪的权力由人民法院统一行使,也就是说,只有人民法院才享有依法判决被告人有罪的权力

人民法院作为我国唯一的审判机关,代表国家统一行使的审判权。定罪权是审判权的一项重要内容,只能由人民法院依法行使,其他任何机关、社会团体和个人都无权确定他人有罪。公安机关、检察机关在立案、侦查、审查起诉阶段虽然也可以从程序上认定犯罪嫌疑人,但这种认定只是使其处于被指控者的地位。

(2)在人民法院做出有罪判决、裁定且生效之前,被追诉人

是无罪的，不能将犯罪嫌疑人、被告人视为罪犯

在刑事诉讼的不同阶段，被追诉人的称谓也会有所不同，在人民检察院提起公诉之前，称为“犯罪嫌疑人”，此时其只是涉嫌了犯罪，还未被迫追究刑事责任。当案件被提起公诉之后，由于被追诉人已经处于被正式指控的地位，因此称为“被告人”。这种区分就是为了进一步表明被追诉人所处的身份状态和诉讼地位，以防止有罪推定。这两种称谓与“罪犯”“人犯”等表述有着本质的区别。

（3）人民法院认定被告人有罪，必须依法判决

“依法判决”要求人民法院在定罪的过程中，必须依照实体法和程序法的各项规定进行。如必须经过开庭审理，除了法定情形以外，应公开进行审判；应当给被告人以充分的辩护机会。

换言之，未经依法开庭审理，依据《刑法》做出判决，并正式宣判，人民法院也不得确定任何人有罪。必须明确的是，证明被告人有罪的举证责任由控诉方承担，被告人一方不承担证明自己有罪或无罪的责任，不能强迫被告人证明自己有罪或者无罪。人民法院须奉行疑罪从无的处断方式。认定被告人有罪需要达到证据确实充分的程度，如果达不到这一证明标准，则应当判决被告人无罪。如果在罪重和罪轻之间存在争议，则奉行疑罪从轻。

未经人民法院依法判决对任何人都不得确定有罪原则，有利于克服办案人员先入为主、主观归罪的思想。这一原则不仅在发现案件真相方面具有重要意义，更重要的是有利于保障犯罪嫌疑人、被告人的合法权益。该原则体现了国际通行的无罪推定原则的基本精神，其确立是我国刑事诉讼制度的一大进步。

本章小结

本章通过对我国的刑事诉讼理念和原则进行重点地分析和研究，对刑事诉讼有了更加全面的认识和了解。从刑事诉讼的具体理念中我们能够得知，刑事诉讼所具有的主要目的、价值目标，

基本职能以及要讲求一定的诉讼效率；从刑事诉讼原则的相关内容中，我们进一步掌握到刑事诉讼原则的基本含义、刑事诉讼基本原则的体系和刑事诉讼的基本原则，整体上对刑事诉讼有了更深层次的认识，也明白我国在刑事诉讼方面所做的相关努力与明显进步，期待刑事诉讼制度得到更加的完善。

第五章 刑事诉讼制度的研究

刑事诉讼必须按照法定程序解决刑事案件，而每个阶段和环节都有相应的规定。刑事诉讼制度可以对刑事诉讼进行规定，使刑事诉讼的整个过程都是公正合法的，以此保证了司法公正性。

第一节 管 辖

一、管辖概述

（一）管辖的概念

在我国的刑事诉讼中，管辖是指公安机关、人民检察院和人民法院以及其他相关的国家专门机关，在直接受理刑事案件以及人民法院系统内部审判第一审刑事案件方面的权限划分。

明确刑事案件的管辖可以使相关国家机关确认自己在受理相关刑事案件的过程中所具备的权限，以此可以为刑事诉讼活动的顺利展开提供基础条件，此外，明确刑事管辖还可以使公民和单位在发现或发生刑事案件后及时到相关机关进行准确地报案、控告以及举报，以此使刑事案件可以在最短的时间内进入刑事诉讼程序。

（二）明确刑事管辖的原则

第一，保证刑事管辖的分工明确，并且其分工符合公安司法机关及其他相关国家专门机关的性质和特点。必须对刑事管辖进行具体、明确的划分，以此避免由于分工不适引起的管辖争议，在明确管辖时应该保证各相关机并分工负责、互相配合、互相制约。不同的国家专门机关具有各自不同的性质和特点，在对管辖进行划分时应该充分考虑这些机关各自的性质和特点，要保证管辖分工与其各自的性质和特点相适应，以此充分发挥各机关的职能。

第二，应该保证管辖划分有利于及时正确地处理案件，有利于诉讼参与人可以更便捷的参加诉讼。这是指在明确管辖时，不仅要考虑查处刑事案件的及时性、有效性，同时应该考虑是否可以为诉讼参与人参加诉讼活动提供便利条件。这样既有利于专门机关查案办案，又有利于保障诉讼参与人可以更好地行使诉讼权利。

第三，应该充分、全面地考虑刑事案件的实际情况，从而使管辖的划分既体现原则性又体现灵活性。在司法实践中，刑事案件往往错综复杂，这就提出了灵活办案的实际需求，应该懂得在遵循一般性规定的前提下进行相应调整和变通，这样才可以灵活处置各种刑事案件。

二、立案管辖

立案管辖是指公安机关、人民检察院、人民法院以及其他国家专门机关之间在直接受理刑事案件上的权限划分。根据各专门机关具备的不同职能以及刑事案件的性质等，对立案管辖进行明确。

（一）公安机关立案侦查的刑事案件

《刑事诉讼法》第 18 条第 1 款规定，除法律规定的特殊情况外，公安机关负责我国刑事案件的侦查工作。因此，在司法实践中，大部分刑事案件都是由公安机关负责立案侦查的，这种管辖的划分与公安机关作为国家治安保卫机关的地位相符合。法律规定的特殊情况有以下几种。第一，规定由人民检察院负责的刑事案件；第二，规定由国家安全机关负责立案侦查的对国家安全形成危害的刑事案件；第三，规定由军队保卫部门负责侦查的军队内部发生的案件；第四，规定由监狱负责侦查的罪犯在监狱内犯罪的案件；第五，无需侦查直接交由人民法院进行受理的案件。

（二）人民检察院立案侦查的刑事案件

《刑事诉讼法》第 18 条第 2 款规定：“贪污贿赂犯罪，国家工作人员的渎职犯罪，国家机关工作人员利用职权实施的非法拘禁、刑讯逼供、报复陷害、非法搜查的侵犯公民人身权利的犯罪以及侵犯公民民主权利的犯罪，由人民检察院立案侦查。对于国家机关工作人员利用职权实施的其他重大的犯罪案件，需要由人民检察院直接受理的时候，经省级以上人民检察院决定，可以由人民检察院立案侦查。”

图 5-1 《刑事诉讼法》第 18 条第 2 款规定

根据《六机关规定》《最高检规则》中的相关规定，可以总结出由人民检察院直接立案侦查的案件包括以下几类。

第一，贪污贿赂犯罪案件。这是指《刑法》分则第八章中明确规定的贪污贿赂犯罪以及在其他章中规定按照第八章相关条文进行定罪和处罚的犯罪案件。贪污贿赂犯罪案件的具体分类繁多，包括贪污案、受贿案、单位受贿案、挪用公款案、行贿案、介绍贿赂案，单位行贿案、隐瞒境外存款案、私分罚没财物案、私分国有资产案等。

第二，渎职犯罪案件。这主要是针对国家工作人员的犯罪规定，渎职犯罪是指《刑法》分则第九章规定中明确规定的渎职犯罪案件。具体渎职犯罪案件如图 5-2 所示。

第三，国家工作人员利用职权实施的侵犯公民人身权利和民主权利的犯罪案件。这类刑事案件包括非法拘禁案、暴力取证案、非法搜查案、刑讯逼供案、虐待被监管人案等。

第四，其他由人民检察院直接受理的案件。属于这类案件有一定条件，即案件必须是由国家机关工作人员通过利用其职权具体实施的；在上述三类案件之外的重大犯罪案件；案件需要人民检察院进行立案侦查；经省级以上人民检察院决定。

滥用职权案，玩忽职守案，国家机关工作人员徇私舞弊案，故意泄露国家秘密案，过失泄露国家秘密案，枉法追诉、裁判案，民事、行政枉法裁判案，私放在押人员案，过失致使在押人员脱逃案，徇私舞弊减刑、假释、暂予监外执行案，徇私舞弊不移交刑事案件案，滥用管理公司、证券职权案，徇私舞弊不征、少征税款案，徇私舞弊发售发票、抵扣税款、出口退税案，违法提供出口退税凭证案，国家机关工作人员签订、履行合同失职被骗案，违法发放林木采伐许可证案，环境监管失职案，非法批准征用、占用土地案，非法低价出让国有土地使用权案，放纵走私案，商检徇私舞弊案，商检失职案，动植物检疫徇私舞弊案，动植物检疫失职案，放纵制售伪劣商品犯罪行为案，办理偷越国（边）境人员出入境证件案，放行偷越国（边）境人员案，不解救被拐卖、绑架的妇女、儿童案，阻碍解救被拐卖、绑架的妇女、儿童案，帮助犯罪分子逃避处罚案，招收公务员、学生徇私舞弊案，失职造成珍贵文物毁损、流失案。

图 5-2 国家工作人员的渎职犯罪

（三）人民法院直接受理的案件

《刑事诉讼法》第 18 条第 3 款规定，人民法院负责对自诉案件直接受理。自诉案件是指不经过相关专门机关的侦查及人民检察院提起公诉，由被害人或其法定代理人、近亲属直接向人民法院就案件事实提起诉讼的案件。《刑事诉讼法》第 204 条以及《最高法解释》第 1 条对自诉案件有明确规定。

1. 告诉才处理的案件

告诉才处理，是指人民法院在被害人及其法定代理人向其提出控告或起诉后，才对案件予以受理。如果被害人及其法定代理人没有向人民法院提出控告、起诉或撤回的，则人民法院对案件不予追究。如果被害人因为受到强制、威吓等不可抗力原因而无法告诉的，人民检察院或被害人的近亲属可以代为告诉。如没有对社会秩序和国家利益造成严重危害的侮辱、诽谤案，没有造成被害人死亡的暴力干涉婚姻自由案，没有造成人员重伤、死亡的虐待案等属于这类案件。

2. 被害人持有有效证据的轻微刑事案件

这类案件首先应该在法定的轻微刑事案件范畴内，同时还必须保证被害人持有可以证明应当追究被告人的刑事责任的有效证据。《最高法解释》第1条规定，这类案件为人民检察院没有提起公诉，而被害人持有有效证据证明犯罪人应负刑事责任的轻微刑事案件。也就是说，这类案件可以是公诉案件，也可以是自诉案件。例如，造成受害人轻伤的故意伤害案，非法侵入他人住宅案，遗弃案，没有对社会秩序和国家利益造成严重危害的生产、销售伪劣商品案等，以及《刑法》分则第四、五章中规定的，对被告人可能判处3年有期徒刑以下刑罚的其他轻微刑事案件。对于这类刑事案件，如果由被害人直接向人民法院起诉的，人民法院应该按照法律规定受理案件；如果相关案件存在证据不足的情况，或者人民法院认为相应案件可能判处3年有期徒刑以上刑罚的，应当移送公安机关对案件进行立案侦查。被害人向公安机关控告的，公安机关应该按照法律规定受理案件。

3. 公诉转自诉案件

公诉转自诉案件是指被害人持有有效证据可以证明被告人侵犯自己人身、财产权利的行为应该按照法律规定追究刑事责任，而公安机关或者人民检察院并没有对被告人追究其刑事责任的案件。这类案件必须具备以下几项条件：一是被害人受到侵犯的应该是人身权利或财产权利；二是被害人持有有效证据可以证明应当按照法律规定追究被告人的刑事责任；三是有证据证明同一案件确实在曾经提出过控告；四是公安机关或人民检察院并没有追究被告人的刑事责任。

（四）其他国家专门机关立案侦查的案件

第一，国家安全机关按照法律的相关规定，办理对国家安全造成危害的刑事案件，在案件办理中行使与公安机关相同的职权。

第二，军队保卫部门按照相关法律规定，针对军队内部发生的刑事案件进行侦查。

第三，监狱按照相关法律的规定，对在监狱内发生的犯罪案件进行侦查。

第四,海关走私犯罪侦查部门按照国家法律的相关规定,对走私案件进行刑事侦查。

第二节　回　避

一、回避的概念和意义

在刑事诉讼中,回避是指侦查人员、审判人员等相关人员因为与该案件存在一定法定利害关系或其他可能对案件处理的公正性产生影响的关系,而不可以参加相应刑事案件的诉讼活动的一种制度。回避制度对于维护刑事诉讼的公正性具有重要意义。

第一,实施回避制度可以为客观、公正的处理刑事案件提供有力保障。通过实施该制度可以有效地防止侦查人员和审判人员等相关人员在对刑事案件进行处理的过程中出现先入为主等不利于司法公正的行为,也就是说,回避制度可以为诉讼的实体公正提供保障。

第二,实施回避制度可以为案件当事人在诉讼过程中得到公正的对待提供保障。根据回避制度,与诉讼案件存在利害关系或其他特殊关系的侦查人员、审判人员等不可以参加诉讼活动,这样就可以保证不会因为办案人员与案件之间的关系而使当事人受到偏袒、歧视或其他不公正对待。

第三,实施回避制度可以在很大程度上消除当事人及其法定代理人在这方面的思想顾虑。通过回避制度,与案件有特殊关系的办案人员不得参与诉讼活动,可以有效地消除当事人对诉讼活动的不信任,从而使案件的处理得到社会认可,增强刑事诉讼程序的公信力。

二、回避的种类

（一）有因回避和无因回避

根据回避的成立对法定理由的需要，可以将回避划分为有因回避和无因回避。有因回避是指案件当事人必须提出相应的理由才可以申请回避制度的实施，无因回避是指当事人不需要特别提出理由就可以申请实施回避制度。我国的《刑事诉讼法》中规定，回避应为有因回避，也就是指当事人如果提出回避申请，必须说明相应的法定回避理由。

（二）自行回避、申请回避和指令回避

根据回避制度的实施方式，可以将回避划分为自行回避、申请回避和指令回避。自行回避是指当侦查人员、检察人员和审判人员等相关办案人员在发现与诉讼案件之间存在利害关系或其他特殊关系时，主动提出退出相应的诉讼活动的制度。自行回避制度主要依靠的是办案人员的职业自律和自我约束，通过主动的方式消除可能对诉讼公正产生影响的因素。申请回避是指刑事案件当事人及其法定代理人、辩护人和诉讼代理人认为办案人员存在法定的回避情形时，就要求相应办案人员退出案件诉讼活动的事项向相关机关提出申请的制度。公安司法机关应该为申请回避制度的实施提供便利。指令回避是指刑事案件办案人员存在法定的回避情形却没有进行自行回避，当事人及其法定代理人、辩护人和诉讼代理人也没有向有关机关提出申请回避时，有关专门机关的负责人令相关办案人员退出相应诉讼活动的制度。

三、回避的程序

（一）启动

如果是自行回避情形，侦查人员、检察人员和审判人员等办案人员在发现自己与案件之间存在利害关系或其他特殊关系时，应该主动提出退出诉讼活动。

如果是申请回避情形，案件当事人及其法定代理人、辩护人和诉讼代理人有权就相关人员向相关机关申请回避。权利主体可以在刑事诉讼的各个阶段提出回避申请，同时公安司法机关有义务使权利主体知晓自己享有申请回避权。享有权利的主体需要通过书面或者口头的形式向办案机关提出回避申请，并说明理由，并且应该向办案机关提供有效的证明材料。

如果是指令回避情形，当办案人员存在法定回避情形没有自行提出回避，且当事人及其法定代表人等有申请回避权的主体没有提出申请时，有决定回避权的主体应该在发现该情况时立即做出决定，指令相关办案人员退出案件诉讼活动。

（二）决定

当享有申请回避权的主体向相关机关提出申请后，有关组织或个人应该及时进行审查，按照相关法律规定做出批准或驳回回避申请的决定。《刑事诉讼法》第 30 条第 1 款规定，审判人员的回避由院长决定，检察人员的回避由检察长决定，侦查人员的回避由公安机关负责人决定；院长的回避，由本院审判委员会决定；检察长和公安机关负责人的回避，则应该由同级人民检察院检察委员会决定。我国《刑事诉讼法》第 31 条规定，如果对刑事案件进行侦查、起诉和审判的过程中，相关的书记员、翻译人员和鉴定人与案件之间有利益关系或其他特殊关系时，聘请这些人员参加诉讼的国家专门机关决定其回避。

我国《刑事诉讼法》第 30 条第 2 款规定，刑事案件的侦查人员在回避决定做出前，应该持续对案件进行侦查。因为刑事案件的侦查工作通常都具有紧迫性和特殊性，防止回避决定会影响侦查活动的及时、有效推进。因此，侦查人员在回避决定做出前可以继续进行侦查活动。除侦查人员以外的办案人员，即使在回避决定做出前，也不可以参加诉讼活动。

根据案件的实际情况，做出回避决定的机关或个人，会确定被决定回避的办案人员在决定做出前相关工作是否有效。我国《公安部规定》第 37 条规定，做出回避决定的机关决定，相关公安机关负责人、侦查人员、鉴定人、记录人和翻译人员的诉讼活动，在回避决定做出前是否有效。《最高检规则》中也有相关规定，检察委员会或者检察长根据刑事案件的实际情况，判断检查人员在回避决定做出前获得的证据以及进行的诉讼行为是否有效。

（三）复议

我国《刑事诉讼法》规定，申请回避的当事人及其法定代理人、辩护人和诉讼代理人提出的回避申请如果被拒绝，有权就此申请复议一次。通过这种方式可以保障当事人的合法权益，纠正第一次做出回避决定时可能出现的错误。但是申请情形并不属于《刑事诉讼法》第 28 条和第 29 条所规定的回避情形，则由法庭当庭驳回回避申请，不可以再次申请复议。

第三节　辩护与代理

一、刑事辩护

（一）刑事辩护的概念和意义

1. 刑事辩护的概念

刑事辩护是指犯罪嫌疑人、被告人及其辩护人为维护犯罪嫌疑人、被告人的诉讼权利和其他合法权益，从事实和法律的角度对提出的控诉进行反驳，并提出有利于犯罪嫌疑人、被告人的材料和意见的诉讼活动。

刑事辩护是一种针对指控进行的具有显著对抗性、针对性和反驳性的诉讼活动。首先要有对犯罪嫌疑人、被告人的控诉，才会有针对控诉的辩护。在刑事诉讼的过程中，控诉和辩护是基本矛盾，并在刑事诉讼中得以解决。

在刑事诉讼中，刑事辩护、辩护权、辩护制度具有密切联系。辩护权是法律赋予犯罪嫌疑人、被告人的一项基本诉讼权利，它赋予犯罪嫌疑人、被告人对指控进行辩解、反驳以及获得辩护人帮助的权利。刑事辩护制度是一种法律规则的总称，法律规定的关于辩护权、辩护种类、辩护方式、辩护人的权利与义务等一系列相关规则都属于刑事辩护制度。刑事辩护是辩护权得以在外部体现的一种外在形式；辩护权是辩护制度产生的基础，因为只有明确承认犯罪嫌疑人、被告人享有相应的辩护权，才会产生真正的辩护制度；辩护制度则是辩护权得以行使的一项保障。

2. 刑事辩护的意义

在现代法治国家，辩护是其法律制度的一项重要内容，可以鲜明、直接地反映一个国家在刑事诉讼方面的民主和公正程度，辩护对现代法治国家保障人权和维护司法公正具有重要意义。

第一,辩护可以促进一国形成更加合理的刑事诉讼结构。现代刑事诉讼中的基本格局是,裁判者处于诉讼的中立地位、控诉方和辩护方进行平等对抗。没有辩护,控诉方就失去了与之平等对立的辩护方,裁判者也就失去了其中立地位。由于辩护的存在,促使刑事诉讼形成了协调、合理的诉讼结构,推动了刑事诉讼活动的顺利进行。

第二,辩护可以使犯罪嫌疑人、被告人的合法权益得到保障。犯罪嫌疑人、被告人通过辩护可以对控诉方的指控进行反驳,同时可以对对方提供的证据提出质疑。同时,犯罪嫌疑人、被告人可以请具有丰富法律知识和辩护经验的人来帮助其行使辩护权。事实上,不论是被指控方自己行使辩护权,还是由他人代为行使,辩护都是维护被指控方合法权益的一种最重要方式。

第三,辩护可以更好地保障司法公正的实现。当控辩双方处于平等对抗的地位,处于中立地位的法官可以更全面地了解案件真相,准确适用法律,这样可以为实现司法的实体公正提供有效保障;被指控者由于享有辩护权也会更积极地参与刑事诉讼,防止自身受到国家权力的不当侵害,这样便可以为实现司法的程序公正提供保障。

(二)辩护人

辩护人是指接受犯罪嫌疑人、被告人的委托或法律援助机构的指派,旨在协助和帮助被指控人行使辩护权,以此维护被指控人的诉讼权利以及其他合法权益的人。按照《刑事诉讼法》中的规定,可以担任被指控方辩护人的人员包括以下几种。

1. 律师

律师是指持有律师资格并按照法律规定获得律师执业证书,为社会提供法律服务的执业人员。我国的相关法律规定,只有通过国家统一的司法考试,并在合法的律师事务所实习时间达到一年以上的从业者，才可以获得律师执业证书。我国《律师法》中明确规定，公务员不可以兼任执业律师。如果律师担任各级人民代表大会常务委员会组成人员，那么在其任职期间不可以从事诉讼代理和辩护工作。成为律师需要有坚实的法律知识基础，并且还具有丰富的辩护技巧，在法律上，通常会给予律师辩护人相对更多的权利，因此被指控人请律师担任辩护人可以更大程度上保证辩护质量。

2. 人民团体或被指控方所在单位推荐的人员

人民团体是指群众性团体，包括工会、妇联、共青团等。虽然我国的律师行业发展迅速，但是仅靠律师很难满足整个社会的辩护需求，因此我国法律规定允许律师以外的其他人成为被指控人的辩护人。随着法律知识的推广和普及，人们的法律意识和法律知识水平出现了显著提高，因此法律规定可以由人民团体和单位推荐的具备一定法律知识和辩护能力的人员成为被指控人的辩护人，帮助其行使辩护权，以此维护犯罪嫌疑人、被告人的合法权益。

3. 犯罪嫌疑人、被告人的监护人、亲友

监护人是指对未成年人和无行为能力或者限制行为能力的精神病人承担保护其合法权益责任的个人或单位。亲友是指亲戚和朋友。我国法律规定，可以由犯罪嫌疑人、被告人的监护人、亲友作为其辩护人帮助行使辩护权，这类人员对被指控人的情况比较了解，对于一些因为一些原因无法聘请律师的犯罪嫌疑人、被告人，由监护人、亲友作为辩护人可以更好地维护其合法权益。

二、刑事代理

（一）刑事代理的概念

刑事代理是指代理人接受公诉案件的被害人及其法定代理人或者近亲属的委托，或者接受自诉案件的自诉人及其法定代理人的委托,或者接受附带民事诉讼的当事人及其法定代理人的委托,或者法律援助机构直接指派或法律做出了明确规定的,作为被代理人参加相关刑事案件的诉讼活动,并由被代理人承担代理行为的法律后果的一项法律制度。

实际上,基于委托或法律援助的刑事辩护与刑事代理之间存在一定相似点,不论是辩护还是代理,都是通过自己的某些行为帮助委托人在刑事诉讼中维护自身合法权益,保证国家法律得到公正、正确的实施。但刑事辩护和刑事代理之间又存在很多差异。

第一,二者的产生根据有所差异。刑事辩护产生的根据是被指控人及其监护人、近亲属的委托或者相关法律援助机构的直接指派;刑事代理产生的根据是被害人或自诉人及其法定代理人、近亲属、附带民事诉讼当事人及其法定代理人的委托,或者是相关法律援助机构的直接指派。

第二,二者的针对对象有所差异。刑事辩护针对的对象是公诉案件的犯罪嫌疑人、被告人以及自诉案件的被告人;刑事代理针对的对象是公诉案件的被害人、自诉案件的自诉人以及附带民事诉讼的当事人。

第三,二者的诉讼地位有所差异。在刑事诉讼中,刑事辩护人具有独立的诉讼地位,公安司法机关以及其他机关或个人并不会对其造成干涉,犯罪嫌疑人、被告人提出的意见也不需要完全听取;刑事代理人则并不具有独立的诉讼地位,而是以被代理人的名义参加诉讼活动,因此只有经过授权的实体权利才可以有效行使。

第四,二者的权限范围有所差异。相关法律规定了辩护人在诉讼活动中享有的权利。辩护人可以代理行使被控告人享有的控告、申诉、申请变更强制措施等权利,此外,辩护人还享有会见权、调查取证权等犯罪嫌疑人、被告人并不享有的诉讼权利。刑事代理人的权利并不是由法律规定的,而是基于被代理人的委托或者法律援助机构的指派而产生的,因此,代理人只可以有效行使其经过授权的诉讼权利。

(二)刑事代理的意义

第一,代理人可以为被代理人提供法律方面的帮助。大部分被代理人并不具备丰富的法律知识和诉讼技巧,因此无法充分地行使自己的诉讼权利,而代理人可以帮助他们更好地行使权力,维护合法权益。

第二,代理人可以代替被代理人参加诉讼活动。实际上,有一些被代理由于犯罪行为致伤、致残或其他个人原因而不能或者不愿参加诉讼,对于此就可以委托诉讼代理人代替其参加诉讼。

第三,代理人可以协助司法机关准确及时地调查案件事情,促使其正确的处理案件。代理人参加诉讼活动时,有权对案件事实、证据以及案件处理提出自身的看法,这样可以促使公安司法机关更客观地查明案件事实,严谨正确地判断案件证据以及适用法律,促使案件可以得到更为妥善的处理。

第四节　证剧与证明

一、刑事诉讼证据

(一)刑事诉讼证据的概念

我国《刑事诉讼法》中明确规定,可以用于对案件事实进行证明的材料都属于证据。具体包括物证;书证;证人提供的证言;被害人做出的陈述;犯罪嫌疑人、被告人对刑事案件的供述和辩解;关于案件事实的鉴定意见;勘验、检查、辨认、侦查实验等案件相关笔录;视听资料、电子数据。只有经过科学查证后确定属实的证据,才可以作为定案的根据。通过以上法律规定可以看出,刑事诉讼证据实际上就是用于证明案件事实的相关材料。

（二）刑事诉讼证据的属性

1. 客观性

客观性是指刑事诉讼证据必须是一种客观存在。从证据内容的角度来说，证据必须是客观存在的某种事实，不会以刑事案件办案人员的意志为转移，因此，一切主观想象、臆断等都不可能成为刑事诉讼的证据。从证据表现形式的角度来说，证据必须具备某种可以被人们所感知的客观形式，不论是什么形式的证据都必须保证其具有为人们所感知的客观形式。

2. 关联性

关联性是指证据事实与案件的待证事实之间必须存在某种客观联系，通过这种联系证明某一案件事实。证据事实与案件事实之间存在十分广泛而复杂的联系，不同的证据事实反映的案件事实并不相同，包括犯罪的手段、目的、后果、实施过程、实施人数、时间等。例如，在某一刑事案件发生后连续降雨三天。对气象台的记录进行查询可以获知下雨的具体时间，这一证据事实与案件事实之间的联系体现为时间顺序，由此可以推断出案件的实际发生实践。又如，在某一案件现场发现了指纹，经过鉴定与比对发现与某人的指纹认定同一，通过这一证据事实就可以证明某人曾经到过案件现场的案件事实。也就是说，某材料只有对案件事实可以起到证明作用，才可以作为证据。

3. 合法性

合法性是指收集证据的主体、方法和程序以及证据的形式必须符合相关法律的规定。《刑事诉讼法》中明确规定，审判人员、检察人员、侦查人员必须按照一定法律规定的程序收集案件证据，以此证明犯罪嫌疑人、被告人的犯罪事实、犯罪情节轻重等。在收集证据的过程中，严禁对相关人员进行刑讯逼供，也不可以利用威胁、引诱、欺骗等非法手段，不得使用强迫性手段使任何人证实自己有罪。

在司法实践中，合法性作为证据的一个属性一直遭受争议。学界主流意见认为，诉讼活动是按照一定法律程序解决案件争议的活动，因此，作为对案件事实进行证明的诉讼证据也应该具有合法性，也就是说诉讼证据收集的主体、方法、程序和形式都应该具有合法性。但是有另一种观点则认为，在立法以及司法实践中，仍然存在一些由不合法的证据作为定案根据的情况存在，所以这与所有证据都必须具有合法性的要求有一定差异；合法性只是材料作为定案证据的一种要求，但这并不是证据本身具有的固有属性。

二、刑事诉讼证明

（一）刑事诉讼证明的概念和特征

刑事诉讼中的证明，是指证明主体利用证据对案件事实和诉讼主张进行阐明和证实的活动。刑事诉讼证明具有以下几个主要特征。

第一，诉讼证明的主体必须是案件的侦查机关、检察机关和当事人。在整个刑事诉讼活动的过程中，一切诉讼证明活动都是面向裁判者进行的，因此，裁判者并不是诉讼证明的主体。

第二，诉讼证明与诉讼主张之间具有紧密联系。诉讼证明实际上是对诉讼主张的一种论证和说明，如果没有诉讼主张就不会存在诉讼证明。

第三，诉讼证明的目的是论证和说明诉讼中的争议事实。也就是说，证明是针对争议展开的，只有对方主张与己方主张存在争议时，才需要进行诉讼证明。在司法实践中，即使被告人承认犯罪，法院也需要谨慎判决，指控方仍旧需要对犯罪事实进行证明。

第四，刑事诉讼中的证明是指利用有效证据对案件事实进行阐释与证明。也就是说，进行诉讼证明必须将证据作为有效依据。

第五，诉讼证明必须按照一定法律规定的范围、程序和标准进行。诉讼证明属于诉讼行为，法律对其具有一定约束作用，也就是说诉讼证明具有法律性。法律明确规定刑事诉讼证明的主体、对象、标准、主要程序、方法和手段，并且诉讼证明会产生一定法律效果。其中，主要程序是指调查收集证据的程序、庭审调查中的举证与质证程序等；方法和手段需要使用推定和司法认知的条件和范围等；对诉讼当事人来说，证明的法律效果是指其诉讼主张是否会实现。

刑事诉讼证明，就是指侦查机关、检察机关和诉讼当事人按照一定法定程序和要求，面向处于中立地位的裁判者提出证据、运用证据阐明案件事实并对自身的诉讼主张进行论证的活动。该活动具体包括收集证据、举证、质证、辩论等行为。

（二）刑事诉讼证明的意义

刑事诉讼证明在诉讼活动中并不只是审判活动的重要组成部分，同时也是审前程序中一项重要诉讼活动。刑事诉讼证明的意义主要表现在以下几个方面。

第一，刑事证明是有关机关查明案件事实的唯一方法。因为案件的发生时间为过去，这就可能导致案件事实被掩盖、被淡忘，而只有通过进行刑事证明活动，才可以揭示已经发生的案件事实。

第二，刑事证明为证据发挥证明作用提供了根本保障。侦查机关、检察机关和当事人进行发现、收集、审查、判断和提出证据的一系列活动，就是为了证明案件真实情况，并以此为根据促使法院对案件做出正确裁判。然而只有通过刑事证明，证据才可以充分发挥其作用，否则证据将失去意义。

第三，证明是适用法律的前提和基础。需要注意的是，公安司法机关必须以事实作为依据、以法律作为准绳才可以开展各项刑事诉讼活动，而必须通过证明活动才可以查明案件事实，也才可以适用法律。因此，诉讼证明的过程实际上就是查明案件事实的过程，证明是适用法律的前提和基础。

（三）刑事诉讼证明的分类

1. 狭义证明和释明

将证明对法官心证产生的影响程度作为依据，可以将证明分为狭义证明和释明。狭义证明是指通过向法官提出证据使其完全确信某一事实的证明。释明是指通过向法官提出证据，使其对某一事实形成大概可信的心证的证明。一般情况下，程序法事实可以进行释明，而实体法事实则必须进行狭义证明。

2. 严格证明和自由证明

根据证明是否必须适用具有证据能力并经过合法调查的证据，可以将其划分为严格证明和自由证明两种类型。严格证明是指使用具有证据能力并且经过合法调查的证据对某一事实进行的证明；自由证明是指可以使用不具备法定证据能力或者并未经过合法调查的证据就某一事实进行的证明。在司法实践过程中，如果已经认定被告人有罪和最终罪重的，则必须对其进行严格证明；如果根据相关法律规定，被认为可以“酌情”考虑的事实和程序法事实，则可以进行自由证明。

3. 控诉机关证明和当事人证明

根据不同的证明主体，可以将证明划分为控诉机关证明和当事人证明两种类型。在刑事诉讼中，控诉机关证明是指侦查机关、检察机关等侦控机关指控被告人有罪，提出相关证据进行的证明；当事人证明是指刑事案件的当事人提出证据就某一案件事实提出证据进行的证明，这属于自行提出的诉讼主张进行证明。

第五节　强制措施

一、强制措施的概念

我国《刑事诉讼法》对强制措施有明确阐释。强制措施是指限制或者剥夺人身自由的措施，搜查、扣押等对当事人财产权、隐私权进行限制的强制侦查措施不属于强制措施。通过以上规定，通常认为强制措施是指公安机关、人民检察院和人民法院为了推动刑事诉讼活动得以顺利展开，防止犯罪嫌疑人、被告人逃避或妨碍相关机关对案件的侦查、起诉和审判，按照相关法律规定对其适用的暂时限制或剥夺其人身自由的各种强制性方法。《刑事诉讼法》中对强制措施进行了具体规定，按照强制性程度从轻到重可以将其具体分为拘传、取保候审、监视居住、拘留和逮捕。

公安机关、人民检察院和人民法院采取强制措施的根本目的是为刑事诉讼活动的顺利开展提供切实保障。强制措施有两种适用功能：一是到案功能，这是指通过采取适当的强制手段促使犯罪嫌疑人、被告人必须出现在公安司法机关接受关于相关案件的调查；二是候审功能，这是指通过限制或剥夺犯罪嫌疑人、被告人的人身自由的方式，使其在对社会不会产生危险的前提下接受公安司法机关的侦查、起诉和审判。对于五种具体强制措施，拘传仅具有到案功能，保候审和监视居住仅具强制措施的候审功能，而拘留和逮捕两种措施则同时具备到案功能和候审功能。但是在司法实践中，公安司法机关通常在对犯罪嫌疑人、被告人采取其他到案措施后再实施拘留、逮捕手段，从而一般只表现出候审功能。

二、强制措施的特征

第一，具有特定的适用主体。按照法律规定，只有公安机关、人民检察院和人民法院才可以成为适用强制措施的主体。

第二，具有特定的适用对象。按照法律规定，只有案件的犯罪嫌疑人、被告人才是强制措施的适用对象。

第三，具有特定的适用目的。公安机关、人民检察院和人民法院采取强制措施的目的是保障诉讼程序的顺利进行，而并不在于对犯罪嫌疑人、被告人进行惩罚，这也是强制措施与刑罚和行政处罚的区别。

第四，适用程序法定。公安司法机关在采取强制措施时，必须严格遵循相关法律规定的条件、手续和方式，以此保障不通过强制手段限制或侵犯犯罪嫌疑人、被告人的合法权益。

第五，适用期间限定。强制措施必须在一定时间内实施，也就是有明确的期间界限，实施该措施超过法定期限后必须进行解除或变更。

三、强制措施的适用原则

在现行法律中并没有对强制措施的适用原则做出明确规定，但是在充分考虑立法意图及诉讼法理的基础上，可以判断出强制措施应该遵循以下几项原则。

（一）法定原则

法定原则是指国家必须在得到法律授权的前提下，才可以对经济社会和公民自由进行合法干预。法定原则在刑事诉讼中具体表现为程序法定原则，而强制措施适用也应该遵循这一原则。对于强制措施来说，其法定原则主要包含三层含义。

第一，从立法层面来说，任何与强制措施相关的主要内容都必须实现通过法律进行明文规定，具体来说包括强制措施的种类、对象、程序、适用条件、方式和期限，以及违反法定原则需要承担的法律后果。

第二，从司法层面来说，强制措施必须在符合法律规定的实体要件和程序要件的条件下才可以实施，并且在实施措施的过程中必须严格遵照相关法律规定的程序、方式和期限，只能在法定范围内实施。例如，刑事拘留以后提请批准逮捕的期限通常为1至3天，侦查机关如果没有经过批准擅自延长拘留期限，或者延长期限的情形并不符合相关法律的规定，这种行为属于程序违法。

第三，法定原则还包含对违法后果的追究。这是指如果公安司法机关采取强制措施的过程中有违反法律规定的地方，当事人有权对这一违法事实提起申诉、控告，要求公安司法机关对其行为进行纠正，并可以追究相关人员的法律责任，情节严重的还可以向国家索赔。

（二）令状原则

令状原则是指公安司法机关适用强制措施需要持有相关官员签发的“令状”，并严格按照令状的要求进行实施。执行官员在采取强制措施时，必须事先获得相关官员以签发令状形式对其进行的授权。如果没有获得相关令状授权，执行官员不可以对犯罪嫌疑人、被告人采取任何强制措施。同时，执行官员在实施强制措施时必须严格按照令状程序的要求进行。

令状原则是法定原则的必然要求。根据不同的令状授权官员，可以将强制措施的令状分为司法令状和行政令状。司法令状是指由法官进行审查并进行签发授权的令状，行政令状是指由行政官员审查并签发的令状。在英美法系和大陆法系刑事诉讼中，“令状”大多都是司法令状，但是在我国还有警察机关、检察机关审查并签发的行政令状。在我国，强制措施适用遵循严格的令状原则，这是指我国任何强制措施的适用都必须有相关部门签发的执行凭证，具体表现为拘传证、取保候审通知书等。绝大部分的令状都是由公安司法机关内部签发的,这些令状属于行政令状。例如,公安机关、人民检察院在对案件进行侦查的过程中,可能会使用拘传证、拘留证、监视居住通知书等,这些行政令状经过公安司法机关内部多级行政层级审批决定后进行签发。除此之外,还有一部分令状由检察机关批准或检察机关、人民法院决定的,这些令状具有一定司法令状的性质,但是批准或决定机关内部仍然需要对令状履行一定的层级审批程序,因此这些令状还同时具有行政令状的特征。

(三)比例原则

在一些大陆法系国家比例原则是一项宪法性原则,在国家公共机关对公民权利进行一定限制时应该遵循的一项基本准则。我国公安司法机关在采取强制措施时,也需要遵循和贯彻比例原则。一方面,公安司法机关应该只有在不采取强制措施就无法防止出现妨害刑事诉讼的行为时才可以采取强制措施;另一方面,在选择强制措施的过程中,应该尽量选择对犯罪嫌疑人、被告人产生损害较小的措施,尤其应该慎重采用逮捕手段。公安敌法机关在具体适用强制措施时,应该考虑以下几个因素。

第一,犯罪嫌疑人、被告人涉嫌犯罪的严重程度。这是指根据犯罪性质的严重性选择强制措施,对于性质越严重、可能判处的刑罚越重的犯罪嫌疑人、被告人,适用力度越大的强制措施。

第二,犯罪嫌疑人、被告人实施逃避或者妨碍刑事诉讼的可能性。这是出于对社会安全以及诉讼程序顺利进行的考虑而进行的选择,对于这种可能性大的犯罪嫌疑人、被告人,选择力度较大的强制措施;反之,则采取力度较小的强制措施。对于不可能逃避或者妨碍刑事诉讼的犯罪嫌疑人、被告人,不应该采取强制措施。

第三,犯罪嫌疑人、被告人的个体情况。这是指应该在尊重犯罪嫌疑人、被告人的基本人权的基础上,选择适当的强制措施。例如,应该判断其身体状况是否可以适用强制措施以及适用于哪种强制措施，如果犯罪嫌疑人、被告人的身体状况不佳，患有严重疾病，生活无法自理或者处于孕期或哺乳期等，则不应该对其采取强制措施，这是因为一般情况下这类犯罪嫌疑人、被告人不会妨害诉讼的结果。但如果存在特殊情况，也可以适当的采取力度较轻的强制措施。

一般情况下，影响强制措施的力度的因素主要是强制措施的种类和期限等。一方面，按照强制措施的力度大小，从拘传、取保候审、监视居住到拘留、逮捕形成阶梯状上升的强制措施体系，排列越靠后的强制措施其力度越大。另一方面，在法定期限内实施强制措施时，强制措施适用的时间越长，则力度越大。

第六节　附带民事诉讼

一、附带民事诉讼的概述

（一）附带民事诉讼的概念

附带民事诉讼是指在刑事诉讼过程中，公安司法机关在对被告人刑事责任进行处理的同时，附带处理被害人提起的由于被告人采取犯罪行为而引起的物质损失赔偿问题，或人民检察院提起由于被告人的犯罪行为而造成国家财产、集体财产遭受损失的赔偿问题而开展的诉讼活动。

《刑事诉讼法》第99条明确规定，“被告人的犯罪行为如果造成了被害人物质损失时，在刑事诉讼过程中，被害人有权就该物质损失提起附带民事诉讼。若被害人死亡或者丧失行为能力，可以由其法定代理人、近亲属在刑事诉讼过程中提起附带民事诉讼。如果被告人的犯罪行为对国家财产、集体财产造成损失的，人民检察院可以在提起公诉时同时提出附带民事诉讼。”

（二）附带民事诉讼的意义

1. 保障国家、集体和公民个人的合法财产利益

我国《宪法》明确规定，社会主义公共财产是神圣不可侵犯的，公民合法的私有财产也不应该受到非法侵犯。在很多时候，犯罪行为都会使国家、集体和公民个人的合法财产遭受一定损害，因此，犯罪者不仅应该承担相应的刑事责任，还应该对其造成的财产损失承担经济赔偿责任，通过这种方式在一定程度上挽回国家、集体和公民个人的经济损失。如果被害人死亡或者丧失行为能力的，其法定代理人、近亲属可以在刑事诉讼过程中行使提起附带民事诉讼的权利。如果犯罪行为造成国家、集体财产损失时，检察院可以在提起公诉时，就犯罪行为提出附带民事诉讼。

2. 打击和制裁犯罪活动

在很多情况下，犯罪行为会对社会关系造成一定程度的破坏，从而对社会主义法制、社会秩序、国家安全和公民人身安全形成威胁和危害，同时还会使国家、集体或公民个人财产遭受一定损害。这就要求，不仅要对犯罪分子处以相应的刑事责任，同时还应该对其造成的物质损失追究相应的民事责任，必须由犯罪分子对其造成的经济损失进行赔偿，只有同时重视对刑事责任和民事责任的追究，才可以给犯罪分子以应有的打击，从而彰显刑罚的威慑力。

3. 促使公安司法机关全面、正确地处理案件

犯罪分子实施犯罪行为需要承担相应的刑事责任；同时，犯罪分子的犯罪行为还造成了国家、集体和公民个人的财产遭受损失，需要对这些财产损失承担赔偿责任。但犯罪分子的刑事责任和赔偿责任具有同源性，合并处理可以促使法官更好地查清案件事实，掌握犯罪分子的犯罪行为为社会、公民造成危害的实际程度，并可以了解犯罪分子对其犯罪行为的认罪态度，通过全方位

的了解犯罪分子和犯罪行为，促使法官更好地定罪量刑。

4. 促进实现人民法院审判工作的统一性和严肃性

负责对附带民事诉讼进行审理的审判组织与对该刑事案件进行审理的审判组织是同一组织，通过这种安排，可以避免将刑事、民事诉讼分开由不同审判组织进行审理所带来的对同一案件事实和法律适用问题产生不同的自由裁量结果，也就是可以在很大程度上保证判决结果的统一性，这样也就促进实现了法院审判工作的严肃性。

5. 节约诉讼成本，提高诉讼效率

诉讼活动必然要投入一定人力、物力和财力等诉讼资源，而在刑事诉讼的过程中附带解决财产损失的民事赔偿问题，可以帮助司法机关减轻一部分诉讼资源的投入，也可以使当事人不再就同一案件进行重复的出庭、举证、质证、辩论、委托诉讼代理人等活动，因此，对公安司法机关和当事人来说，都节约了成本，提高了效率。

二、附带民事诉讼的当事人

（一）附带民事诉讼原告人

刑事附带民事诉讼的原告人是指在刑事诉讼进行的过程中，向人民法院提起附带民事诉讼，要求被告人对其犯罪行为造成的物质损失进行赔偿的公民、法人或其他组织。

1. 刑事案件的直接被害人

根据法律规定，任何公民因为被告人的犯罪行为而遭受物质损失的，都有权在刑事诉讼过程中就此提起附带民事诉讼，要求被告人向其赔偿相应的经济损失，在附带民事诉讼中，犯罪行为受害人是最为常见的原告人。如果被害人是限制行为能力人，则其法定代理人、近亲属有权代其行使提出附带民事诉讼的权利。我国《刑事诉讼法》中明确规定，法定代理人是指被代理人的父母、养父母、监护人以及对被代理人负有保护责任的机关、团体的代表，近亲属是指受害人的丈夫、妻子、父亲、母亲、儿子、女儿以及同胞兄弟姊妹。

2. 已死亡或者丧失行为能力的被害人的法定代理人、近亲属

我国《刑事诉讼法》第 99 条明确规定，如果刑事案件被害人死亡或者丧失行为能力，则其法定代理人、近亲属可以在刑事诉讼过程中提起附带民事诉讼。因此，即使被害人死亡或丧失行为能力，也可以通过其法定代理人、近亲属以其名义提起附带民事诉讼的方式，成为附带民事诉讼原告人，获得相应的经济赔偿。按照法律规定，被害人的近亲属与被害人之间存在婚姻关系或者血缘关系，并且是被害人的法定继承人，则可以依法享有被害人财产的继承权，因此，犯罪分子对已死亡的被害人造成财产损失，也就是对被害人的近亲属造成了财产损失。据此，如果犯罪行为对已经死亡的被害人造成了物质损失，其近亲属有权向人民法院提起附带民事诉讼，要求被告人进行赔偿，以此挽回其遭受的经济损失。

3. 人民检察院

当犯罪分子的犯罪行为对国家财产、集体财产造成损失，且遭受损失的单位并没有提起附带民事诉讼时，人民检察院可以在提起公诉时，向人民法院提起附带民事诉讼。人民检察院作为公共利益维护者，有权追究犯罪者造成国家财产、集体财产损失的责任，提起附带民事诉讼的行为实际上是为了行使自身维护国家财产和集体财产的义务和责任。此时，人民检察院同时在诉讼中担任公诉机关，以及附带民事诉讼的原告人。

4. 保险人

《保险法》中明确规定，如果被害人针对自己的财产与保险公

司签订了相关的保险合同，保险公司自向遭受犯罪行为侵害的被害人赔偿保险金之日起，可以在赔偿金额范围内代位行使被保险人对第三者请求赔偿的权利。在这种情形下，保险人可以作为代位行使人成为附带民事诉讼的原告人，可以向人民法院提起附带民事诉讼。

（二）附带民事诉讼被告人

附带民事诉讼被告人，是指其犯罪行为对国家、集体或个人财产造成损失而需要承担赔偿责任，并因此被附带民事诉讼的原告人起诉要求其赔偿相应的经济损失的人。一般情况下，附带民事诉讼被告人和刑事被告人为同一人，但是也有些情况是对其犯罪行为造成的物质损失负有赔偿责任的其他人作为附带民事诉讼的被告人。根据《最高法解释》中的相关规定，附带民事诉讼的被告人主要有以下几类。

1. 刑事被告人及没有被追究刑事责任的其他共同侵害人

大多数情况下，附带民事诉讼的被告人就是刑事诉讼的被告人。被告人不单纯的指代自然人，企事业单位、机关、团体等法人和其他组织也在被告人范畴内。此外，除了那些接受刑事审判被追究刑事责任的刑事被告人以外，还有一些人并没有受到刑事责任的追究但是为物质损失的共同致害人，这些人也可以成为附带民事诉讼的被告人。因为一些犯罪属于共同犯罪，其中一些被告人因为情节严重被刑事起诉而承担刑事责任，但还有一些共同致害人的情节没有严重到需要追究刑事责任，只是由公安机关对其做出行政处罚，或者检察机关对其做出不起诉决定。但是，这部分共同致害人虽然不需要承担追究刑事责任，但其行为的确造成了被害人的物质损失，其行为属于共同加害的侵权行为，共同致害人必须对其行为承担相应的民事责任，因此，即使是没有被追究刑事责任的共同致害人同样可以作为附带民事诉讼的被告人被起诉。对于共同犯罪案件中的在逃同案犯，不应该作为附带民事诉讼被告人。应该在在逃同案犯到案后，在对其提起附带民事诉讼，但是如果被害人已经从其他共同犯罪人处获得足额赔偿的则不提起附带民事诉讼。

2. 刑事被告人的监护人

对于未成年人、尚未完全丧失辨认或者控制自己行为能力的精神病人等限制行为能力人，实施了需要承担一定刑事责任的犯罪行为的情况下，刑事诉讼中刑事被告人是犯罪者本人，而附带民事诉讼的被告人则应该是犯罪人本人及其监护人。因为根据法律规定，这类被告人的监护人需要承担监护职责，如果限制行为能力人的犯罪行为对被害人的财产造成了损失，被告人的监护人应该依法承担连带赔偿责任。

3. 已被执行死刑的犯罪分子的遗产继承人

如果需要追究已被判处死刑并已执行的刑事被告人的附带民事责任，则需要将其遗产继承人作为附带民事诉讼被告人。虽然实施犯罪行为并造成被害人物质损失的并不是罪犯的遗产继承人，但一旦继承人继承了被告人的遗产，就必须按照法律规定承担被告人需要承担的民事义务。因此，已被执行死刑的犯罪人的遗产继承人也可以作为附带民事诉讼的被告人。但是遗产继承人需要承担的赔偿金额以继承遗产的实际数额为限。

4. 共同犯罪案件中，案件审结前死亡的被告人的遗产继承人

根据法律规定，对于共同犯罪案件的被告人，如其在案件审结以前死亡的，其遗产继承人将作为附带民事诉讼的被告人代其履行赔偿义务。我国《刑事诉讼法》第 15 条明确规定，对于已经死亡的犯罪嫌疑人、被告人不追究其刑事责任，如已经追究其刑事责任的，应当撤销相应案件，或者不起诉，或者终止审理，或者宣告无罪。但是即使刑事被告人已经死亡，其犯罪行为使被害人的财产受到损害的，仍然需要承担民事责任，进行赔偿。对于这种情形，已经死亡的刑事被告人的遗产继承人需要代其承担相应的民事赔偿责任，因此，附带民事诉讼的被告人可以是案件审结

前死亡的被告人的遗产继承人，其赔偿的金额也是以继承遗产的金额为限。

5. 对被害人的物质损失依法应当承担赔偿责任的其他单位和个人

此处所说的单位包括国家机关、社会团体、企事业单位等法人组织，以及非法人组织。如果刑事被告人因为违法执行公务、职务或业务活动而形成犯罪行为的，并且其犯罪行为对被害人的财产造成了一定损害，则相关单位会成为附带民事诉讼的被告人。然而对于单位需要对其工作人员的犯罪行为承担民事赔偿责任的情况界定，存在不同的看法。一些学者认为，国家机关、医疗机构以及车辆所有人或雇主需要为其工作人员的犯罪行为承担民事赔偿责任；其他企事业单位则不需要对其工作人员的业务活动和职务活动承担民事赔偿责任。一些学者认为，如果企事业单位的工作人员在其执行职务中构成犯罪，且其犯罪行为对被害人造成物质损害的，相关企业事业单位则可以成为附带民事诉讼的被告人。

第七节 期间与送达

一、期间

(一) 期间的概念

期间是指从某一时间开始计算直至另一时间为止的一个时间段。刑事诉讼中的期间，是指国家专门机关和诉讼参与人在刑事诉讼活动中需要遵守的法定时间期限，也就是规定它们必须在规定的时间段内完成相应的诉讼活动。

一般情况下，法律会对刑事诉讼期间做出明确规定，这可以称作法定期间；一些特别情况会由国家专门机关专门指定期间，这种则称为指定期间。法定期间包括两大部分，一部分是针对国家专门机关制定的，要求它们遵守的期间；另一部分是针对当事人和其他诉讼参与人制定的，要求他们遵守的期间。

在刑事诉讼中，期日是一个与期间相对应的概念。期日是指国家专门机关和诉讼参与人共同进行刑事诉讼活动的具体日期。我国《刑事诉讼法》中有关于期日的具体规定，在司法实践中一般都是由国家专门机关根据法定期间和案件实际情况，指定合适的期日。期间与期日之间具有紧密联系，但也存在一定区别，主要体现在以下几个方面：第一，二者的时间单位有区别。期间是一个时间段，而期日则是对时间点的描述。第二，二者的渊源有区别。原则上期间是由法律规定的，通常不可以变更；期日则是由国家专门机关根据实际情况指定的，在特殊情况下可以进行变更。第三，二者的约束力有区别。期间是针对国家专门机关和诉讼参与人分别规定的完成某项诉讼活动需要遵守的时间期限；期日是针对国家专门机关和诉讼参与人共同规定的进行某项诉讼活动需要遵守的时间要求。

（二）刑事诉讼期间的意义

1. 有利于提高诉讼效率

通过规定诉讼期间，可以有效地督促国家专门机关积极行使其法定职权，依法及时处理刑事案件。需要注意的是，刑事诉讼期间是指完成诉讼活动最长的时间段。如果因为故意拖沓而导致本可以更早完成的刑事诉讼在规定时间的最后时刻才完成，或者由于期间本身存在刚性不足的缺点而导致诉讼时间被延长，就会严重影响期间对于提高诉讼效率的积极作用。通过《刑事诉讼法》规定的诉讼期间，可以促使刑事诉讼参与人及时行使其诉讼权利、履行其诉讼义务，因为只有在规定期间内才可以行使相关诉讼权利，如果超过期间还可能需要承担相应的不利后果。

2. 有利于实现诉讼公正

通过规定诉讼期限可以诉为讼参与人的合法权益提供保障，有利于实现诉讼公正。通过规定羁押期间，可以有效地防止公安司法机关对犯罪嫌疑人、被告人“以捕代罚”和“久押不决”，以此切实保护被控告人的人身自由权利；通过规定审查起诉期限以及审判和审判监督程序的审理期限，可以有效地防止公安司法机关对刑事案件久拖不决。可以看出，通过规定刑事诉讼期限可以有效地推进案件的公正、及时的处理。

（三）期间的耽误与恢复

期间的耽误是指当事人没有在法律规定的期间内完成相应的诉讼行为，因此对其诉讼活动产生了一定影响的情形。期间的耽误主要可以分为两种情况：一是当事人没有正当理由而造成诉讼期间耽误的情形，对于这种情况，当事人需要承担相应的法律后果。例如，当事人因为自己遗忘上诉法定期间的规定而耽误了上诉期，则需要自行承担失去上诉权产生的后果。二是当事人由于不可抗拒的原因或者其他正当理由而造成期间延误的情形，对于这种情况，当事人有权要求诉讼期间的恢复。

期间的恢复是指当事人因为不能抗拒的原因或者其他正当理由而造成期间延误的情形下，在障碍消除后 5 日以内，可以向法院提出准许其继续进行在相应期间完成的诉讼行为的申请的一种合法补救措施。我国《刑事诉讼法》中明确规定了当事人申请期间的恢复的必备条件。第一，只有刑事案件的当事人才有权向法院申请恢复期间。这是因为只有当事人与案件裁判结果具有十分密切的利害关系，因此，也只有刑事案件的当事人才有权向法院申请恢复诉讼期间，参加诉讼活动的其他诉讼参与人并没有此权利。第二，必须是由于不能抗拒的原因或有其他正当理由造成的期间的耽误才可以申请期间的恢复。其中，不能抗拒的原因，是指当事人在诉讼活动中发生了无法预见且无法避免或克服的实际困难,如发生自然灾害而导致当事人无法实施诉讼行为的情形;其他正当理由,是指严重性足以致使当事人必须停止诉讼行为的特殊事由,如当事人的至亲病危等情形。第三,当事人必须在障碍消除的5日内向公安司法机关提出恢复期间申请。这是指当事人申请诉讼期间的恢复也有明确的期限,超过期限则失去恢复期间的权利。第四,当事人申请恢复期间必须经过人民法院的裁定批准。这是指由人民法院决定恢复期间申请是否通过。

人民法院在接到刑事案件当事人的期间恢复申请后,需要对申请进行审查,判定当事人确实存在不能抗拒的原因或者其他正当理由的,按照法律规定裁定准许其继续进行未完成的诉讼活动。

二、送达

(一)送达的概念

刑事诉讼中的送达是指国家专门机关按照法定的程序和方式将诉讼文书送交收件人的诉讼活动。刑事诉讼中的送达具有以下几点主要特征。

第一,只有国家专门机关可以成为刑事诉讼中的送达主体。需要明确的是,送达是发生在送达主体和送达对象之间的一种法律关系。只有公安机关、人民法院等国家专门机关才可以成为送达的主体;而相关机关和诉讼参与人可以成为刑事诉讼中送达的对象。因此,如果是诉讼参与人作为主体向国家专门机关递交诉讼文书,或者是诉讼参与人之间相互进行诉讼文书的传递活动的行为,并不属于刑事诉讼中的送达行为。

第二,送达的内容必须是诉讼文书。在刑事诉讼中,送达的主要内容就是国家专门机关制作的专门的诉讼文书,诉讼文书主要包括传票、通知书、不起诉决定书、起诉书、判决书、裁定书等。除此以外,诉讼参与人自行制作的诉讼文书,如自诉状副本、上诉状副本等也可以作为刑事诉讼的送达内容。

第三,必须保证送达的方式和程序符合相关法律的规定。必须按照相关法律的规定实施刑事诉讼的送达行为,不依法实施的送达不具有法律效力。

(二)送达的方式和程序

1. 直接送达

直接送达,是指国家专门机关派员直接将诉讼文书送交于收件人的一种送达方式。按照相关法律规定,一般情况下送达需要将诉讼文件交至收件人本人处,并由收件人本人在相应的送达回证上注明收到诉讼文件的具体日期,且在回证上签名或者盖章。如果在送达文件时收件人本人不在,则应该由其成年家属或所在单位的负责人代为签收,亲属或单位负责人也需要在送达回证上注明收件的具体日期,并且签名或者盖章。

国家专门机关实施诉讼文书送达行为时,应该严格遵循直接送达的原则。对于重要诉讼文书的送达应该尽可能采取直接送达的方式,因为直接送达的方式可以很大程度上保证文件送达的可靠性、及时性和高效率。

2. 留置送达

留置送达,是指收件人或者代收人对于送达的诉讼文件拒绝签收时,送达人按照法律规定将诉讼文书留在收件人住处的送达方式。

实施留置送达,必须在收件人本人或者代收人拒绝接收或者拒绝签名、盖章的情况下,有其他见证人在场,送达人员要向见证人说明实际情况,之后将诉讼文书留在收件人的住处,同时还需要在相应的送达回证上注明诉讼文件被拒绝的事由、具体送达日期,并由送达人签名,这样的情况认定为已经送达。此外,还可以将诉讼文书留在受送达人的住处,并通过拍照、录像等方式对送达过程进行有效记录。从法律层面来说,诉讼文书的直接送达与留置送达具有同样的法律效力。需要注意的是,有一些诉讼文书不可以采用留置送达的方式，如调解书就不可以采用这种送达方式。

3. 委托送达

委托送达，是指国家专门机关因为一些原因难以对诉讼文书直接送达，委托收件人所在地的国家专门机关代其将相应的诉讼文件送交收件人的送达方式。

这种送达方式一般是针对收件人所住地不在承办案件的国家专门机关所在地，并且采用直接送达存在一定困难的情形而采用的方式。委托送达的国家专门机关应该将相应的委托函、需要送达的诉讼文书及送达回证直接寄送到收件人所在地的国家专门机关处。受委托的国家专门机关在收到委托机关寄来的相关文件后，应该进行登记，并派专人将诉讼文书及时送达收件人处，受委托的机关还需要及时将送达回证转回委托送达的国家专门机关。如果受委托的国家专门机关因为一定原因无法将诉讼文书送达接收人时，应该及时将无法送达的具体原因告知委托的国家专门机关，并及时将接到的诉讼文书及送达回证寄回。

除了以上几种方式，还有邮寄送达和转交送达，由于篇幅限制在此就不再进行详细介绍。

第八节　刑事诉讼的中止和终止

一、刑事诉讼的中止

（一）中止的概念和意义

刑事诉讼的中止，是指在刑事诉讼的过程中，因为出现了一定特殊情况或障碍导致诉讼无法继续正常进行，出现了诉讼的暂时停止，并在特殊情况或障碍消除后再恢复诉讼的制度。

在刑事诉讼的任何阶段都可能出现诉讼的中止。例如，在刑事诉讼的侦查阶段，公安司法机关已经完成了其他侦查活动，但是却因为犯罪嫌疑人在潜逃中而无法提起公诉；在诉讼的审判阶段，因为被告人身患重病而导致其无法及时接受法院对其进行的审判等。如果出现了以上这类情况而不得不暂停诉讼，在造成这种情况的特殊情况或障碍消除后，就应该及时继续进行诉讼，并且期间诉讼中止的时间并不计入专门机关的办案期限内。

设计并实施中止制度对于刑事诉讼具有重要意义。首先，通过中止制度可以促进公安司法机关采取一定措施而尽快消除引起诉讼中止的情况，从而使诉讼活动可以尽可能早的恢复，以此实现刑事诉讼的目的；其次，诉讼中止制度可以使公安司法机关更好地集中力量办理其他刑事案件，可以有效地提供诉讼效率；最后，通过这种方式可以促使当事人尤其是犯罪嫌疑人、被告人及时到案参加诉讼，以此为实现当事人的诉讼权利提供有效保障。

（二）中止的条件和程序

1. 侦查阶段的刑事诉讼中止

刑事诉讼中的中止是指侦查活动的中止。在刑事侦查的过程中，如果犯罪嫌疑人处于长期潜逃的状态，并且在采取有效追捕措施的情况下仍然无法将其缉拿归案的，或者犯罪嫌疑人因为患有精神病或者其他严重疾病而不能正常接受讯问，不具备诉讼行为能力的，经过刑事侦查机关负责人的严禁判断和决定，可以中止侦查。但需要注意的是，根据我国《刑事诉讼法》第 280 条的规定，对于实行贪污贿赂犯罪行为、恐怖活动犯罪行为等重大犯罪案件的犯罪嫌疑人、被告人，在通缉长达一年后仍未缉拿归案的，或者死亡的，按照相关法律规定应该追缴犯罪嫌疑人、被告人违法所得及其他涉案财产的，人民检察院有权按照刑事案件的实际情况向人民法院提出没收犯罪嫌疑人、被告人违法所得的申请，公安机关应当就案件实际情况写出没收违法所得意见书，移送人民检察院，对于这类情况不可以中止侦查。当中止侦查的理由和条件不再存在，侦查机关负责人应该就实际情况决定对刑事案件恢复侦查。在中止侦查期间，对于符合法律规定的延长侦查羁押期限条件的在押犯罪嫌疑人，应该按照相关规定延长侦查羁押期限；对于侦查羁押期限届满的在押犯罪嫌疑人，应该按照相关法律规定变更为取保候审或者监视居住措施。

2. 审查起诉阶段刑事诉讼中止

刑事案件审查起诉过程中的中止是指审查中止。在刑事案件审查起诉过程中，对于潜逃犯罪嫌疑人、被告人，或者因为患有精神病或其他严重疾病而不具备正常诉讼行为能力的犯罪嫌疑人、被告人，人民检察院有权依据实际情况中止审查。如果为共同犯罪，一部分犯罪嫌疑人潜逃的，可以针对潜逃犯罪嫌疑人实施中止审查；而继续对其他罪嫌疑人继续审查。但需要注意的是，我国《刑事诉讼法》第280条中明确规定，对于实施贪污贿赂犯罪行为、恐怖活动犯罪行为等重大犯罪行为的逃匿犯罪嫌疑人、被告人，如果在采取有效通缉措施后一年仍未缉拿归案的，或者犯罪嫌疑人、被告人已经死亡的，且按照相关法律规定应该向其追缴相应违法所得及其他涉案财产的，人民检察院有权根据实际情况向人民法院提出没收违法所得的申请，对于这种情形不应该中止审查。当中止审查的情况不再存在，应该将实际情况报请检察长，由其决定恢复审查起诉。

3. 审判阶段的刑事诉讼中止

审判阶段的刑事诉讼的中止是指中止审理。我国《刑事诉讼法》第200条明确规定，在刑事案件的审判过程中，如果出现以下其中任一情形，而导致案件在较长一段时间内都无法正常审理的，可以就刑事案件做出中止审理决定，这些情形包括：第一，由于案件被告人患有严重疾病，而无法正常出庭的；第二，案件被告人脱逃还未缉拿归案的；第三，由于自诉人患有严重疾病而不能正常出庭，且没有委托其他人员作为其诉讼代理人出庭的；第四，其他无法抗拒的原因的。如果出现以上这些情形而导致案件无法继续审理的，人民法院应该就案件做出中止审理的决定。

我国《最高法解释》第275条中明确规定，在自诉案件审判的过程中，如果案件的被告人下落不明，则人民法院应该就该案件决定中止审理。在自诉案件被告人到案后，再继续进行案件审理，在必要时按照法律规定可以对被告人采取一定强制措施。对于中止审理的裁定，应该明确通知同级人民检察院或者自诉案件的对方当事人，使其知晓该决定，当刑事案件中止审理的原因不再存在后，应该依法恢复对案件的审理，需要注意的是，中止审理的期间并不计入审理期限。

二、刑事诉讼的终止

（一）终止的概念和意义

刑事诉讼的终止，是指在刑事诉讼的过程中，由于某种法定情况的出现，而使得刑事诉讼不必要或者不应该再继续进行，并结束诉讼的制度。

在刑事诉讼的各个阶段都可能出现诉讼的终止。例如，在公安机关对案件进行立案的阶段，如果发现犯罪嫌疑人的罪行已经超过法定追诉时效的，应该对该案件做出不立案的决定，并终止刑事案件的诉讼进程；在刑事案件的审判过程中，如果案件的被告人死亡，即使有明确证据证明被告人有罪，该案件也要终止审理。设计和实施刑事诉讼的终止制度的主要目的在于有效地提高刑事案件的诉讼效率，可以及时结束那些不必要继续进行的刑事案件的诉讼进程，可以有效地提高司法资源的利用效益。当然，该制度最大的意义是可以为犯罪嫌疑人、被告人的合法权益提供保障。

（二）终止的条件和程序

我国《刑事诉讼法》第 15 条明确规定，存在以下情形之一的刑事案件，不追究犯罪嫌疑人、被告人的刑事责任，对于已经追究的，应当撤销案件，或者不起诉，或者终止审理，或者宣告无罪，这些情形具体包括：第一，被告人行为情节显著轻微、危害小，不认为是犯罪的；第二，犯罪已经超过法定的追诉时效期限的；第三，经特赦令免除刑罚的；第四，按照法律规定需要告诉才可以处理的犯罪，实际并没有告诉或者撤回告诉的；第五，刑事案件犯罪嫌疑人、被告人已经死亡的；第六，其他法律规定免予追究刑事责任的。

在 2012 年修正的《刑事诉讼法》中明确规定，对于实施了贪污贿赂犯罪、恐怖活动犯罪等重大犯罪案行为的被告人，即使已经死亡，但是按照相关法律规定应该对其追缴违法所得及其他涉案财产的，公安司法机关应该根据案件实际情况继续进行诉讼活动，这类情况不可以终止诉讼。

本章小结

刑事诉讼制度对于刑事诉讼的实施具有规定作用，可以有效地促进司法公正性的实现。刑事诉讼制度对刑事诉讼各个环节、阶段的相关做法和程序做出明确规定，要求相关机关、人员按照规定执行。本章对刑事诉讼的管辖、回避、辩护与代理、证据与证明、强制措施、附带民事诉讼、期间与送达以及中止与终止进行了分析，通过研究这些刑事诉讼制度，可以帮助我们更全面、深入地了解和掌握刑事诉讼和刑事诉讼法，不论是在理论研究层面还是在实践探索方面都具有重要意义。

第六章 刑事诉讼的一般程序研究

刑事诉讼的一般程序包含立案程序、侦查程序、刑事审判、第一审判程序、第二审判程序、死刑复核程序、审判监督程序以及执行。大部分刑事案件均经过这些程序,但并非每一个刑事案件均需要完整地经历这些阶段。一些案件,经过立案程序和侦查程序之后,公安部门或人民检察院撤销案件或没有起诉的,诉讼活动也就终止。而自诉案件没有经过侦查,也可以进入刑事审判阶段。

第一节 立案程序

立案程序属于刑事诉讼的开启程序。科学、合理地启动立案程序,能够保证司法机关有助于保障广大公民的正当权益免受侵犯,与此同时有利于做好司法工作,分析、研究每个时期的具体犯罪情况,有效地指导实际工作。立案程序同样是刑事诉讼的一道必经程序,是我国长时间司法实践经验的一种总结。

一、立案程序的概念

所谓刑事诉讼中的立案程序则指公安部门、人民检察院以及人民法院针对报案、指控、揭发和犯罪嫌疑人自首的材料予以审核、调查,依据事实和法律、法规,决定是不是作为刑事案件予以或审判的诉讼程序。我国每一项刑事诉讼程序均是由立案这一程序开始的。所以,立案程序成为我国刑事诉讼开始的法律规定的程序，成为我国刑事诉讼环节中一个独立的诉讼阶段，成为我国刑事诉讼的法律规定的启动程序。

公安部门、人民检察院或者人民法院针对报案、指控、揭发，均应当接受。对于那些不在自己管辖范围之内的案件，应当转移至主管部门予以处理，同时通知报案人、控告人、揭发人；对于那些不在自己管辖范围内而又务必进行紧急处理的，则需要先进行紧急处理然后转移至主管部门。需要说明的是，这里的“接受”，则指对与立案有关联的材料的接收，该活动并非等同于立案，究竟能不能立案还需要经过审核、调查之后才能够做出决定。司法部门无论是对于报案、指控、揭发还是犯罪人的自首，不仅应当接受而且应当予以处理，同时不允许以任何理由进行推脱、拒绝。需要说明的是，接受处理并不意味着立案。司法部门针对受理的报案、指控、揭发或犯罪人自首的资料，均需要给予审核、调查，只有那些与立案条件相符的案件，才能给予立案；对于那些与立案条件不相符的，则需要做出不立案的决定，当然也可以转移至主管部门予以处理。

二、立案的程序

（一）对立案材料的接受

公安部门、人民检察院以及人民法院针对报案、指控、揭发以及行为人的自首，均应该接受，不允许推脱、拒绝。那些不在自己管辖范围内的案件，应当转移至主管部门予以处理，同时通知这些报案人、控告人、揭发人和自首的犯罪人。对于那些不在自己管辖范围内的而又不得不采取紧急措施的，则需要首先采取紧急措施，从而防止犯罪人逃亡、隐匿、自杀、行凶等对刑事诉讼活动造成影响的行为发生，然后转移至主管部门予以处理。

对于自诉案件来讲，依据《刑事诉讼法》中相关规定，被害人可以直接对人民法院提起诉讼。如果被害人死亡或者不具有行为能力的，那么被害人的法定代理人或者近亲属可以直接对人民法院提起诉讼。人民法院需要依法受理同时遵循法律规定予以审核、调查，决定是否给予立案。

为了方便单位或个人报案、指控、揭发，我国《刑事诉讼法》明确规定“：报案、指控、揭发既可以书面提出，也可以口头提出。当工作人员在接受口头提出的报案、指控、揭发之后，应当用笔记录下来，经过宣读没有错误之后，由报案人、控告人、揭发人签字或盖章。

对于那些匿名的报案、指控、揭发来讲，司法部门需要持有谨慎的态度。而这种匿名行为背后有着错综复杂的原因，一些人也许是由于唯恐遭受恐吓、勒索而不敢使用真名，一些人也许会故意使用匿名谋害、诬陷其他人。所以，对匿名的报案、指控、揭发行为不仅需要给予高度重视，同时需要谨慎对待，对其概予认真审核、调查，从而对其是否进行立案做出正确决定。

为了避免诬陷的事情发生，确保报案、指控、揭发的客观性，我国《刑事诉讼法》明确规定：接受报案、指控、揭发的工作人员需要向报案人、控告人、揭发人说明诬告会背负哪些法律责任。我国《刑法》中这样规定，捏造事实故意诬陷、谋害他人，企图使他人遭到刑事追究，情节严重的则判处 3 年以下有期徒刑、拘役抑或是管制；如果造成严重后果的，则需要判处高于 3 年低于 10 年的有期徒刑。如果国家机关工作人员犯下谋害诬陷罪的，那么需要给予从重处罚。事实上，只要没有虚构事实，使用伪证，及时报案、指控、揭发的事情与事实有所出入，乃至错告的，同样需要和谋害诬陷区别开来。

为了保护广大人民群众同犯罪行为作斗争的积极性，我国《刑事诉讼法》中第 109 条第 3 款这样规定：“公安部门、人民检察院或者人民法院需要确保报案人、控告人、揭发人以及近亲属的安全性。报案人、控告人、揭发人如果不愿公开自己的真实姓名和报案、指控、揭发的行为，应当为他们保守秘密。”从这一规定中我们能够看到，司法部门除了需要确保报案人、控告人、接法人的安全性之外，还需要确保其近亲属的安全性。如果他们的安全性由于报案、指控、揭发行为而遭到威胁，那么司法部门需要积极采取保护措施。对于那些对报案人、控告人、揭发人以及近亲属给予威胁、辱骂或恐吓、勒索的行为人，应当概予严肃查处。

（二）对立案材料的审查和处理

所谓对立案材料的审查则指公安部门机关、人民检察院以及人民法院针对立案资料在决定是否给予立案之前进行的分析和判定，其任务在于确定有没有犯罪事实发生，是否应该对行为人的刑事责任给予依法追究，从而为正确做出是否立案的决定提供必要的事实根据。因此，对立案材料的审查成为立案程序的一个关键环节。

在我国《刑事诉讼法》中这样规定，人民法院、人民检察院以及公安机关针对报案、指控、揭发和自首的资料，需要根据各自所管辖的范围，快速予以审核、调查。在司法实践过程中，司法部门在对立案材料给予审核、调查的时候，可以要求那些报案、指控、揭发的单位或个人做出一些补充，也可以给予必要的调查。司法部门在对立案材料概予审核、调查的时候，只要能够证明确实存在犯罪事实、依据法律规定需要追求行为人的刑事责任的证明标准均能够决定立案。

对立案材料给予审核、调查之后，公安部门、人民检察院以及人民法院需要做出正确的处理决定。该处理决定包括两种形式，一种是立案决定，另一种是不立案决定。

司法部门在对立案材料给予审核、调查之后，认为存在犯罪事实且依法追究犯罪行为人的刑事责任的，需要做出立案决定。

如果司法部门在对立案材料进行审核、调查之后，认为犯罪事实纯属子虚乌有，或者犯罪事实虽然存在但却显著轻微，不需要依法追究刑事责任，抑或是具备法律规定不必追究刑事责任的，那么则需要做出不立案决定。如果有控告人，那么则需要把不立案的具体原因通知控告人。在这种情况下，控告人如果不服，则享有申请复议的权利。

第二节　侦查程序

侦查程序属于刑事诉讼的一个十分重要的程序。其中，侦查的主体指的是特定的司法部门。侦查部门需要依据法律正确行使国家的侦查权。侦查属于是一种诉讼活动，具备十分严格的法律性质，仅仅适用于同犯罪行为作斗争。而侦查的根本任务在于收集证据，查清案件事实真相，经搜查缴获犯罪嫌疑人，从而为提起公诉提供既正确又详实的证据。侦查成为我国刑事诉讼中一个独立的诉讼阶段，同时是公诉案件的一项必经程序。

一、侦查的概念

侦查是特定的司法部门为了证明犯罪事实确实存在和经搜查缴获犯罪行为而依据法律所进行的一项专门调查工作和所采取的一项强制性措施。换句话说，侦查指的是公安部门、人民检察院在处理刑事案件环节中，依法进行的一项专门调查工作和采取的一项强制性措施。

所谓侦查权则指依据法律收集证据、揭露和证明犯罪事实存在、经搜查缴获犯罪行为人且采取强制性措施的一项权力。同审判权和检察权一样，侦查权也属于国家司法权，成为国家权力一个十分重要的组成部分。各个侦查部门行使国家的侦查权，有着各自所侦查管辖的范围，侦查部门务必大力执行。

侦查属于一种诉讼活动，有着十分严格的法律性质。它仅仅适用于同犯罪行为作斗争，而不能应用在民事案件和行政案件方面，更不能引用在其他方面。如果滥用侦查权，必然会引发社会的混乱，侵犯广大人民群众的合法权利，如人身权利、民主权利、财产权利等诸多权利。

二、侦查的程序

（一）侦查行为及其程序

侦查行为，也称作侦查措施或者侦查活动。我国《刑事诉讼法》中第116～153条是有关侦查行为以及程序的规定，涉及不少程序，具体如下所示。

1. 讯问犯罪嫌疑人

所谓讯问犯罪嫌疑人则指侦查人员遵循法律规定的程序，采取言辞方式对那些犯罪嫌疑人调查、询问案件事实的一种侦查行为。需要注意的是，讯问犯罪嫌疑人务必通过人民检察院或公安部门的多于两名侦查人员负责进行。而这些犯罪嫌疑人在被侦查部门首次调查、询问之后或者采取强制性措施那天开始，能够有权委托律师作为自己的辩护人。侦查人员在调查、询问犯罪嫌疑人时，需要最先调查、询问，犯罪嫌疑人究竟有没有犯罪事实，让他描述自己犯罪的情节或者没有罪的申辩解释，接着对他提出一些问题。犯罪嫌疑人针对侦查人员的提问，必须做到如实回答。如果这些提问与本案没有关联，那么可以享有拒绝回答问题的权利。

2. 询问证人

侦查人员调查询问证人，能够到证人所在的公司或者住所进行，不过务必出示自己的人民检察院或者公安部门的证明资料。在一些必要的场合中也可以通知这些证人就自己了解的案件事实对在人民检察院抑或是公安部门询问证人做出陈诉。询问证人除了需要个别进行之外，还需要同时告之他们应当如实地陈诉案件事实，和有意做出伪证或隐匿罪证会承担哪些法律责任。

3. 勘验、检查

所谓勘验、检查则指侦查人员对与犯罪案件有所关联的地点、物品、人身、尸体等给予查看和检查，达到发现和收集证据目的的一种侦查活动。我国《刑事诉讼法》规定，无论哪一个单位还是个人均有义务保护犯罪现场，除此之外，还需要立即通知公安部门委派侦查员进行勘验。对于那些死因不清楚的尸体，公安部门可以对是否解剖做出决定。为了确定犯罪对象、犯罪嫌疑人的某些方面的特征、受伤侵害情况或生理状况，能够对他们的人身给予检查。在一些必要的场合，经过公安部门的审核批准，能够对其进行侦查实验。

4. 搜查

为了收集犯罪证据以及缴获犯罪人，能够对那些犯罪嫌疑人以及存在可能性隐匿犯罪行为人或犯罪证据的人的身体、物品、住所以及其他相关的地方给予搜索和检查。在搜索和检查的时候，侦查人员务必向被搜查人出示自己的搜查证。不过在执行逮捕、拘留犯罪行为人或犯罪嫌疑人的时候，遇有一些突发、紧急情况，不出示搜查证也能够进行搜索、检查。在搜索、检查的时候需要有被搜查人或其家庭成员、邻居或者其他见证人在现场。

5. 查封、扣押物证、书证

在勘验、搜查过程中如果发现一些可以用来证明犯罪嫌疑人确实有罪或没有罪的各种各样的物品和文件，需要对其给予查封、扣押。侦查人员如果认为一些犯罪嫌疑人的邮件需要扣押的时候，在经过公安部门或人民检察院批准之后，就可以通知邮电部门把相关的邮件检查扣押。

6. 鉴定

鉴定的目的是查清犯罪事实，委派或聘请一些专业人士，针对某些专业的问题给予鉴别、判断的一种侦查方式。当鉴定人在鉴定之后需要写下鉴定结论，同时签字或盖章。鉴定人如果故意弄虚作假给出假的鉴定结论的，需要承担法律责任。

7. 通缉

所谓通缉则指公安部门通缉逃亡在外的犯罪嫌疑人归案的一种侦查方法。这是搜捕的侦查措施。这里,通缉的对象务必符合法律规定的逮捕条件、确实承担法律责任的不知去处的犯罪嫌疑人。各个级别的公安部门在各自的管辖范围内能够对犯罪嫌疑人发出通缉令。没有在管辖范围内的,则需要撤销、请示有权决定的上一级别的公安部门发布。

(二)侦查终结

侦查部门经过各种侦查活动之后,认为已经对案件事实调查清楚,足以能够对犯罪嫌疑人做出起诉举措或撤销案件的举措的时候,就能够终结侦查阶段。公安部门在侦查终结的案件过程中,务必做到犯罪事实一清二楚,证据确凿,除此之外还要写出起诉意见书,附加在案件材料、证据中一起转移至同一级别的人民检察院审核、调查决定;发现没有必要对因涉嫌犯罪而遭到刑事追诉的人追究刑事责任的,则需要撤销案件。如果被告人已经被逮捕的,则需要立即释放,而且发出释放证明,同时不忘通知原来批准逮捕的人民检察院。需要说明的是,在侦查过程中,对犯罪嫌疑人逮捕之后侦查羁押期限禁止超出 2 个月。对于那些案情错综复杂、期限届满无法终结的案件,能够经过上一级别的人民检察院批准推迟一个月。一部分案件在以上所述的期限内无法侦查终结的,同样能够遵循法律规定上报经过相关部门批准进一步推迟羁押期限。

第三节　刑事起诉

一、起诉的概念

所谓刑事起诉则指享有控诉权的国家部门和个人，依据法律对法院发起诉讼，请示法院针对所指控的内容给予审审判、处理，达到确定被告人刑事责任且依据法律给予刑事制裁目的的一种诉讼活动。起诉属于刑事诉讼中的一个至关重要的程序。从我国《刑事诉讼法》中可以看到，刑事起诉可以划分成两种类型，一种是自诉，另一种则是公诉。其中，自诉则指刑事被害人以及法定代理人、近亲属等，通过个人的名义对法院发起诉讼，要求切实保障被害人的正当权益，同时追究被告人刑事责任的一种诉讼活动。所谓公诉则讲的是依法享有刑事起诉权的国家部门通过国家的名义对法院发起诉讼，同时要求法院通过审讯来判定被告人确实存在被指控的罪行且依法给予相应的刑事制裁的一种诉讼活动。

二、提起公诉的程序

（一）审查起诉

所谓审查起诉则指人民检察院在提起公诉过程中，为了明确针对那些经过侦查终结的刑事案件究竟是否需要提起公诉，而针对侦查部门所证实的犯罪事实、证据、犯罪性质以及罪名给予审核调查，同时做出处理举措的一种诉讼活动。该活动成为完成人民检察院公诉职责的一项必要的工作，同时成为人民检察院针对侦查活动给予法律监督的一个十分重要的手段。所以，因此，审查起诉对确保人民检察院科学合理地提起公诉，发现以及偏正侦查环节中的违法、违规行为起着十分重要的作用。

（二）提起公诉

人民检察院认为由于涉嫌犯罪而遭到刑事追诉的人的犯罪事实已经查明，证据既确凿又充分，依据法律应当对其追究刑事责任的，需要做出起诉决定，遵循审判管辖的相关规定，对人民法院提起公诉，同时把案件材料连同证据一起移送至人民法院。该规定包含以下两个方面的内容。

1. 提起公诉应向同级人民法院提出

人民检察院在做出起诉决定的时候，必须遵循审判管辖的相关规定，向同一级别的人民法院提出，不得超越级别提起公诉。人民检察院审判处理那些不在同一级别的人民法院管辖范围之内的案件，需要分具体情况报告并送交上一级别的人民检察院或移送至对应的下一级别的人民检察院，通过它对其同一级别的人民法院提起公诉。例如，当县（市、区）人民检察院在审判处理一些在中级人民法院管辖范围内的案件时，需要报告、送交地市级人民检察院审核、调查决定之后，再通过它对其同一级别的中级人民法院提起公诉。如果地市级人民检察院审判处理在县级人民法院管辖范围内的案件时，那么需要移送至相应的县（市、区）人民检察院，通过它对其同一级别的县（市、区）人民法院提起公诉。

2. 适用简易程序案件的移送

所谓简易程序则指基层人民法院审判、处理一部分案件事实明确、情节比较简单、被告人承认自己罪行的刑事案件所适用的同普通程序相比相对简化的第一审程序。在《刑事诉讼法》中第208条这样规定，在基层人民法院管辖范围内的案件，符合下列三个条件的，能够采取简易程序进行审判处理：第一，案件事实明确、证据确凿充分的；第二，被告人承认自己确实犯下罪行，针对所指控的犯罪事实不持有异议的；第三，被告人对于所适用的简易程序不持有异议的。人民检察院在对人民法院提起公诉时，可以对人民法院提出建议，建议其采用简易程序。

在《刑事诉讼法》中第209条有着这样规定，有下列四种情形之一的，不适合采用简易程序：其一，被告人是盲人、聋人、哑人，或者是还没有完全丧失辨认能力或支配自己行为能力的那些精神病患者；其二，在社会上引起重大影响的；其三，共同犯罪案件中一些被告人拒不认罪或对所采用的简易程序存在异议的；其四，其他不适合采用简易程序审判处理的。

（三）不起诉

1. 不起诉的概念

所谓不起诉则指人民检察院对公安部门侦查终结转送刑事起诉的案件或针对自己做出侦查终结的案件，经过审核、调查之后，认为因涉嫌犯罪而遭到刑事追诉的人具备我国《刑事诉讼法》中第15条规定的不予以追究刑事责任的情形，或涉嫌犯罪而遭到刑事追诉的人犯罪情节非常轻微、依据法律规定并不需要判处刑罚或免去、消除刑罚，或在经过两次补充侦查之后还没有达到起诉条件，或针对未成年人涉嫌侵犯他人的人身权利、民主权利，侵犯他人的财产，对社会管理秩序造成影响的犯罪，可能对其判处1年以下徒刑以下刑罚，虽然符合起诉条件，鉴于其悔罪表现的，而做出的并不把该案件转移至人民法院进行审判、处理掉的决定。不起诉属于人民检察院审核、调查案件的其中一个结果，依法具备终止诉讼的法律效力。

2. 不起诉的程序

起诉决定属于对案件审判、处理的其中一种结果。人民检察院针对涉嫌犯罪而遭到刑事追诉的人所做出的不起诉决定同样属于对案件审判、处理的其中一种结果，所以它是一项有着严格规定的工作。人民检察院一旦做出不起诉决定，就具备法律效力。为了促使人民检察院做出的不起诉决定具有更高的质量，及时找到和纠正可能出现的差错，我国《刑事诉讼法》针对不起诉的诉讼程序给予很多规定，其具体内容如下所示。

（1）制作不起诉决定书

对于那些不起诉的案件来讲，人民检察院均需要制作不起诉决定书，该决定书成为人民检察院以国家的名义确认不对涉嫌犯罪而遭到刑事追诉的人追究刑事责任的一种决定性法律文书，该法律文书一经制作就具备法律效力。

（2）不起诉决定书的宣布和送达

从《刑事诉讼法》中可以看到，不起诉的决定书需要给予公开宣布，不仅如此还需要把不起诉决定书分别送至以下部门和人员：第一，被不起诉人和他的所处单位。被不起诉人在羁押的，需要给予立即释放；第二，对于公安部门转移至起诉的案件来讲，需要把不起诉决定书转移至公安部门；对于有被害人的案件来讲，则需要把不起诉决定书转移至被害人。

（3）解除扣押、冻结

从《刑事诉讼法》中可以看到：人民检察院做出不起诉决定的案件，需要同时对侦查过程中所查封、扣留以及冻结的财产、物品取消查封、扣留以及冻结。人民检察院在对某个案件做出不起诉决定之后，就表示终止了刑事诉讼，需要同时对侦查过程中所查封、扣留、冻结的财产、物品解除查封、扣留以及冻结。对于公安部门做出的查封、扣留、以及冻结来讲，人民检察院需要通过口头或书面形式告知相应的公安部门或执行公安部门查封、扣留以及冻结决定的部门取消查封、扣押以及冻结。

（4）移送有关主管机关处理

从《刑事诉讼法》中第 173 条第 3 款规定可以看到，对被不起诉人有必要予以行政处罚、行政处分或有必要没收违法违规所得的，人民检察院则需要提出检察建议，同时转移至相关主管部门予以处理。相关主管部门需要把判决、处理的结果在第一时间通知人民检察院。

（5）对公安机关的意见进行复议、复核

从《刑事诉讼法》中第 175 条的规定可以看到，对于公安部门转移起诉的案件来讲，人民检察院做出不起诉决定的，需要把制作的不起诉决定书传送至公安部门。公安部门如果认为人民检察院所做出的不起诉决定是不正确时，那么可以进行复议，对于人民检察院审查起诉部门来讲，其需要另外制定一些检察官概予审核、调查同时提出审核、调查的意见，经过审核、调查起诉部门负责人审核之后，上报请示检查长抑或是检察委员会做出决定。对于人民检察院来讲，其需要在接受到要求复议意见书之后的30天之内复议决定，然后将复议决定通知公安部门。在公安部门看来复议决定不存在错误的，同样能够向上一级别的人民检察院提出复核申请，上一级别的人民检察院在接收到公安部门发送的复核申请的意见书之后，需要移交至审核、调查起诉部门予以处理。审核、调查起诉部门需要指出特定的检察官进行审核、调查，同时给予审核、调查的意见和结果，经过审核、调查部门相关负责人审核之后，上报请示检察长或检察委员会做出决定。上一级别的人民检察院需要在接受到提请复核意见书之后的30天之内给出复核决定的结果。通知下一级别的人民检察院和公安部门。更改下一级别人民检察院所做出的决定的，需要撤销下一级别的人民检察院所做出的不起诉决定，同时不忘移交至下一级别的人民检察院执行。

（6）对被害人、被不起诉人的申诉进行复查

在《刑事诉讼法》中第176条和第177条规定中可以看到，对于有被害人的案件来讲，如果决定不起诉的，那么人民检察院需要把不起诉决定书传送至被害人。如果被害人不统一该决定的，则可以在接收到不起诉决定书之后7天之内对上一级别的人民检察院上报请示提起公诉。人民检察院需要把复查决定传达至被害人。而对于那些人民检察院遵循我国《刑事诉讼法》中相关规定所做出的不起诉决定书来讲，被不起诉人不服的，则能够在接收到不起诉决定书之后的7天之内对人民检察院发起申诉。人民检察院需要给予复查决定，不仅通知被不起诉的人，而且抄送公安部门。被害人如果在申诉期间发起申诉的，需要上一级别

的人民检察院审核、调查起诉部门办理。上一级别的人民检察院在做出复查决定之后,需要转送至被害人和做出不起诉决定的下一级别的人民检察院。如果上一级别的人民检察院经通过复查做出起诉决定的,那么需要撤销下一级别的人民检察院所做出的不起诉决定,然后移交至下一级别的人民检察院提起公诉,同时把复查决定抄送并转移至审查起诉的公安部门。被不起诉人如果在申诉期限内对人民检察院发起申诉的,则需要人民检察院中的相关控告申诉部门予以办理,控告申诉部门经过复查之后提出复查意见,如果在其看来应该保持原来的不起诉决定的,那么上报申请监察长对其做出复查决定;如果认为需要取消不起诉决定、发起公诉的,那么上报申请检察委员会对其做出复查决定。所做出的复查决定书需要移送至被不起诉人,取消不起诉决定之后,需要抄送传送至起诉的公安部门。而人民检察院在做出取消不起诉决定、发起公诉的复查决定之后,需要把案件转交至刑事检察部门提起公诉。

不仅如此,《刑事诉讼法》中第 176 条有着这样的规定:如果人民检察院坚持不起诉决定,那么被害人能够对人民法院发起诉讼。被害人同样可以不经过申诉,直接对人民法院进行起诉。而人民法院在审判、处理案件之后,人民检察院需要把相关案件资料传送至人民法院。遵循这项规定,人民检察院在接受到人民法院审判、处理犯罪对象起诉的通知书之后,人民检察院需要终止复查,同时把诉讼文书和相关的证据资料传送至人民法院。该规定不仅对犯罪对象的正当权益给予大力保护,而且健全了对人民检察院不起诉决定这一制约制度。不起诉决定属于人民检察院对案件做出的其中一个处理结果,一旦做出,就意味着具有法律约束力,所以确保它的正确性起着关键作用。假如人民检察院所做出的不起诉决定没有一种行之有效的方式给予制约,则就很难确保不正确的不起诉决定得到纠正,这将不利于保护犯罪对象的正当权益。人民法院可以对人民检察院所做出的不起诉决定起到制约作用,而对于其错误的决定则能够凭借人民法院的审判、处理给予纠正。

三、提起自诉的程序

(一)自诉案件的范围

从我国《刑事诉讼法》中第204条和有些司法解释的规定可以看到，自诉案件主要包含以下几个类型：第一，告诉才处理的案件；第二，犯罪对象持有证据证明的那些轻微刑事案件；第三，犯罪对象持有证据证明针对被告人对其人身权利、财产权利遭到侵犯的行为应当依据法律规定追求刑事责任，而公安部门或人民检察院对被告人不给予追究其刑事责任的案件。

(二)提起自诉的程序

自诉人需要对人民法院呈交刑事自诉状。如果提起附带民事诉讼的，还需要呈交刑事附带民事自诉状。如果自诉人书写自诉状的确存在困难的，可以通过口头告诉，通过人民法院工作者用笔记录下来，然后向自诉人宣读，在自诉人看来没有错误后，应当签上自己的名字或者盖章。

第四节　刑事审判

刑事审判属于继立案、侦查、起诉之后的另一个十分重要的刑事诉讼程序。同立案、侦查、起诉有所不同的是，审判程序反映出典型的三方构造，也就是控、辨、裁三方依据特定的规则一起参与，同时形成了裁判结局。刑事审判需要致力于审判公平、公正，同时统筹兼顾整个社会秩序的维护、当事人正当权益的维护以及刑事诉讼效率等诸多目标。

一、刑事审判概述

所谓刑事审判则指人民法院针对刑事案件依据法律规定进行审判、处理且做出裁判的活动。所谓审理则指人民法院在申诉一方和辩护一方加上其他诉讼参与人的共同参加下凭借审核、调查事实证据,查清刑事案件事实和采取法律手段的一种活动。所谓裁判则指人民法院依据其承认并确定的实施和证据针对刑事案件实体和程序问题给予处理。审理为裁判工作提供了实施依据,成为正确裁判的前提条件和基础。裁判则是依据事实所适用法律的特点,成为审判活动的最后结果。一个完整的刑事审判必定不能缺少两个环节,一个是审理,另一个是裁判,同时不能将审理与裁判分离开来,造成审理的人员不裁判、裁判的人员不审理。刑事审判的一个最基本目标则是保证审判的公平、公正。

二、刑事审判的程序

所谓刑事审判程序则指人民法院审理、裁判刑事案件的步骤、方式以及方法的总和。而我国《刑事诉讼法》中规定了以下五个审判程序,分别是第一审程序、第二审程序、死刑复核程序、审判监督程序、特别审判程序等。其中,前四种审判程序下文均给予详细介绍。这里,特别审判程序,又包含很多部分,如未成年人刑事案件诉讼程序、当事人和解的公诉案件诉讼程序、违法违规所得的没收程序和强制医疗程序。

第五节 第一审程序

第一审程序在整个刑事诉讼中占据至关重要的地位。其任务是人民法院凭借开庭审理,在公诉人、当事人加上其他诉讼参与人的参与下,既客观又全面地审核、调查证据,查清整个案件的实施，同时依据《刑法》规定，针对被告人是否确实有罪、应不应该处刑，以及应该采取何种刑罚，做出正确无误的判决，从而使犯罪行为人受到应有的法律制裁，而没有犯罪的人不应该受到刑事惩罚，同时使那些在法庭中旁听的人受到法治方面的教育。

一、第一审程序的概念

所谓第一审程序则指人民法院针对人民检察院所发起的公诉、自诉人发起自诉的案件给予第一次审判的时候所需要遵循的步骤、方式、以及方法。所谓第一审刑事案件则指人民法院根据级别管辖的相关规定第一次审判、处理的公诉案件和自诉案件。对于审判、处理第一审案件的人民法院来讲，其也称作一审人民法院。

第一审刑事案件包含两种，一种是公诉案件，另一种是自诉案件，以上两种案件是依据不一样的控诉主体给予划分的。通过人民检察院对人民法院发起公诉的案件则称作公诉案件；通过犯罪对象、法定代理人抑或是近亲属对人民法院发起诉讼，通过人民法院直接审判、处理的案件则称作自诉案件。所以，第一审程序也可以划分成两种，一种是公诉案件的第一审程序，另一种是自诉案件的第一审程序。除此之外，我国《刑事诉讼法》同时规定基层人民法院对于那些事实清晰、证据确凿充分，被告人承认罪行且对所采用的简易程序不存在异议的案件（不仅包含公诉案件，同时包含自诉案件），能够采取简易程序给予审判。同简易程序相对应的是，其他程序同样能够称作普通程序。我国《刑事诉讼法》针对以上三种第一审程序分别给予了规定，其中针对公诉案件的审理、裁判程序规定得相对较详细；针对自诉案件的审理、裁判程序，则依据自诉案件的某些特点给予了特别规定，没有给予规定的，则需要参考公诉案件第一审程序的相关规定执行；针对刑事第一审程序中的那些简易程序，无论是从适用的案件范围，还是具体的程序均给予了清晰的规定。

二、公诉案件的第一审普通程序

公诉案件的第一审普通程序则指人民法院审判、处理第一审公诉案件所广泛适用的程序，同时成为第一审程序中每一项规定中最详细、最全面的规定。从我国《刑事诉讼法》以及司法解释的相关规定中我们能够看到，公诉案件的第一审普通程序可以划分成庭前审查、庭前准备、开庭审理以及做出判决几个步骤。

（一）对公诉案件的审查

所谓对公诉案件的审查则指人民法院针对人民检察院所发起公诉的案件，给予庭前审核、调查，决定究竟是否进行开庭审判的活动。人民法院针对发起公诉的案件给予审核、调查之后，如果起诉书中存在清晰明确的指控犯罪事实的，则需要做出开庭审判的决定。换句话说，人民法院针对人民检察院发起公诉的案件，并不是直接给予开庭审判，而是需要最初的审核、调查，然后才能做出是不是开庭审判的决定。所以，对公诉案件的审查，成为公诉案件在众多第一审程序中的一个必须经过的程序。审核、调查公诉案件主要是为了查清人民法院发起公诉的案件是不是具备了给予开庭审判的条件，也就是起诉书是不是与我国《刑事诉讼法》第 181 条中所规定的相关要求相符，是不是具备了给予开庭审理这一程序性条件，能不能把被告人移交至法庭审理、裁判。所以，并不处理对被告人定罪量刑这一问题。

（二）开庭审判前的准备

开庭审判则指人民法院在公诉人、犯罪对象、被告人、申诉辩白人、证人等的参与人，严格遵循法律、法规的审判制度和程序，在法庭上针对案件给予全面审判、处理，查清案件的实情，同时依据法律针对案件做出判决的过程。参与人为了确保法庭审判朝着顺利的方向进行，开庭之前务必做好一些必要、充足的准备工作。依据我国《刑事诉讼法》中第182条以及最高级人民法院《解释》中第182条的相关规定，人民法院针对公诉案件做出开庭审判的决定之后，需要做好组成合议庭、传送起诉书副本、开展庭前会议、告知举证、告知开庭和传唤当事人、事先公告以及修订法庭审理提纲步骤。

（三）法庭审判程序

法庭审理则指审判人员采取开庭这一方式，在公诉人、当事人加上其他刑事诉讼参与人的共同参与下，审核、调查、检验证据，弄明搞清案件事实真相，全面听取每一方针对案件事实真相和定罪量刑的意见，依据法律规定判定被告人是不是犯下罪行、应不应该遭到刑事惩罚的一种诉讼活动。

对于公诉案件第一审普通程序来讲，其法庭审判需要由合议庭的审判长给予主持。在合议庭审判案件的过程中，审判长占据着至关重要的地位，同时发挥着关键作用，究其原因是法庭调查、法庭辩论等一系列活动，均是通过审判长负责指挥的，无论是公诉人、当事人、还是辩护人、诉讼代理人，他们只有经过审判长许可，才能够对被告人、证人以及鉴定人提出问题。在审判长看来所提出的问题与案件没有关联的时候，需要给予制止。不仅如此，司法警察和其他法庭上在场的人员在维持法庭秩序方面同样需要审判长的指挥。而且，合议庭的其他成员需要协助审判长，这有这样才能够更好地发挥法庭审判主持者的关键作用。每一个诉讼参与人均需要认真听取审判长的指挥，严格遵循法庭的各项秩序。

从我国《刑事诉讼法》以及最高级人民法院《解释》的相关规定中可以看到，法庭审理的程序可以划分为五个步骤，分别是开庭、法庭调查、法庭辩论、被告人最后陈述、评议和宣判五个步骤。

三、自诉案件的第一审程序

所谓自诉案件的第一审程序则指第一审人民法院在自诉人、被告人加上其他诉讼参与人的参与下,依据法律规定处理自诉案件的方式、方法以及步骤。如果同公诉案件的第一审程序进行比较,那么自诉案件的第一审程序具有以下两个鲜明特点:第一,参加诉讼的国家部门通常情况下来讲仅仅有法院,无论是公安部门还是检察部门均不予介入;第二,当事人无论是在刑事诉讼的开始还是终止方面,均具有某一特定的决定作用。如果不具备自诉人提起自诉,那么自诉案件的诉讼程序自然不会开始;如果自诉人撤诉案件或者自诉人与被告人之间达成和解协议,那么刑事案件的诉讼程序就能够进入终止环节。

(一)自诉案件的提起、审查和处理

1. 自诉案件的提起

以个人的名义直接对人民法院发起诉讼,请示法院依法追究被控告的人刑事责任的公民指的就是自诉人。通常情况下,自诉人指的就是自诉案件中的犯罪对象,犯罪对象死亡、不具备行为能力或因为年迈、疾病、眼盲、耳聋等各种原因不能告诉,而是其法定代理人、近亲属告知抑或是代为告知的,人民法院需要依据法律规定给予办理。需要说明的是,代为告诉人需要对人民法院提供同犯罪对象之间的关系凭证和犯罪对象无法亲自告知的具体原因的证明。除犯罪对象死亡的刑事案件外,犯罪对象依然是自诉人身份,而那些代为告知的法定代理人、近亲属则属于代理人。自诉人在刑事诉讼中是原告人。

对于自诉人来讲,他们起诉时需要提供为什么提出起诉,对人民法院提供真实的证据,起诉应该采取书面形式进行,对人民法院呈交符合法律规定的起诉状。如果他们书写起诉状确实存

在困难，则可以通过的口头的方法提出起诉，由人民法院所指定的人员用笔记录下来，经过宣读正确无误后，由自诉人签上自己的名字或盖上章。

自诉状或告诉笔录人员需要包含以下六个方面的内容：其一，自诉人、被告人、代理人的名字、性别、年龄、民族、出生地方、受教育程度、职业、工作单位、居住地址、联系方式；其二，被告人实施犯罪行为的具体时间、地点、方式、情节和影响后果等；其三，实际的诉讼请求；其四，传送至人民法院的名称和具体时间；其五，证据的名称、来源等；其六，证人的姓名、居住地址、联系方式等。

如果被告人超过 2 人，那么自诉人在提起起诉的时候需要根据被告人的具体人数供应自诉状副本。

2. 对自诉案件的审查和处理

人民法院在接收到自诉状或告知笔录之后，需要委派一名审判员及时、认真地进行审核、调查，同时在 15 日之内审核、调查结束。同公诉案件开庭之前审查的不一样的地方体现在这里：自诉案件开庭之间的审查不仅属于程序性审查，同时属于实体性审查，其具体要求是案件务必事实清晰，且具有充分的证据给予证明。

人民法院审判、处理的自诉案件务必符合以下几个条件：第一，属于我国《刑事诉讼法》中第 204 条、最高级人民法院《解释》中第 1 项所规定的自诉案件；第二，在本法院管辖的范围内；第三，刑事案件的犯罪对象告诉或者其法定代理人或近亲属代为告诉；第四，具有确凿的被告人、实际的诉讼请求以及能够证明被告人确实犯下罪行的证据。对于公诉转自诉的自诉案件来讲，还需要与我国《刑事诉讼法》中的相关规定相符。人民法院应当依据以上所讲到的立案条件，针对具体的自诉案件情况做出以下五个方面的处理。

其一，对于自诉案件来讲，经过审核调查具备以下七条情形之一的，需要说服自诉人取消起诉；如果自诉人没有取消起诉的，那么裁定就不给予办理：不在最高级人民法院出台的《解释》第1条规定之内的案件；没有罪证；犯罪行为已经不具备追诉时效期限；被告人去世的；被告人不知去处的；除了由于缺乏证据而取消起诉之外，自诉人在取消起诉之后，关于同样一件事实再次告诉的；经过人民法院调整结束案件之后，自诉人懊悔不已，针对同样一件事实再次告诉的；针对那些已经立案，经过审核、调查后罪证不充分的自诉案件，自诉人无法提出足够的证据的，人民法院需要说服他们取消起诉或对起诉给予驳回。

其二，对于那些符合受理条件的案件来讲，需要对其做出立案的决定，同时书面告知自诉人，也可以告知代为告诉人。

其三，对于那些必须需要人民检察院发起公诉的案件来讲，需要把其转移至人民检察院；如果被告人实施了多于两种的犯罪行为，不仅有公诉案件，同时有自诉案件的，那么人民法院在审判、处理公诉案件的时候，能够对这些自诉案件同时进行审判、处理。

其四，对于那些已经立案的案件来讲，因为犯罪的证据不足，自诉人取消起诉或对起诉给予驳回之后，再次提出一些新的能够证明被告人实施犯罪行为的证据，再一次发起自诉的，这时人民法院需要给予受理。

其五，自诉人明明知道其他共同犯罪行为人，却仅仅对其中的一部分犯罪行为人提起起诉的，这时候人民法院需要给予处理，同时告诉他们没有告诉所形成的法律后果；自诉人没有告诉，审判决定宣告之后再次对其他共同犯罪行为人针对同样一件事实发起自诉的，这时候人民法院不对其给予受理。共同犯罪对象中仅仅有一部分告诉的，这时候人民法院需要通知其他犯罪对象参与诉讼，同时告诉他们不参与诉讼所形成的法律后果。如果被通知人在接收到通知之后表示不会参与诉讼或不会出庭的，也就视作他们放弃告诉这一权利。如果第一审宣判结束后，被通知人针对同样一件事实再次发起自诉的，这时候人民法院不对其给予受理。但是如果当事人另外发起民事诉讼的，则没有限制。

如果人民法院一旦决定不对案件给予受理或对起诉给予驳回的，那么就意味着整个诉讼即告结束，这不仅与自诉人的起诉权问题有关，同时与该案件的实体问题有关，所以，自诉人对该裁定如果不接受的，可以提出上诉。

第二审人民法院如果查清第一审人民法院所给予的不予受理裁定存在错误之处的，则需要在取消原来裁定的同时，告诉第一审人民法院进行立案受理；如果查清第一审人民法院对案件给予驳回起诉裁定存在错误之处的，则需要在取消原来裁定的时候，通知第一审人民法院对该案件给予审理。

（二）自诉案件的审判

对于犯罪事实清楚，存在充分证据的自诉案件来讲，人民法院应当给予开庭审判、处理。同公诉案件进行比较，自诉案件具有某些特定的特殊性。鉴于此，我国《刑事诉讼法》以及最高级人民法院《解释》中不仅要求人民法院参考那些公诉案件的第一审普通程序对自诉案件给予的审判，同时对自诉案件的审判给出了一些特别的规定。该规定主要包含以下四个方面。

1. 人民法院审判自诉案件能够给予调解

所谓调解则指在审判人员主持下，凭借对原告人、被告人双方给予劝说和教育，有原告人、被告人双方协商，达到解决纷争目的的一种协议。在人民法院协调之后，双方达成一致协议的，人民法院需要制作自诉案件调解书，然后由审判人员和书记员签上各自的名字，同时加盖人民法院印章。自诉案件调解书签收之后也就具备了法律效力，无论哪一方均不允许对之提起上诉。经过人民法院没有达成一致协议，或者即使达成一致协议，但是原告人、被告人的一方或双方在自诉案件调解书签收之前反悔的，这时候人民法院需要对其给予判决。

人民法院审判、处理自诉案件时能够采取调解的方式，但并不意味着必须经过调解，换句话说调解并非审判的一项必经程序。如果从司法具体情况进行分析，那么有附带民事诉讼的案件往往采取调整的方式结案。除此之外，值得一提的是，我国《刑事诉讼法》中第 204 条第 3 项所规定的公诉转自诉案件并不适合采取调解的方式。

2. 自诉人与被告人自行和解或撤回起诉

所谓和解则指自诉人同被告人之间自行协商，达成一致意见之后，不需要人民法院针对原告、被告的纠纷进行解决。无论是和解还是撤诉事实上均属于自诉人自动地对被告人刑事责任不给予追究的权利。人民法院无论是对于原告、被告双方当事人的和解还是自诉人的取消起诉，经过审核、调查之后认为确实属于自愿的，则需要裁定准许。如果人民法院发现和解或撤诉起诉并非双方当事人自愿，而是被逼迫、恐吓等，则应当不给于准许。人民法院如果裁定准许自诉人撤回取消或当事人自己进行和解的案件，被告人被实施强制性措施的，则需要立即给予解除。

3. 自诉案件第一审普通程序的期限

从我国《刑事诉讼法》中第 206 条第 2 款的规定可以看到，人民法院审判、处理自诉案件的期限可以划分成以下两种情况。

第一，被告人被羁押的，适合采用我国《刑事诉讼法》中第 202 条第 1~2 款的规定，也就是采用公诉案件第一审普通程序中的审限。

第二，被告人没有被羁押的，那么人民法院应则需要在审判、处理 6 个月之内做出宣判。

4. 自诉案件中的反诉

所谓反诉则指被告人作为犯罪对象控告自诉人犯下同该案有所关联的罪行，要求人民法院对其给予审判、处理，同时追究自诉人刑事责任的一种诉讼活动。成立反诉，需要具备以下五个条件：第一，反诉仅仅能由被指控的当事人或其法定代理人提出；第二，反诉的对象务必是那些自诉案件中的自诉人。假如被指控的当事人并非自诉人，则即便是那些自诉人的法定代理人，同样不属于反诉的范畴，而是属于一个独立的诉讼；第三，反诉发起的时间仅仅是在人民法院对自诉案件的裁决宣布之前；第四，反诉所控告的犯罪行为务必同自诉案件有所关联；第五，反诉的案件务必是告诉之后才给予处理或犯罪对象具有证据证明的那些轻微刑事案件。

人民法院在对被指控的当事人的反诉审核、调查之后，认为与法律规定的条件相符的，需要给予及时处理，也就是在审判、处理之后与自诉案件一同进入审判、处理阶段。反诉属于一个独立的诉讼，如果原来的自诉案件撤诉的，那么不对反诉案件的继续审判、处理造成影响。

第六节　第二审程序

第二审程序重要任务是：第二审人民法院针对第一审人民法院所做出的判决所明确的事实是不是清楚，证据是不是确凿、足够，所使用的法律、法规是不是正确，刑事诉讼程序是不是合法，给予全面审核、调查、审判以及处理，着重对事实法律纠纷给予解决，同时依据法律规定做出判决，从而有效地维护了合理的一审判决和裁定，提升了办案质量，同时确保人民法院能够正确地行使审判权。

一、第二审程序的概念

第二审程序也称作上诉审程序，指的是第二审人民法院依据上诉人所发起的上诉或人民检察院所发起的抗诉，针对第一审人民法院还没有具有法律效力的判决或裁定所断定的犯罪事实和适合采用的法律给予审判、处理的时候需要严格遵循的步骤、方式以及方法。第二审程序成为刑事诉讼中一个十分重要的诉讼阶段。

要想更好地理解第二审程序的概念，必须注意以下三方面的内容：第一，第二审程序并非简单地针对同样一个案件给予第二次审判、处理的程序。究其原因是对于同样一个案件的第二次审理也许是第二审程序，也许是第一审程序，有时候也许是审判监督程序。例如，下一级别的法院审判、处理、裁定了一个案件，而在上一级别的法院看来该案件应该有它给予第一审审理的案件，那么上一级别的法院有权依法撤回、取消原来的裁定，更改管辖，对该案件给予第一审裁判。虽然改变管辖之后的审判、处理从其审判、处理的次数上来讲属于第二次，但是从审判程序上来讲依然属于第一审程序。第二，第二审程序并非审判、处理刑事案件的一个必须经过的程序。至于某个案件是不是需要经过第二审程序，关键需要看被指控的当事人或检察机关是不是依据法律规定发起了上诉或抗诉。如果发起上诉或抗诉的，那么此案件就需要由上一级别的人民法院遵循第二审程序给予再次审判、处理，只有这样才会产生第二审程序。第三，除基层人民法院之外的每一级别的人民法院，均能够成为上一级别的人民法院，所以，无论是中级人民法院，还是高级人民法院，抑或是最高人民法院，它们对其下一级别的法院来讲，均属于第二审人民法院，对于那些不接受下一级别的法院第一审程序判决或裁定结果而发起上诉或抗诉的案件来讲，它们均适合采用第二审程序予以审判、处理、裁定。

二、第二审程序的提起

（一）提起第二审程序的主体

依据我国《刑事诉讼法》中第216条的规定，享有权利提起上诉的有以下人员：自诉人、被指控的当事人或其法定代理人，取得被告人的同意的辩解的一方、近亲属，加上附带民事诉讼的双方当事人以及各自的法定代理人。享有权利提出抗诉的机关则是地方各个级别的人民检察院。

所谓上诉制度则指确保人民法院不仅能够及时、正确地处罚犯罪行为人，同时能够保护无辜、维护被指控的当事人正当权益的一种十分重要的制度。因为各个不同的上诉人在刑事诉讼中处于不一样的地位，我国《刑事诉讼法》针对他们各自的上诉权也给予了不一样的规定。

第一，自诉人、被指控的当事人在刑事诉讼中，分别作为原告人或被告人的一方的，人民法院审判、处理此案件所给予的判决、裁定均与他们有着关于自身的直接利害关系，因此，法律规定他们均享有独立的上诉权利，只要上述人中有人依据法律规定提起上诉，那么第二审程序就会形成。

第二，对于未成年人或精神病患者（不具备行为能力人或者盲人、聋人、哑人等限制行为能力人）这些无法从事正常刑事诉讼活动的自诉人、被指控的当事人的正当权益的维护者的法定代理人员来讲，其依法享有独立的上诉权，其上诉，即使被告人、被指控的当事人不同意，依然有效。

第三，被指控的当事人的辩护人和近亲属虽然并不具备独立的上诉权，但是却可以有条件地享有上诉权。也就是被指控的当事人的辩护人和近亲属，只有获得被指控的当事人同意之后，才能够提起上诉。被指控的当事人的辩护人和近亲属对于其犯罪情节没有完全了解的，同时法院裁定不允许直接干涉其人身权利和民主权利，因此法律并未依法赋予其独立的上诉权利，而是在征求被告人同意之后视作发起上诉的一个重要条件。

第四，附带民事诉讼的当事人及其法定代理人依法享有一部分上诉权，他们能够关于裁定中的附带民事诉讼对其部分提出上诉。而对于附带民事诉讼的当事人及其法定代理人有关附带民事诉讼进行部分提出的上诉，不仅不能与裁定中刑事部门存在关联，同时，这种上诉对刑事裁定在诉讼实效期满之后产生发生效力和移交执行造成影响。

（二）上诉、抗诉的理由

我国《刑事诉讼法》中针对提起上诉的理由并未给予任何限制，所以，上诉人在法律规定的期限内发起上诉，无论是不是附带理由，理由是不是充分，都应当给予准许。在我国《刑事诉讼法》中第217条有着这样的规定，人民检察院仅仅在足够的证据确认、断定原判决、裁定存在错误的时候，才可以提起抗诉。在实践过程中，上诉、抗诉的理由主要有以下三个方面。

第一，判决、裁定在明确、断定犯罪事实存在错误之处，或不具备真实、足够的证据。

第二，判决、裁定在适合使用的法律、定罪量刑方面存在错误。

第三，没有依法遵循诉讼程序，从而使当事人依法享有的正当诉讼权利遭到侵犯，有可能对判决、裁定的正确性造成负面作用。

以上三个理由的具体情况十分多。上诉人或人民检察院除了能够在上诉状或抗诉书中提出为什么上诉、抗诉之处，同时能够在提出为什么上诉或抗诉之后，有时候能够在二审法院审理阶段，依然视作补充阐释、论述或提出其他因素，第二审法院不应当给予限制。

（三）上诉、抗诉的方式和程序

上诉通常需要使用书状提出，如果上诉人书写上诉状切实存在不方便之处的，能够口头提出上诉，这时候第一审人民法院需要依据其所论述的原因和请示做好笔录，经过上诉人阅读或对他人宣读之后，还需要上诉人签上自己的名字或者加盖印章。使用上诉状提出上诉的，通常情况下需要有上诉状正本及副本。其中，上诉状内容需要涉及四部分：第一部分是第一审判决书、裁定书的具体文号和上诉人接收到的具体时间；第二部分是第一审法院的名称；第三部分是上诉的请求和理由；第四部分是提出上诉的具体时间。假如是被指控的当事人的辩护人、近亲属征得其同意之后提起上诉的，还需要标注上诉的人与被告人之间的关系，同时需要将被指控的当事人作为上诉人。

在我国《刑事诉讼法》中第220条以及最高级人民法院出台的《解释》第302、303条有着这样的规定，上诉人上诉不仅能够通过原审人民法院发起，同时能够直接对第二审人民法院发起。其中，对于通过原审人民法院发起上诉的案件来讲，原审人民法院需要审核、调查上诉是不是符合法律中相关规定。如果符合法律中相关规定的，那么需要在上诉期限满之后3天之内把上诉状连同案卷、理由、证据一起转移至上一级别的人民法院，与此同时不忘把上诉状副本移交至同一级别的人民检察院和另一方当事人。对于上诉人直接对第二审人民法院发起诉讼的案件来讲，第二审人民法院需要在接收到上诉状之后3天之内把上诉状上交至第一审人民法院。然后，第一审人民法院需要审核、调查上诉是不是符合法律、法规中的相关要求。如果与法律、法规的要求相符的，则需要在接收到上诉状之后3天之内把上诉状附加在案卷、证据中一起转交至上一级人民法院，与此同时不忘把上诉状副本转移至同一级别的人民检察院和另一方当事人。

对于提起抗诉的方式来讲，我国《刑事诉讼法》中第221条以及最高级人民法院出台的《解释》第306、307条进行了规定，也就是在地方各个级别的人民检察院看来同级人民法院所做出的第一审判决、裁定切实存在错误之处而决定发起抗诉的时候，需要制作抗诉书。需要注意的是，抗诉书需要通过原审人民法院提交，与此同时不忘抄送至上一级别的人民检察院。而原审人民法院在接收到抗诉书之后，需要在抗诉期限满之后3天之内把抗诉书附加在案卷、证据中一起转送至上一级别的人民法院，与此同时不忘把抗诉书副本传送至当事人。上一级别的人民检察院在接收到下一级别的人民检察院所抄送来的抗诉书之后，需要关于抗诉的具体理由和根据给予仔细检查。如果认为抗诉确实存在不恰当之处，能够直接对相同级别的人民法院撤销下一级别的人民检察院这一抗诉，同时不忘把所撤销抗诉的具体情况通知下一级别的人民检察院。如果人民检察院在抗诉期限之内取消了抗诉，那么第一审人民法院不需要在此传送案件；而如果人民检察院是在抗诉期限过后第二审人民法院宣告判定、裁决之前取消抗诉的，那么第二审人民法院能够做出裁定准许，与此同时不忘通知第一审人民法院以及当事人。

三、第二审程序的审判

（一）对上诉、抗诉案件的审查

第二审人民法院针对第一审人民法院所传送来上诉、抗诉的案卷、理由、证据，需要审核是不是包含以下四个方面的内容：第一，传送来的上诉、抗诉案件函；第二，上诉状或抗诉书；第三，第一审判决书、裁定书总共 8 份（每次增加一名被指控的当事人增加 1 份）加上其电子文本；第四，所有案卷和证据，涉及刑事案件审判、处理报告和其他需要传送的资料。假如以上所提到材料应有尽有，那么第二审人民法院应当受理案件；如果材料没有齐全或不符合法律相关规定的，那么需要通知第一审人民法院对其给予及时补充。

（二）对第二审案件的审判方式和程序

在我国《刑事诉讼法》中第 223 条第 1 款、第 2 款有着这样的规定：第二审人民法院针对以下四个刑事案件，需要组合而成合议庭，开庭审判、处理：第一，被告人、被指控的当事人以及各自的法定代理人针对第一审确认、断定的事实、原因、证据存在异议，很可能会对定罪量刑的上诉案件带来负面影响；第二，被指控的当事人被判决死刑的上诉案件；第三，人民检察院提起抗诉的案件；第四，其他需要开庭审判、处理的案件。如果第二审人民法院做出不开庭审判、处理案件的决定的，那么需要讯问被告人，同时听取其他当事人、辩护人以及法定诉讼代理人的意见。从我国最高人民法院出台的《解释》中第 317 条第 2 款、第 3 款可以看到：被判决死刑立即执行的被指控的当事人没有提起上诉，同案的其他被指控的当事人提起上诉的刑事案件，第二审人民法院需要开庭给予审判、处理。被指控的当事人被判处死刑延缓期限执行的上诉案件，虽然并不符合第一款第一项中的相关规定，有条件的，同样能够开庭审判、处理。从以上的条款表明中可以发现，我国第二审案件的审判方式存在两种，一种是开庭审理，另一种是不开庭审理，也就是对于一些上诉案件、所有抗诉案件加上其他需要开庭的案件需要采取开庭审判、处理的方式进行，虽然其他案件可以不给予开庭审判、处理，但是务必遵循法律规定的程序。

1. 开庭审理的方式

所谓开庭审理则指第二审人民法院通过合议庭的主持，由那些检察人员和诉讼参与人参与进来，采取法庭调查和辩论、评定、议论、宣布判决结果的方式审判、处理案件。通常情况下，适用于开庭审判、处理的案件包含以下三种类型：第一种是需要开庭审判、处理的上诉案件；第二种是人民检察院依据法律规定提起抗诉的案件；第三种是其他需要开庭审判、处理的案件。

虽然第二审人民法院开庭审判、处理，因为是基于一审程序进行的，因此我国《刑事诉讼法》第 231 条有着这样的规定，除了那些第二审程序已经具有专项规定的之外，参与第一审程序的相关规定进行。不过，第二审程序并非与第一审程序完全相同，它还具有自身的独特之处。总之，第二审人民法院在开庭审判、处理上诉或者抗诉案件的时候，不仅需要参照第一审程序的相关规定，同时需要遵循以下六个程序进行。

第一，开庭审判、处理第二审公诉案件，需要在做出开庭审判、处理掉决定之后告诉人民检察院查看、阅读本案卷。人民检察院需要在 1 个月之内查看、阅读完毕，同时做好到法庭的准备。

在告诉后的第2天开始，人民检察院查看、阅读案件的时间就不再计入审判、处理的期限。

第二，开庭审判、处理上诉、抗诉的公诉案件，需要及时告诉同一级别的人民检察院委派人员到法庭。抗诉案件，人民检察院在接收到开庭通知之后并未排除人员到法庭，同时没有说明具体原因的，人民法院能够裁定依据人民检察院所撤销的抗诉进行处理，与此同时不忘告诉第一审人民法院和双方当事人。

第三，第二审期间，被指控的当事人不仅能够自行辩护，同时能够再次委托第一审辩护人或另外进行委派辩护人进行辩护。对于共同犯罪案件来讲，仅仅有一部分被指控的当事人发起上诉的，或自诉人仅仅对一部分被指控的当事人发起上诉，或人民检察院仅仅对一部分被指控的当事人发起抗诉的，那么其他相同案件的被指控的当事人同样能够委派辩护人给予辩护。

第四，法庭调查过程中，审判人员在当众宣读第一审判决书、裁定书之后，上诉案件由上诉人或辩护人首先当众宣读上诉状或陈述具体上诉原因的，抗诉案件通过检察员首先当众阅读抗议书；不仅有上诉而且有抗诉的案件，最先由检察员当众宣读抗诉书，然后由上诉人或辩护人对外宣读上诉状或说明为什么上诉。

第五，法庭辩论过程中，上诉案件，首先由上诉人、辩护人进行发言，然后由检察员、法定诉讼代理人进行发言；抗诉案件，最先由检察员、法定诉讼代理人进行发言，然后由被指控的当事人、辩护人进行发言；不仅有上诉而且有抗诉的案件，需要最先由检察员、法定诉讼代理人进行发言，然后由上诉人、辩护人进行发言。

第六，辩论终结之后，无论是上诉人，还是被指控的当事人均有权利给予最后的陈述，接着由合议庭议论、评定，最初裁定。

除此之外，开庭审判、处理上诉、抗诉案件，能够着重关于第一审判决、裁定存在争议的地方或存在疑问的地方进行。依据案件的具体情况，可以采取以下四个方面审判、处理：其一，当众宣读第一审判决书，能够仅仅宣读案件的理由、重要情节、证据名称以及裁判主文等；其二，法庭调查需要倾向于围绕第一审判决存在异议之处的事实、证据加上所提交的最新证据等开展；对于不存在异议的犯罪事实、证据以及情节，能够直接进行确认；其三，对同案审判、处理案件中没有提起上诉的被告人，没有被申请到法庭或在人民法院看来没有必要到法庭上的，可以不将其传唤到法庭上；其四，被指控的当事人犯有许多罪行的案件，针对一些事实清楚同时不存在异议的犯罪，能够不在法庭上审时审理。

同案审判、处理的案件，没有提起上诉、人民检察院同样没有对其判决提出抗议的被指控的当事人要求出庭的，应当给予准许。出庭的被指控的当事人能够参与法庭调查和辩论。

开庭审判、处理可以在法庭上检验、查证证据、广泛听取诉讼双方的意见，从而方便合议庭将犯罪事实真相弄个水落石出，通盘考虑定罪量刑，保障审判效果。所以，第二审法院应当尽可能采用开庭审理这一方式。从我国《刑事诉讼法》中第 223 条第 3 款的相关规定中可以看到，二审法院开庭审判、处理上诉、抗诉案件，不仅能够在第二审人民法院所处的地方进行，同时能够到案发现场或原审人民法院所处的地方进行。这一项规定将我国实际情况考虑在内，毕竟我国地域十分辽阔，一部分边远区域交通不方便，一部分一审、二审法院距离十分远等，这极大地方便了刑事诉讼参与人参与到诉讼中来，同时有助于正确、有效地从处理刑事案件的目的出发，给予变通、灵活处理。

2. 不开庭审理的方式

所谓不开庭审理的方式则指第二审人民法院的合议庭遵循法律相关规定做出不出庭审判、处理案件决定的，经过阅读案卷、讯问被指控的当事人，广泛听取其他当事人、辩护人、法定诉讼代理人的意见之后，采取判决或裁定这一审理方式。采取这样的方式，不仅有利于提升二审法院办理案件的效率，同时减少了司法资源的浪费。

采取不公开审理方式的案件，需要遵循以下五个程序：第一，依据我国《刑事诉讼法》中相关规定，由审判员 3~5 人组合而成合议庭。第二,合议庭成员共同阅读案件,同时作好阅读案卷的笔录,一些必要的时候需要提出阅读案件的意见。阅读案卷的目的在于全面搞清案件的事实、情节以及有关证据,从而方便查清案件事实是不是清楚,证据是不是确实、足够,一审适用法律是不是正确,定罪量刑是不是恰当,诉讼程序是不是合乎法律规定。第三,讯问被告人。合议庭经过直接盘问和听取被指控的当事人针对一审判决或者裁定的意见,加上对案件事实的陈述和申辩,需要注意分析、研究被指控的当事人前后陈述、申辩过程中的矛盾点和疑问点,充分地利用事实和证据审核、检查被指控的当事人的口供。第四,广泛听取诉讼参与人的意见。组合而成合议庭需要认真听取案件过程中的其他当事人、申辩人、法定诉讼代理人的意见;不仅涉及案件事实和证据上的意见,同时涉及一审法院对被指控的当事人定罪量刑上的意见。第五,经合议庭议论、评定,可以依据具体的案件事实给予相应的裁决。

(三)对第二审案件的处理

1.对上诉、抗诉案件的处理

在我国《刑事诉讼法》中第225条、第227条有着这样的规定,第二审法院对那些不接受第一审程序判决的上诉、抗诉案件给予审判、处理之后,应当根据以下四个情形分别给予处理,进行审理后,应按下列情形分别做出处理。

第一,原判决认定犯罪行为属实,证据既确凿又充分,所引用的法律正确,量刑又十分恰当的,需要裁定驳回所提出的上诉或抗诉,保持原判。

第二,原判决认定事实不存在错误,但是所引用的法律存在错误或量刑不恰当的,例如没有搞明白有罪与无罪之间的界限,确认、断定犯罪性质不明确、罪名不恰当,量刑过于轻、过于重,或重罪给予重判,或轻罪给予重判等,第二审法院需要撤销原判,重新做出判决,同时不忘在判决中论述新判决的根据和原由。

第三,原判决事实不明或证据不充分的,既可以通过二审法院查明事实真相后做出新判决,也可以裁定撤销原判,发送到原审人民法院给予重新审判。不过值得一提的是,原审人民法院针对这种情形所发回重新审判的案件给予判决之后,无论是被指控的当事人发起上诉的还是人民检查院发起抗诉的,这时候第二审人民法院均需要依据法律规定做出判决或裁定,不允许再次发回原审人民法院给予重新审判。换句话说,这种情形下的发回重审仅仅限于一次。

第四,发现一审法院具有以下五个违反法律、法规的刑事诉讼程序的其中一个情形的,需要裁定撤销原判,然后发回原审人民法院对其给予重新审判：其一,没有遵循法律在公开审判方面的规定的；其二,没有遵循回避制度的；其三,对当事人的正当诉讼权利给予剥夺或限制,可能会对审判的公平、公正造成影响的；其四,审判组织的组成不符合规律规定；其五,不正当的刑事诉讼程序,可能对审判的公平、公正带来影响的。根据以上五个方面的规定,如果第二审人民法院发现第一审法院存在没有遵守公开审判规定、没有遵守回避制度、审判组织组成没有符合法律规定的情形时,需要直接裁定撤销原判,然后发回原审人民法院给予重新审判,究其原因是无论是公开审判原则,还是回避制度,抑或是审判组织的组成都属于我国《刑事诉讼法》中一些重要的诉讼原则和制度,没有遵循这些重要原则与制度,必然会对案件的公平、公正审判带来负面影响。但是一审法院存在对当事人正当诉讼权利给予剥夺、限制或没有遵循法律规定的诉讼程序的事情时,却可能不会对案件的公平、公正审判带来影响。所以,二审法院还需要进一步判断以上所述的违法违规情形是不是可能对审判的公平、公正造成影响,换句话说,二审法院务必在其三、其五所列违反法律规定的情形与对审判的公平、公正造成影响的可能性同时存在,同时两者之间具有因果联系的条件下,才需要裁定撤销原判,发回重新审判。

发回原审人民法院给予重新审判的案件,需要另行组合而成合议庭,遵循第一审程序进行审判、处理,针对其判决、裁定仍然能够提起上诉或抗诉。

第二审人民法院所作的判决、裁定,除了那些死刑案件与在刑法规定的量刑标准以下判处刑罚的案件之外,都属于终审的判决和裁定范畴,一经宣告就具备了法律效力,无论是上诉人,还是其法定代理人等均不允许再次提起上诉,同样人民检察院也不允许再次遵循二审程序提出抗诉。对于第二审人民法院来讲,其不仅能够自行宣告裁判,同时能够委托原审人民法院代替进行代为宣告。

2. 对附带民事诉讼案件的处理

对于刑事附带民事案件的处理来讲,第二审人民法院需要依据上诉、抗诉的实际情况进行区别开来:第一,第二审人民法院审判、处理附带民事上诉案件的时候,如果发现无论是刑事还是附带民事均存在不正确之处需依法改判的,需要将其一并审判、处理,一并改判。第二,第二审人民法院审判、处理的刑事上诉、抗诉案件,加上附带民事诉讼部分已经具备法律效力的,假如发现在第一审判决中或裁定中的附带民事部分切实存在不正确的地方,则需要针对附带民事部分遵循审判监督这一程序给予纠正;第三,第二审人民法院审判、处理附带民事上诉案件,刑事部分已经具备法律效力的,假如发现在第一审判决中或裁定中的刑事部分切实存在不正确的地方,则需要遵循审判监督程序针对刑事部分给予再次审理,同时把附带民事部分与刑事部分并在一块进行审理;第四,第二审期间,如果一审附带民事诉讼原告人填补了一些独立的诉讼请求或一审附带民事诉讼案件被指控的当事人提起反诉的,那么第二审人民法院能够采取自愿、合法这一原则给予调解;如果调节没有成功的,则可以告诉当事人另外进行起诉。

3. 对自诉案件的处理

对一审法院裁定之后当事人不接受提起上诉的刑事自诉案

件来讲,第二审人民法院在某些必要的时候能够在二审程序中对刑事诉讼的双方给予调解,当事人同样能够自己进行和解。采取调解的方式结案的,二审法院需要制作调解书,其中原判决、裁定均视作自动撤销;如果当事人自己进行和解的,由第二审人民法院在裁定准许撤回自诉的同时,撤销原判决或裁定。需要注意的是,在第二审程序中,如果当事人提起反诉的,那么第二审人民法院需要另外进行起诉。

第七节 死刑复核程序

死刑复核程序属于我国刑事诉讼中一个十分特别的审判程序。即使它审判、处理案件的数量相对较少,但是在保障死刑案件的审判效果,严厉惩罚一部分罪大恶极的犯罪行为人,保障广大公民的正当权益,维护我国社会主义法治方面确实发挥了非常大的作用。

一、死刑复核程序的概念

所谓死刑则指剥夺犯罪人生命的一种刑罚方法。我国法律不仅将死刑视作惩罚犯罪行为人、保障广大公民正当权益的一个有力武器,而且奉行慎重使用死刑的方针,这在实体法方面对死刑的适用范围给予严格控制,在程序法方面对判决犯罪行为人死刑(包含死缓在内)的案件,这在普通审判程序之外,另外规定了一个极其特别审查核对程序,也就是死刑复核程序。所谓死刑复核程序则指最高人民法院抑或是高级人民法院(包含中国人民解放军军事法院在内)针对判处犯罪行为人死刑(包含死缓在内)的案件给予审查核对的一种极其特别的审判程序。

二、判处死刑立即执行案件的复核处理程序

依据我国《刑事诉讼法》中的相关规定，最高人民法院复核死刑案件，需要做出核准或者不核准死刑案件的裁定。对于那些不核准死刑案件来讲，最高人民法院不仅能够发回重新审判，同样能够给予改判。具体来讲，需要根据以下八个情况给予分别处理：第一，原判确认、断定事实正确，所引用的法律恰当，量刑恰当、诉讼程序合乎法律规定的，需要裁定核准。第二，原判认定的某些具体事实或所采用的法律、法规等存在不足，但是判处被告人死刑却又合理的，能够在纠正之后给予核准的判决、裁定。第三，原判事实不明、证据缺乏，需要裁定不予核准，同时撤销原判，然后发回重新审判。第四，复核期间如果出现一些新的对定罪量刑的事实、证据带来影响的，除了需要裁定不予核准之外，还需要撤销原判，然后发回重新审判。第五，原判认定事实虽然正确，但是按照法律规定不应当判处死刑的，而是应当裁定不予核准，同时撤销原判，然后发回重新审判。第六，原审没有遵循法律规定的诉讼程序，可能会对公正审判造成影响的，除了应当裁定不予核准之外，还需要撤销原判，然后发回重新审判。第七，对多于一人犯罪的被判决死刑的数罪并罚刑事案件，最高人民法院再次审核之后，认为其中某些犯罪分子的死刑判决、裁定事实模糊、证据缺乏，需要对全案裁定不给予审核及批准，同时撤销原判，然后发回重新审判；如果认为其中某些犯罪分子的死刑判决、裁定事实虽然明确，但是依据法律规定不适合被判处死刑的，可以改判，同时对其他需要被判决死刑的犯罪给予审核、批准死刑的判决。第八，对多于两名的犯罪行为人被判决死刑的案件来讲，最高人民法院在再次审核之后，认为其中某些犯罪行为人的死刑判决、裁定事实模糊、证据缺乏，除了需要对全案裁定不予核准之外，还需要撤销原判，然后发回重新审判；如果认为其中某别犯罪行为人的死刑判决、裁定事实虽然正确，但是依据法律规定不适合判处

死刑的，可以改判，同时对其他需要被判决死刑的被告人做出审核、批准死刑的判决。

最高人民法院做出不予核准死刑的裁决的，需要依据案件实际情况，能够发回第二审人民法院抑或是第一审人民法院对案件重新审判。如果第一审人民法院重新审判案件的，则需要开庭审理。如果第二审人民法院重新审判案件的，能够直接改判；如果务必通过开庭调查犯罪事实、审核证据或对原审程序违反法律规定给予纠正的，需要开庭审判、处理。

高级人民法院遵循复核程序审判、处理案件之后上报请示最高人民法院审核及批准死刑，最高人民法院做出不予核准的裁决，然后发回高级人民法院给予重新审判的案件，高级人民法院能够遵循第二审程序对犯罪分子进行审讯或发回给予重新审判。

最高人民法院做出不予核准死刑判决的，发回重新审判的刑事案件，除了以上所论述的第4、第5两种情况之外，原审人民法院可以另行组合而成合议庭进行审理。

三、判处死刑缓期二年执行案件的复核程序

（一）报请复核

中级人民法院裁定死刑缓期二年执行的第一审案件能够划分成两种情况，一种是被指控的当事人没有上诉、人民检察院没有抗诉的，在超过上诉、抗诉期之后，应当报告并送交高级人民法院审判、批准。另一种是被告人发起上诉或人民检察院发起抗诉的，高级人民法院需要遵循第二审程序对案件做出处理。高级人民法院在第二审中如果同意案件被判处死刑缓期二年执行的，需要维持原判的裁决；如果不同意案件被判处死刑缓期二年执行的，需要改判或者发回给予重新审判、处理。中级人民法院判处死刑的第一审案件，高级人民法院第二审或复核提审犯罪行为人之后所做出的改判为死刑缓期二年然后执行的判决的，这样的判

决则称作终审判决。

不仅如此,中级人民法院在上报并送交死缓案件的时候,需要提供上报请示复核的报告、第一、二程序审裁判文书、死缓案件相关的报告各5份,附加上所有案卷、证据一起传送至高级人民法院。第一、二程序的审裁判文书和相关的报告还需要附加上相应的电子文本。上报并请示复核的时候,需要始终坚持一案一报原则,不允许多个案子一报的事情出现。

在司法实践过程中的某些共同犯罪案件中,一部分犯罪行为人被判处死缓,一部分犯罪行为人被判处无期徒刑抑或是其他刑罚(不包含死刑立即执行),那么问题来了,在上报请示复核的时候,究竟是将全案上报,还是只是将有所关联的被判处死缓的犯罪行为人的材料上报?我们持有这样的观点,为了确保高级人民法院对案件给予全面复核,确保死缓判决没有差错,需要把全案卷宗材料、所有证据一起上报,不允许有所保留。

(二)复核

高级人民法院在复核死缓刑事案件的时候,应当由审判员3人组合而成合议庭进行,针对死缓案件给予全面的审核、调查。无论是复核的基本内容,还是基本的方式、方法均需要与复核死刑立即执行案件大致相同。值得一提的是,高级人民法院在复核死缓案件过程中,同样应当讯问被指控的当事人。

(三)复核后对案件的处理

第一,原判认定事实明确、所引用的法律恰当、量刑恰当、刑事诉讼程序符合法律规定的,应当做出核准的裁决;第二,原判认定的一部分事实不确定,或所引用的法律条款等不恰当,但是判处犯罪行为人死刑缓期执行却恰当的,能够在纠正之后做出审核、批准的判决、裁定;第三,原判认定事实虽然明确,但是所引用的法律存在差错,或量刑过重的,则需要改判;第四,原判事实模糊、证据缺乏，能够做出不予核准的裁决，同时撤销原判，发回给予重新审判，或依据法规规定改判；第五，复核期间出现一些新的对定罪量刑造成影响的事实、证据的，能够裁定不予核准，同时撤销原判，发回对其给予重新审判，或遵循最高人民法院发布的《解释》中第220条规定审判、处理后依法改判；第六，原审没有遵循法律规定的刑事诉讼程序，可能对审判的公平性、公正性产生影响，应当做出不予核准的裁决，同时撤销原判，发回给予重新审判；第七，高级人民法院复核死缓刑事案件，不允许加重犯罪行为人的刑罚。

第八节　审判监督程序

审判监督程序属于刑事诉讼的一项十分特殊的审判程序，不仅与第二审程序有所不同，同时与死刑复核程序有所不同。其所审判处理的对象为那些已经生效的裁决，所提起程序的时间并没有时间限制，再审量刑却受到限制等，在我国刑事诉讼程序中发挥着很大作用。

一、审判监督程序的概念

所谓审判监督程序也称作再审程序，则指人民法院、人民检察院发现已经具备法律效力的刑事裁决在认定事实、所引用的法律或审判程序方面确实存在不正确地方时，依据法律规定提起并对案件给予重新审判的一项极其特别的审判程序。审判监督程序也称作特别审判程序，这是因为依据裁判安定性这一原理，如果裁判生效也就意味着产生了一事不再理的强大效力，对之前所生效的裁判有所关联的同一犯罪对象的同样一个犯罪事实就不应再进行追究或争执。不过，生效裁判并不意味着没有错误之处，如果统统禁止救济，则不可避免地会使我国《刑事诉讼法》中第2

条所明确规定的"准确、及时地查清犯罪事实，正确运用法律，惩罚违法犯罪分子，确保没有罪的人不受刑事追究……"这一基本任务最终落空。所以，我国刑事诉讼法特别制定出审判监督程序，例外地排除已经生效的裁决的既判力，用来维护真实的公平、正义的实现与法律、法规道德有效实施。由此可以看出，审判监督程序并不是所有案件的一道必经程序，而是在某一特定条件下才可以使用的特殊程序，起到专门纠正确实存在错误之处的生效判决、裁定的目的。

二、提起审判监督程序的方式

我国《刑事诉讼法》中第 243 条有着这样的规定，提起审判监督程序具有两种方式，一种是再审，另一种是提审或抗诉。其中，再审则指原审人民法院依据本院审判委员会所做出的针对原审裁决提起审判监督程序的决定，抑或是上级人民法院要求本院针对案件给予再审的指令，另行组合而成合议庭，针对案件给予重新审理。再审包含两部分，一种是决定再审，另一种是指令再审。提审则指原审人民法院的上一级别的人民法院经过审核、调查，发现原审人民法院已经具备法律效力的裁决确实存在错误，有必要提起审判监督程序的，直接组合而成合议庭，调取原审案卷和相关材料，对案件给予审判、处理。无论是提审还是再审均属于人民法院对裁判已经具备法律效力的案件给予行重新审判、处理的活动。两者之间的不同之处在于，提审是由原审人民法院的上一级别的人民法院进行的，而再审则是通过原审人民法院自己进行的。所谓审判监督程序中的抗诉则指最高人民检察院针对各个级别的人民法院、上一级别的人民检察院对下一级别的人民法院已经具备法律效力的裁决，发现确实存在错误的，提出请示同一级别的人民法院重新审判、处理的一种审判监督行为。对那些人民检察院抗诉的案件来讲，接受抗诉的人民法院需要组合而成合议庭重新审判、处理，对于那些原判决事实不明或证据缺乏的，同样可以指令下级人民法院再次审理。

三、重新审判的程序

我国《刑事诉讼法》中第 245 条有着这样的规定，依照审判监督程序对案件的重新审判程序通常情况下依据原审结案件的审级进行确定，原来属于第一审案件，遵循第一审程序进行审判、处理，所做出的裁决，当事人能够提出上诉，检察院同样能够提出抗诉；原来属于第二审案件或是上一级别的人民法院提审的案件，遵循第二审程序进行审判、处理，所做出的裁决属于终审判决、裁定，不允许提起上诉或抗诉。无论是人民检察院提出抗诉的刑事案件，还是受理抗诉的法院决定对犯罪行为人进行审讯的，均需要遵循第二审程序进行审判，它们所做出的裁决均属于终审的判决、裁定。

第九节　执　行

执行属于刑事诉讼中一道必不可少的程序，使得整个刑事诉讼活动得以实现，在我国刑事诉讼中占据至关重要的地位。如果缺乏了执行，那么无论是立案，还是侦查、起诉，抑或是审判均变得没有意义。

一、执行概念

所谓执行则指依据国家强制力，由法律规定的执行部门把人民法院已经具备法律效力的裁决给予实施的一种活动。所谓刑事诉讼中的执行程序则是司法部门以及其他国家部门把已经具备法律效力的裁决所明确的内容给予实施以及处理实践环节所出现的特定问题需要严格遵循的步骤和使用的方法。执行属于我国刑事诉讼的最后一个阶段,它包含两方面的内容:一是把生效的裁决所确定的内容给予实施而进行的活动;二是处理执行阶段的刑罚变更等诸多问题所进行的活动。

二、各种判决、裁定的执行程序

死刑是剥夺犯罪行为人生命的最严厉的一种刑罚,不管是判决死刑还是执行死刑,均需要极其慎重。为了避免错杀,造成重大的错误,我国刑事诉讼法针对死刑立即执行判决的执行给予了极其周密、严谨的规定。

(一)死刑立即执行判决的执行程序

1. 提前通知人民检察院

第一审人民法院在执行死刑 3 天之前,需要通知同一级别的人民检察院派出工作人员临场监督。

2. 选择执行地点、方式

死刑应当采取枪决或注射等诸多方式执行死刑;如果有条件使用注射方法执行死刑的,那么应当使用注射方式,不过需要在指定的刑场或羁押场所内执行。如果使用枪决、注射之外的其他方式执行死刑的,那么需要事先层报最高人民法院批准。

3. 验明正身和讯问有无遗言、信札

所谓验明正身则指对准备交付执行死刑的犯罪行为人,查验其究竟是不是该裁定所确定的被执行的人。这里,验明正身的方法其实就是讯问、调查准备交付执行死刑的犯罪行为人的姓名、性别、年龄、籍贯、居住地址、所犯罪行、什么时候被捕、什么时候被判决等。验明正身成为死刑判决执行的一道必经程序。所谓遗言则指犯罪行为人执行死刑之前所留下的口头信息。所谓信札则指相关的信件。无论是犯罪行为人的遗言还是信札,指挥执

行的审判人员均需要对其给予详细记录和妥善保管。在执行死刑之前，如果发现可能存在错误的，则必须暂时停止执行，立刻层报最高人民法院进行裁定。

4. 验证死亡、上报执行情况

执行死刑完毕，需要由法医验明犯罪行为人确实死亡之后，由在场书记员用笔记录下来，负责执行的人民法院需要把执行死刑情况（包含执行死刑之前、之后的照片）及时逐级汇报给最高人民法院。

5. 办理执行死刑后的有关事宜

执行死刑之后，负责执行的人民法院需要办理以下几个事情：第一，对死刑犯罪行为人的遗书、遗言，需要及时给予审查，有关财产继承、债务清偿、家庭事务嘱托等诸多内容的，把遗书、遗言笔录传送至家庭成员，与此同时复制存卷备查；有关案件线索等诸多问题的，需要抄送至相应的部门；第二，通知犯罪行为人家庭成员在限期内领取犯罪行为人的尸体；有火化条件的，需要通知其领取骨灰。超过期限没有领取的，需要由人民法院通知相关单位给予处理，对于那些死刑犯罪行为人的尸体或骨灰的处理情况，需要记录在卷。第三，对其他国家的人执行死刑之后，通知此人所在国家的驻华使领馆的程序和限定的时间，遵循相关规定办理。

值得一提的是，执行犯罪行为人死刑应当公布，但是不允许采取游街、示众以及其他有辱犯罪行为人的方式，这是为了避免犯罪行为人死刑执行附加羞辱刑这一效果。在执行死刑之前，第一审人民法院需要通知犯罪行为人有权会见其近亲属，如果犯罪行为人申请会见其近亲属同时提供具体联系方式的，那么人民法院需要通知其近亲属。如果犯罪行为人近亲属申请会见的，那么人民法院应当准许同时及时安排他们会见。

（二）判处死刑缓期二年执行、无期徒刑、有期徒刑和拘役判决的执行

从我国《刑事诉讼法》中有关规定和有关司法解释中可以看到，将被判处死刑缓期二年执行、无期徒刑、有期徒刑、拘役的犯罪行为人交付执行的机关为第一审人民法院。明确交付执行的人民法院，不仅能够防止一、二审法院以及核准法院之间在交付执行这一问题上彼此推诿，同时有助于及时交付执行。

对于被判处死刑缓期二年执行、无期徒刑、有期徒刑和拘役的犯罪行为人，在交付执行刑罚过程中正在押的，需要由第一审人民法院把有所关联的法律文书送达公安部门、监狱或其他执行部门。而如果裁判生效之前并未有正在羁押的犯罪行为人需要收监执行刑罚的，那么人民法院需要依据生效裁判首先把犯罪行为人移交至看守所羁押，接着遵循正在羁押的犯人的规定办理执行手续。由于这几种刑罚在犯罪性质、刑法种类、刑罚期限、犯罪行为人年龄等诸多因素存在不同之处，在执行方式、场所等各个方面同样存在不同之处。在《刑事诉讼法》中第 253 条第 2 款、第 3 款有着这样的规定，对于被判处死刑缓期二年执行、无期徒刑、余刑在 3 个月以上的有期徒刑的成年犯罪行为人，需要送交监狱执行；对于那些被判处有期徒刑的犯罪行为人，在交付执行刑罚之前，所剩下的刑期在 3 个月以下的，需要由看守所代为执行；对于那些被判处拘役的犯罪行为人，由公安部门在拘役所执行（如果没有设立拘役所的，那么可以将其放在看守所中执行）；对于那些在执行刑罚的时候没有成年的未成年犯需要在未成年管教所执行。根据特别规定优于一般规定这一原则，即使是剩余刑期在 3 个月之下的未成年犯，同样不能由看守所执行。

本章小结

刑事诉讼的一般程序包含立案程序、侦查程序、刑事审判、第

一审判程序、第二审判程序、死刑复核程序、审判监督程序以及执行。这几个程序在刑事诉讼中均属于重要的程序，它们分别发挥着各自的作用。本章的结构比较统一，分别对以上几个程序的概念及程序给予探究。

第七章　刑事诉讼的特别程序研究

刑事诉讼法作为一门实践性很强的部门法，主要用于规范刑事诉讼活动，可操作性较强。因此刑事诉讼法比较注重实务，注重程序，注重准确性。本章重点围绕刑事诉讼的特别程序展开深入的研究，其中，刑事诉讼的特别程序具体包括：未成年人刑事案件诉讼程序、当事人和解的公诉案件诉讼程序、犯罪嫌疑人、被告人逃匿、死亡案件违法所得的没收程序、依法不负刑事责任的精神病人的强制医疗程序和涉外刑事诉讼程序与司法协助制度五个方面。接下来分别对这五个方面所包含的相关内容进行重点分析与探究。

第一节　未成年人刑事诉讼程序

一、未成年人刑事诉讼程序概述

刑法意义上的未成年人与民法意义上的未成年人是不同的，前者主要是指已满 14 周岁、不满 18 周岁的人。因此，对于未成年人犯罪而言，具体是指已满 14 周岁、不满 18 周岁的未成年人所进行实施的一系列对社会进行不同程度危害、应该受到刑罚处罚的一种行为。

未成年人刑事案件诉讼程序是刑事诉讼中的一种特别程序，它具体是指对未成年人犯罪案件依法追究刑事责任时所适用的相关立案、侦查、起诉、审判、执行等一系列的诉讼程序。

（一）我国未成年人刑事案件诉讼程序的主要法律渊源

1996年，我国修订的《刑事诉讼法》并没有对未成年人刑事案件设置专门的诉讼程序，有关程序规定主要散见于《刑事诉讼法》《未成年人保护法》以及相关的司法解释或部门规定中。2012年3月正式对《刑事诉讼法》修订，这一修订标志着我国系统建立了具有中国特色的未成年人刑事司法制度。我国对未成年人刑事案件诉讼程序的法律渊源进行相应的调整，主要包括以下几种。

1. 主要法律

（1）《刑事诉讼法》

我国2012年修订的《刑事诉讼法》在增设的第五编“特别程序”编中专门设置了“未成年人刑事案件诉讼程序”专章，作为该编第一章，共有11个详细的条文，该章在一定程度上进一步使未成年人刑事案件的相关处理成为相对独立的专门的诉讼程序。

（2）《未成年人保护法》和《预防未成年人犯罪法》

1991年9月，我国全国人大常委会正式通过，并于2006年修订的《未成年人保护法》第五章“司法保护”中对未成年人案件的处理作了专门的明确规定。1999年6月28日，全国人大常委会通过的《预防未成年人犯罪法》对未成年人犯罪的预防和处理又进一步进行了明确规定。

2. 司法解释和部门规章

（1）2001年4月2日，最高人民法院发布的《关于审理未成年人刑事案件的若干规定》、2006年1月23日起施行的《关于审理未成年人刑事案件具体应用法律若干问题的解释》、2010年7月23日发布的《关于进一步加强少年法庭工作的意见》、2012年12月20日发布的《适用刑事诉讼法的解释》，对各级法院在进一步审理未成年人刑事案件具有重要的指导作用。

(2)2007年1月9日,最高人民检察院发布的《人民检察院办理未成年人刑事案件的规定》则成为检察机关对关于未成年人的刑事案件进行办理的一个重要依据。

(3)中央综治委预防青少年违法犯罪工作领导小组、最高人民法院、最高人民检察院、公安部、司法部、共青团中央"六部门"于2010年8月28日的共同联合下发布了《关于进一步建立和完善办理未成年人刑事案件配套工作体系的若干意见》。

(4)1995年10月23日,公安部通过的《公安机关办理未成年人违法犯罪案件的规定》,正式成为公安机关对未成年人刑事案件进行办理的主要依据。

3. 国际公约

1989年,联合国《儿童权利公约》确立了"儿童最大利益原则"。之后,又进一步通过了联合国《少年司法最低限度标准规则》(即《北京规则》)、《预防少年犯罪准则》(即《利雅得准则》)、《保护被剥夺自由少年准则》等国际公约。

这些国际公约都是国际社会为了进一步预防未成年人犯罪、未成年司法管理和保护被拘押的未成年人权利的法律文本,从而在一定程度上构成了少年司法领域的联合国准则体系。

(二)我国未成年人刑事诉讼的司法实践

在我国《刑事诉讼法》没有进行修改之前,我国各地司法机关都在相继地开展关于未成年人案件诉讼程序的广泛实践。

1984年底,上海市长宁区人民法院建立了我国内地首个"少年刑事案件合议庭",专门对未成年人的案件进行相关的审理。

1986年至1987年,天津市4个区、县的人民法院也相继地设立了少年法庭。

1988年,最高人民法院在上海召开了关于对未成年人刑事案件进行相关审理的经验交流会,向全国积极推广关于少年法庭工作的相关经验,于是,进一步重点设立少年法庭的工作随之在全国得到普遍地展开。

1994年，全国少年法庭已经多达3369个，其中有些是以独立建制形式进行设立的。

此后，由于案源不足、法律不完善等多方面的原因，全国少年法庭的数量开始逐年减少，2011年7月，全国法院少年法庭减至2331个。[①] 少年法庭通过对特殊程序进行审理未成年人案件加以运用，在一定程度上取得了较为积极的效果。在少年法庭进行审判的未成年罪犯，经过一定的改造回归到社会以后，重新犯罪率明显得到了一定的下降。

二、未成年人刑事诉讼程序的原则

未成年人刑事诉讼除了应当对我国的《刑事诉讼法》所规定的基本原则进行遵循以外，还应当根据未成年人刑事诉讼程序的具体特点，遵循以下特有的相关原则。

（一）教育为主、惩罚为辅原则

我国《刑事诉讼法》第266条第1款规定："对犯罪的未成年人实行教育、感化、挽救的方针，坚持教育为主、惩罚为辅的原则。"我国《未成年人保护法》第54条和《预防未成年人犯罪法》第44条也作了同样的规定。

未成年人的人生道路才刚刚开始，以后还有很长的路要走，通过对其进行教育和挽救使其能够及时地改过自新，回归到社会之中，这不论对个人来说还是对于社会而言，都有着非常积极的意义。因此，在针对未成年人刑事案件进行相关的处理过程中，应当根据未成年人本身所具有的特点进行，以教育和挽救为主，惩罚为辅。

---

① 张先明．改革中谋发展 探索中促完善——2006年以来全国法院少年法庭工作情况综述[N].人民法院报，2012-09-17.

（二）对未成年犯罪嫌疑人、被告人的诉讼关照原则

客观与诉讼关照义务原则是刑事诉讼中一项重要的原则。[①]根据我国的《刑事诉讼法》相关内容来看，对成年人犯罪的诉讼关照并不是特别地明显，但是，对未成年犯罪嫌疑人、被告人的诉讼关照却较为细致与全面。

对未成年犯罪嫌疑人、被告人的诉讼关照原则，主要是指公安司法机关在对未成年人刑事案件进行相关处理的过程中，不但要使未成年犯罪嫌疑人、被告人的各种诉讼权利得到充分的保障，还要根据未成年犯罪嫌疑人所具有的身心特点，在进行人身强制、羁押候审、审判程序、刑罚执行等各方面采取比对待成年犯罪嫌疑人更加人性化的处理方式。比如我国《刑事诉讼法》第270条规定的在讯问和审判未成年犯罪嫌疑人、被告人时应当通知其法定代理人到场，以及第267条规定的未成年犯罪嫌疑人、被告人没有委托辩护人的，人民法院、人民检察院、公安机关应当通知法律援助机构指派律师为其提供辩护，第269条规定严格限制适用对未成年人进行逮捕、规定与成年犯罪嫌疑人分别关押，等等。

（三）隐私保护原则

隐私保护原则，是指根据我国《刑事诉讼法》《未成年人保护法》《预防未成年人犯罪法》及有关司法解释的要求，公安司法机关在对未成年人刑事案件进行相关办理时不得随意把涉案未成年人的相关信息资料进行公开或者是传播，必须做到严格保护涉案未成年人的名誉和隐私的原则。

《公安机关办理未成年人违法犯罪案件的规定》第5条规定：“办理未成年人违法犯罪案件，应当保护未成年人的名誉，不得公开披露涉案未成年人的姓名、住所和影像。”

① 陈永生．侦查程序员理论[M].北京：中国人民公安大学出版社，2003，第102页．

《人民检察院办理未成年人刑事案件的规定》第 4 条规定："人民检察院办理未成年人刑事案件应依法保护涉案未成年人的名誉，不得公开或者传播涉案未成年人的姓名、住所、照片图像及可能推断出该未成年人的资料。"

最高人民法院《关于审理未成年人刑事案件的若干规定》第 13 条也规定："未成年人刑事案件判决前，审判人员不得向外界披露该未成年人的姓名、住所、照片及可能推断出该未成年人的资料。未成年人刑事案件的诉讼案卷材料，除依法查阅、摘抄、复制以外，未经本院院长批准，不得查询和摘录，并不得公开和传播。"

当然，不进行公开审理原则、未成年人犯罪记录封存原则也进一步体现了隐私保护原则的主要精神。对未成年人的名誉进行严格地保护，尊重未成年人的人格尊严，有利于未成年人在日后更好地回归到社会之中。

三、未成年人刑事诉讼程序的制度

（一）承办工作人员专门化制度

承办工作人员专门化制度，具体是指公安司法机关在针对未成年人刑事案件方面，都应该指派对未成年人身心特点较为熟悉、具有相关专业知识和经验的专门工作人员进行承办。这一制度的法律依据主要是我国《刑事诉讼法》第 266 条、《未成年人保护法》第 55 条及相关部门规章和司法解释。

我国《刑事诉讼法》第 266 条第 2 款规定："人民法院、人民检察院和公安机关办理未成年人刑事案件，应……由熟悉未成年人身心特点的审判人员、检察人员、侦查人员承办。"《未成年人保护法》第 55 条规定："公安机关、人民检察院、人民法院办理未成年人犯罪案件和涉及未成年人权益保护案件，应当照顾未成年人身心发展特点，尊重他们的人格尊严，保障他们的合法权益，并根据需要设立专门机构或者指定专人办理。”

《公安机关办理未成年人违法犯罪案件的规定》第 6 条、最高人民检察院《办理未成年人刑事案件的规定》第 5 条、最高人民法院《关于审理未成年人刑事案件的若干规定》第 6 条也都分别做出了规定。特别是 2010 年 7 月印发的《关于进一步加强少年法庭工作的意见》对未成年人案件审判工作机构和工作人员专门化制度更是进行了专门详细的规定。

进一步实行未成年人刑事案件承办工作人员专门化制度，不但能使办案质量得到一定程度上的提高，而且对于未成年犯的教育、感化和挽救效果也有一定的增强作用，这无疑具有非常重要的意义。

（二）分案处理制度

分案处理制度，是指公安司法机关在刑事诉讼的具体过程中，应当将未成年人案件与成年人案件实行诉讼程序分离、分案处理，不能混在一起进行，而且要对犯罪的未成年人与犯罪的成年人分别关押、分别执行的一种制度。

分案处理制度的法律依据是我国《刑事诉讼法》第 269 条第 2 款和《预防未成年人犯罪法》第 46 条规定，即“对被拘留、逮捕和执行刑罚的未成年人与成年人应当分别关押、分别管理、分别教育”。

这就进一步意味着我国法律对于未成年人犯罪案件实行的是分案处理制度。

之所以设立这一制度，是为了能够对未成年犯进行更好地保护，避免其在关押期间受到来自成年犯罪嫌疑人、被告人的交叉感染，有利于进一步对其教育、感化和挽救。制定分案处理制度的依据主要是由未成年人自身的特点决定的，即未成年人思想意识还没有定型，若与成年人案件进行并案处理，同监执行，那么在很大程度上容易使未成年人受到不良影响，甚至感染更深的恶习，总之，是非常不利于对其进行教育改造的。

（三）社会调查制度

社会调查制度，是一项随着社会主义法治文明得到不断发展而逐渐出现的，旨在为了更好地保护未成年犯罪人权益的一项刑事诉讼制度。

我国《刑事诉讼法》第268条规定："公安机关、人民检察院、人民法院办理未成年人刑事案件，根据情况可以对未成年犯罪嫌疑人、被告人的成长经历、犯罪原因、监护教育等情况进行调查。"《联合国少年司法最低限度标准规则》（也称《北京规则》）第16条规定："所有案件除涉及轻微违法行为的案件外，在主管当局做出判决之前，应对少年生活的背景和环境或犯罪的条件进行适当的调查，以便主管当局对案件做出明智的审判。"

社会调查制度的目的，主要就在于调查未成年犯罪嫌疑人、被告人的成长经历、犯罪原因、监护教育等情况，具体了解这些情况之后，才能更加切合实际的为对未成年犯罪人进一步的教育改造确定具有针对性的方案、方法和途径，从而能够取得更加理想的教育改造效果。社会调查是许多国家对未成年人刑事案件进行办理的通用惯例，同时也是未成年人刑事诉讼程序贯彻刑罚个别化和全面调查原则的一种具体表现。在侦查、起诉、庭审和执行阶段对未成年人犯罪嫌疑人、被告人的成长经历、犯罪原因、教育改造条件进行调查了解，有利于采取适合未成年人身心发展特点的讯问、审理、执行方式，能够更全面保障未成年犯罪嫌疑人和被告人合法权益。

（四）未成年人犯罪记录封存制度

未成年人犯罪记录封存制度，是指为了克服未成年人的罪犯标签心理，使其能够更快、更好地回归社会，将被判处轻罪的未成年人的犯罪记录依法予以密封保存的一种制度。我国《刑事诉讼法》第275条规定，即"犯罪的时候不满18周岁，被判处5年有期徒刑以下刑罚的，应当对相关犯罪记录予以封存”“犯罪记录被封存的，不得向任何单位和个人提供，但司法机关为办案需要或者有关单位根据国家规定进行查询的除外。依法进行查询的单位，应当对被封存的犯罪记录的情况予以保密。”

“犯罪记录封存”的范围，不仅应当包括犯罪时不满 18 周岁，被判处 5 年有期徒刑以下刑罚的记录，还应当包括在侦查、审查起诉和审理过程中形成的与未成年人犯罪相关的各种材料。司法机关在对符合条件的未成年人犯罪记录进行封存的过程中，要对未成年犯罪嫌疑人、被告人的材料采取好相关的保密措施，进行妥善地保存，非因法定事由不得向外界提供；在有关方面要求为未成年人出具有无犯罪记录证明时，司法机关不应当把有犯罪记录的证明提供。此外，依照我国《刑事诉讼法》第 15 条规定免予追究刑事责任的未成年人刑事案件记录，也应当予以封存。

当然，并不是指代所有的具体情况，法律规定当司法机关为办理案件需要和有关单位根据国家规定可进行查询这两种情形可以对未成年人犯罪记录进行相关查询。法律同时也规定了查询单位的保密义务，依法进行查询的单位，应当对被封存的犯罪记录的情况予以保密，其经查询获取的信息只能用于一些特定事项、特定范围。

（五）强制辩护制度

强制辩护制度，是辩护制度进一步地发展，到了一定的历史阶段，为了更好地对被追诉人的辩护权进行保障所产生出来的一种辩护制度。

我国《刑事诉讼法》第 267 条规定：“未成年犯罪嫌疑人、被告人没有委托辩护人的，人民法院、人民检察院、公安机关应当通知法律援助机构指派律师为其提供辩护。”由于受到年龄、智力发育程度的限制，而且没有较为充足的法律知识，这就往往会促使未成年犯罪嫌疑人、被告人不知道如何更好地去行使所具有的诉讼权利。有了辩护律师的参与后，能为其及时地提供必要的法律帮助,从而有效保护其合法权益。

我国现行《刑事诉讼法》将法律援助从审判阶段向前延伸至侦查阶段,将提供法律援助的义务机关从法院扩大到公安机关、人民检察院。根据我国《刑事诉讼法》第267条规定,只要未成年犯罪嫌疑人、被告人没有委托辩护人的,公安机关、人民检察院和人民法院就应当通知法律援助机构并由其指派相关的律师为其进行辩护。

（六）监护人在场制度

监护人在场制度,是指根据机关法律的相关规定,对未成年人刑事案件,在讯问、询问时,应当对其相关的监护人进行通知,让其到场的一种制度。

我国《刑事诉讼法》第270条规定:“对于未成年人刑事案件,在讯问和审判的时候,应当通知未成年犯罪嫌疑人、被告人的法定代理人到场。无法通知、法定代理人不能到场或者法定代理人是共犯的,也可以通知未成年犯罪嫌疑人、被告人的其他成年亲属,所在学校、单位、居住地基层组织或者未成年人保护组织的代表到场,并将有关情况记录在案。到场的法定代理人可以代为行使未成年犯罪嫌疑人、被告人的诉讼权利。”“到场的法定代理人或者其他人员认为办案人员在讯问、审判中侵犯未成年人合法权益的,可以提出意见。讯问笔录、法庭笔录应当交给到场的法定代理人或者其他人员阅读或者向他宣读。”“讯问女性未成年犯罪嫌疑人,应当有女工作人员在场。”“审判未成年人刑事案件,未成年被告人最后陈述后,其法定代理人可以进行补充陈述。”第274条规定:“审判的时候被告人不满18周岁的案件,不公开审理。但是,经未成年被告人及其法定代理人同意,未成年被告人所在学校和未成年人保护组织可以派代表到场。”

需要明确指出的是,根据我国《刑事诉讼法》第270条规定,如果被害人、证人是未成年人,讯问时也应当通知其法定代理人到场,法定代理人无法到场时应通知合适的成年人到场。

第二节　当事人和解的公诉案件诉讼程序

一、当事人和解的公诉案件诉讼程序概述

长期以来,我国的刑事诉讼主要是以解决加害人的刑事责任为主,所以诉讼的最后结果通常也是对加害人科以相应的刑罚,却对因加害人的犯罪行为给被害人带来的损失和对社会关系造成的损害的修复没有给予更多的关注,造成被害人的损失得不到相应的赔偿,国家不能及时对被害人进行补助,进一步使社会矛盾很难得到化解,从而对社会和谐及稳定造成一定的影响。

当事人和解的公诉案件诉讼程序主要是指公安司法机关在法定范围的公诉案件中,犯罪嫌疑人、被告人对自己所犯的罪行真诚悔过,通过向被害人赔偿相应的损失、赔礼道歉等方式获得被害人对自己的谅解、双方当事人能够自愿达成协议的,可以对犯罪嫌疑人、被告人做出不同方式的从宽处理的程序。

当事人和解作为一种对纠纷进行解决的新型方式,具有传统刑事处罚方式所不具有的优点和功能。采用这种处理案件的方式能够在一定程度上对被害人的物质损害进行相关的补偿,对被害人的心理创伤予以一定的抚慰。同时,由于犯罪嫌疑人、被告人很有可能会得到从宽处理,也有利于其回归社会之中。

不仅如此,由于当事人进行和解是由双方的当事人自愿进行协商从而达成一致的协议并愿意对此纠纷加以解决的,因而在一定程度上是极其有助于矛盾的有效化解和纠纷的彻底解决,有利于社会关系的恢复。而且可以避免上访和缠讼的情况发生,有助于促进社会的和谐安定。

二、公诉案件当事人和解程序的适用条件和案件范围

我国《刑事诉讼法》第277条规定："下列公诉案件，犯罪嫌疑人、被告人真诚悔罪，通过向被害人赔偿损失、赔礼道歉等方式获得被害人谅解，被害人自愿和解的，双方当事人可以和解：（一）因民间纠纷引起，涉嫌刑法分则第四章、第五章规定的犯罪案件，可能判处3年有期徒刑以下刑罚的；（二）除渎职犯罪以外的可能判处7年有期徒刑以下刑罚的过失犯罪案件。犯罪嫌疑人、被告人在5年以内曾经故意犯罪的，不适用本章规定的程序。"

（一）公诉案件当事人和解程序的适用条件

根据我国《刑事诉讼法》第277条规定，适用当事人进行和解的程序，应当符合以下三个方面的条件。

1. 加害人必须真诚悔罪

犯罪嫌疑人、被告人必须是出于自己的意愿，发自内心地认识到自己的犯罪行为伤害到了被害人，因而对自己的犯罪行为进行真诚地悔过，以表明加害人不再对社会具有危害性，这是适用当事人和解程序的一个前提条件。

2. 加害人须通过赔偿损失、赔礼道歉获得被害人的谅解

由于刑事案件本身的特殊情况，也就进一步决定了和解双方表达意愿的特殊方式：加害人通过进行真诚的悔罪和赔礼道歉、赔偿损失等方式向被害人表达愿意和解的意愿，而被害人则通过是否谅解表达和解意愿。

因此，获得被害人的谅解，且被害人能够自愿和解是适用当事人和解程序的一个必要条件，同时，也是和解获得成功的一个不可或缺的条件。

3. 被害人自愿和解

这里提到的"自愿和解"具体是指被害人不受到来自外力的

干扰，在愿意谅解加害人的基础上，出于自己的意愿，与加害人进行和解。将自愿和解作为公诉案件当事人和解的条件之一，是为防止当事人在受到暴力、胁迫等情况下违背自己的意志同意和解，从而对和解的公正性造成一定的影响，也不利于消除隐患。

（二）公诉案件当事人和解程序适用的案件范围

在对当事人和解程序的适用范围进行相关划定的时候，应当与我国具体的社会特点和法制条件相应地结合在一起，如果范围设置过窄或是过宽，都是不合适的。另外，也进一步考虑到社会对公诉案件和解的理解和接受程度，所以，我国《刑事诉讼法》第277条用明确列举的方式和“案件性质＋量刑幅度”的描述形式，对这两类案件分别作了明确的界定，并用禁止的方式对该程序的案件适用范围作了进一步限定。

一是可适用该程序的案件的类型、性质是“因民间纠纷引起，涉嫌《刑法》分则第四章、第五章规定的犯罪”，可能的量刑幅度是“3年有期徒刑以下刑罚”。民间纠纷一般是指公民之间因财产、人身等问题引发的纠纷。“《刑法》分则第四章、第五章规定的犯罪”即“侵犯公民人身权利、民主权利罪”和“侵犯财产罪”。通常情况下，3年有期徒刑以下的量刑幅度属于轻罪。将当事人和解的适用限于轻罪是为了使其积极作用得到充分性的发挥，尽可能对其负面影响进行适当地规避。

二是可适用该程序的案件的类型、性质是“除渎职犯罪以外”的“过失犯罪”，量刑幅度是“可能判处7年有期徒刑以下刑罚”。这样规定是为了更好地考虑与故意犯罪进行相比，过失犯罪的行为人主观恶性比较小，过失犯罪的社会危险性较小，被害人谅解的可能性也较大。从对社会关系进行恢复、保障被害人权利和促使加害人重新回归社会的角度来看的话，可以允许一些造成的后果相对严重一些、可能判处的刑罚相对较高的过失犯罪适用刑事和解。而对于国家机关工作人员所做出的玩忽职守、严重不负责任等渎职犯罪行为虽然也会表现为一定的过失，但法律对国家机关工作人员履行职责有更严格的要求,因而法律规定,渎职犯罪案件不在和解案件范围之内。

另外,我国《刑事诉讼法》还对该程序的适用情形进行了反面的排除,即“犯罪嫌疑人、被告人在5年以内曾经故意犯罪的,不适用本章规定的程序”。即如果前罪与后罪的时间中间间隔没有超过5年,且前罪是故意进行犯罪的,无论后罪是故意犯罪还是属于过失犯罪,都不能再适用刑事和解。如果前罪是处于过失情况中犯罪的,又同时满足本条规定的其他条件的,那么当事人之间仍然可以进行和解。

在此类案件中,犯罪嫌疑人、被告人的社会危害性、人身危险性以及主观恶性较大,属于从重处罚的情节。因此,此类案件不得适用对犯罪嫌疑人、被告人从轻处罚的当事人和解制度。

三、公诉案件当事人和解的程序操作

根据我国《刑事诉讼法》第278、279条的规定,当事人和解的公诉案件诉讼程序可适用于整个刑事诉讼程序。在不同的诉讼阶段,由不同的办案机关具体负责。第278条规定:“双方当事人和解的,公安机关、人民检察院、人民法院应当听取当事人和其他有关人员的意见,对和解协议的自愿性、合法性进行审查,并主持制作和解协议书。”由此可见,当事人和解程序主要包括以下四个步骤。

(一)当事人达成和解

在我国刑事诉讼的过程中,当事人和解的主体主要是犯罪嫌疑人、被告人与被害人。他们之间通过自行协商、达成一致的和解,这是我国当事人和解制度与海外辩诉交易以及认罪协商制度之间的一个重要区别。

当事人之间达成和解是和解程序的一个重要开端。当然,当事人和解的形式有很多种,并不是单一的,如当事人双方直接商谈，近亲属、律师等先行商谈，共同熟悉或信任的第三人和民间组织居中斡旋，等等，都是法律许可和进一步支持的方式。

（二）办案机关听取意见

当事人在达成和解之后，公检法办案机关需要对当事人和其他有关人员的意见进行听取，如双方当事人表现出的和解意愿，对案件及和解过程、和解内容的态度等，以及对案件处理有重要影响的其他有关人员如亲友、律师的意见，其他办案机关办案人员的意见等。

（三）办案机关对当事人和解的自愿性与合法性进行审查

当事人和解首先需要双方进行自行和解，但是，需要注意的一点是这并不意味着和解就能够生效了，这个过程还需经过公安司法机关的进一步审查和相关确认。公、检、法办案机关是对和解进行审查的主体。

由于刑事诉讼并不是一个整体性的过程，而是分阶段逐步展开进行的，因此，对于双方当事人自行和解的，在侦查阶段，主要是由公安机关负责进行审查；在审查起诉阶段，主要由人民检察院负责审查；在审判阶段，则是由人民法院负责进一步的审查。办案机关有责任对当事人的和解进行确认审查，以更加明确确定其是否具有一定的有效性。

当事人进行和解的核心要求和基本原则，必须具有一定的自愿性和合法性，如果不是出于自愿性或合法性的和解，那么所进行的当事人和解都是无效的。其中，自愿性主要是指当事人是否愿意进行自愿和解、有无被胁迫的情况；合法性主要是看进行和解的具体过程、内容是否合法合理，如有无过分索赔或是赔偿不够、违反法律的相关内容等。

（四）办案机关主持制作和解协议书

办案机关进行相关方面的审查后，只有认为当事人之间的和解符合自愿性和合法性，才能对和解协议书进行制作。和解协议书是公安机关、人民检察院和人民法院主持制作的为了记载双方当事人愿意和解内容的一种诉讼文书。和解协议书是具有一定法律效力的诉讼文书，它对双方当事人均具有相应的法律拘束力。

和解协议书的内容格式有待在实践中进一步的予以摸索，在内容上至少应该有：犯罪嫌疑人、被告人真诚地认罪悔过表示，对被害人赔偿损失、赔礼道歉等方式的具体内容，被害人表示对其进行谅解及表示同意从宽处理等。但是，和解协议不应涉及刑事责任的处理。和解协议中包含被害人表示不追究犯罪嫌疑人、被告人刑事责任意愿的内容的，对司法机关没有约束力，刑事责任最终取决于公安机关、人民检察院、人民法院根据我国《刑法》和我国《刑事诉讼法》对犯罪嫌疑人、被告人做出的处理，犯罪嫌疑人、被告人不得以此作为不履行和解协议的理由。

四、各诉讼阶段对达成刑事和解协议案件的处理

我国《刑事诉讼法》第279条规定："对于达成和解协议的案件，公安机关可以向人民检察院提出从宽处理的建议。人民检察院可以向人民法院提出从宽处罚的建议；对于犯罪情节轻微，不需要判处刑罚的，可以做出不起诉的决定。人民法院可以依法对被告人从宽处罚。"

可见，如何从宽处罚，主要由人民法院根据人民检察院的相关建议和案件本身的具体情况、当事人和解协议依法进行裁量。

（一）侦查阶段

以往来说，不论是在侦查阶段和解或是在审查起诉阶段进行和解的案件，都会通过公安机关把案件直接撤销或是由检察机关退回公安机关撤销案件的方式做出最终处理。很显然，这种处理方式很容易使刑事和解失去相应的法律监督，不能达到本身的目的。

为了能够使刑事法网更加地严密，我国《刑事诉讼法》第160条规定："公安机关侦查终结的案件，应当做到犯罪事实清楚，证据确实、充分，并且写出起诉意见书，连同案卷材料、证据一并移送同级人民检察院审查决定……"对于在侦查阶段达成和解协议的案件，第279条中规定："公安机关可以向人民检察院提出从宽处理的建议"。

可见，依照我国《刑事诉讼法》的规定，对于公诉案件，如果犯罪嫌疑人在事实和法律上构成犯罪应当追究刑事责任的，只能向人民检察院移送起诉，并在起诉意见书中提出从宽处理的建议。公安机关不仅不能进行自行撤案，法律亦未赋予检察机关建议公安机关撤销案件的权力。

（二）审查起诉阶段

由于人民检察院办理的自侦案件，并不属于当事人和解案件的范围，人民检察院在审查起诉阶段才面临如何对当事人和解案件的问题进行相关的处理。我国《刑事诉讼法》第279条规定："……人民检察院可以向人民法院提出从宽处罚的建议；对于犯罪情节轻微，不需要判处刑罚的，可以做出不起诉的决定。……"可见，在审查起诉阶段达成和解的，人民检察院有"建议从宽处理"和"不起诉"两种从宽处理的方式。对于那些犯罪情节轻微、不需要动用判处刑罚或者免除刑罚的和解案件，人民检察院可以根据我国《刑事诉讼法》第173条第2款规定，做出不起诉决定，即酌定不起诉（相对不起诉）决定。

需要指出的是，对于未成年人犯罪案件，如果既属于适用当事人和解程序的案件范围，又符合《刑事诉讼法》第271条关于附条件不起诉的适用案件范围，人民检察院可以根据案件具体情况做出附条件不起诉的决定。

（三）审判阶段

根据我国《刑事诉讼法》第279条的规定，对于在侦查阶段、审查起诉阶段以及审判阶段中加害人与被害人自愿进行和解的，“人民法院可以依法对被告人从宽处罚。”

“从宽处罚”主要是指对于那些情节较轻、社会危害性较小的犯罪，或者罪行虽然较为严重，但具有法定、酌定从宽处罚的情节，以及主观恶性相对较小、人身危险性不大的被告人，可以依法从轻、减轻或者免除处罚；对于具有一定社会危害性，但情节是显著轻微危害不大的行为，不作为犯罪处理；对于依法可不监禁的，尽量适用缓刑或者判处管制、单处罚金等非监禁刑。

第三节　犯罪嫌疑人、被告人逃匿、死亡案件违法所得的没收程序

一、我国《刑事诉讼法》创设违法所得没收程序的背景[①]

犯罪嫌疑人、被告人逃匿、死亡案件违法所得的没收程序，主要是指在特定案件中，在犯罪嫌疑人、被告人逃匿或者死亡的情形下，对其违法所得及其他涉案财物进行没收处理的一种特别诉讼程序。

一直以来，我国刑事司法都在不可避免的面临贪污贿赂、恐怖活动犯罪案件犯罪嫌疑人、被告人逃匿或者死亡后，其违法所得无法追缴的法律问题。由于腐败犯罪、恐怖犯罪等重大犯罪案件犯罪嫌疑人的财产往往是通过犯罪行为所得，对这些财产追缴必须通过刑事诉讼程序。而我国1996年修订的《刑事诉讼法》不允许缺席审判，一旦犯罪嫌疑人、被告人逃跑、死亡，是无法启动诉讼程序的，这就进一步使得犯罪分子的违法所得长期无法得到有效的追缴。这种情形在贪污腐败犯罪案件中尤为突出。一些贪官为了能够逃避来自法律的惩罚，或选择逃往境外，或选择

① 赵阳．解读违法所得没收程序：终结外逃贪官“神仙日子”[N]．法制日报，2011-09-05.

将违法所得财产转移到境外,致使大量国有资产出现流失现象。

另外,在其他一些较为严重的犯罪案件中,类似问题并不是没有,也是多少存在的。如在恐怖犯罪案件中如果不及时对其违法犯罪所得进行没收,不仅难以惩治犯罪,而且由于对其经济来源没有做到及时的切断,也就不能有效防止犯罪行为的继续发生。

为了进一步加大对贪污腐败犯罪和其他严重犯罪的打击力度,联合国有关国际公约规定了与被告人定罪可以分离的没收程序。《联合国反腐败公约》第 54 条第 1 款第 3 项规定:"各缔约国应根据本国法律,采取必要的措施,以便在因为犯罪人死亡、潜逃或者缺席无法对其进行起诉的情形或其他有关情形下,能够不经过刑事定罪而没收因腐败犯罪所得财产。"我国已于 2005 年加入并批准了该《公约》。按照该《公约》,我国可以向其他公约缔约国请求返还贪官转移至国外的资产,但也会在执行的过程中遇到一系列的问题,如有些国家在协助我国返还贪官转移的财产时要求我方提供刑事法院针对财产的没收令或者追缴的法律文书。但我国 1996 年修订的《刑事诉讼法》并无确切审判制度,这也就进一步使我方无法提供相关的法律文书。

为了能够对贪污贿赂、恐怖活动等严重犯罪予以严重地打击,把相关的违法犯罪所得及时追缴回来,同时也能与我国已加入的反腐败、反恐怖等国际公约做到更大程度的衔接,我国 2012 年再次修订的《刑事诉讼法》在"特别程序编"增设了"犯罪嫌疑人、被告人逃匿、死亡案件违法所得的没收程序"的专章内容。

二、违法所得没收程序的适用范围和条件

我国《刑事诉讼法》第 280 条规定:"对于贪污贿赂犯罪、恐怖活动犯罪等重大犯罪案件,犯罪嫌疑人、被告人逃匿,在通缉一年后不能到案,或者犯罪嫌疑人、被告人死亡,依照刑法规定应当追缴其违法所得及其他涉案财产的,人民检察院可以向人民法院提出没收违法所得的申请。公安机关认为有前款规定情形的,应

当写出没收违法所得意见书，移送人民检察院。没收违法所得的申请应当提供与犯罪事实、违法所得相关的证据材料，并列明财产的种类、数量、所在地及查封、扣押、冻结的情况。人民法院在必要的时候，可以查封、扣押、冻结申请没收的财产。”

(一)违法所得没收程序适用的案件范围

根据我国《刑事诉讼法》第280条的规定，违法所得没收程序的适用范围应仅限于“贪污贿赂犯罪、恐怖活动犯罪等重大犯罪案件”。这主要是考虑到贪污贿赂犯罪、恐怖活动犯罪对社会稳定与安全、经济发展会造成严重的危害，而且同时又是我国参加的国际公约规定的成员国义务所要求的。考虑到对于犯罪所得财产的缺席审判和没收，目前仅在《联合国反腐败公约》《禁毒公约》《打击跨国有组织犯罪国际公约》和安理会反恐决议等几个国际文件中有规定，因此，我国《刑事诉讼法》规定的适用范围也不宜过大。

“贪污贿赂犯罪”是指我国《刑法》分则第八章规定的由人民检察院立案侦查的国家工作人员或国有单位实施的贪污和贿赂两类犯罪，共包括13个具体罪名。其中，贪污犯罪包括贪污罪、挪用公款罪、巨额财产来源不明罪、隐瞒境外存款罪、私分国有资产罪、私分罚没财物罪。贿赂犯罪包括受贿罪、单位受贿罪、利用影响力受贿罪、行贿罪、对单位行贿罪、介绍贿赂罪、单位行贿罪。

“恐怖活动犯罪”，根据全国人大常委会《关于加强反恐怖工作有关问题的决定》(2011年10月29日第十一届全国人大常委会第二十三次会议通过)规定，是指以制造社会恐慌、危害公共安全或者胁迫国家机关、国际组织为目的，采取暴力、破坏、恐吓等手段，造成或者意图造成人员伤亡、重大财产损失、公共设施损坏、社会秩序混乱等严重社会危害的行为，以及煽动、资助或者以其他方式协助实施上述活动的行为。故“恐怖活动犯罪”，是指实施上述恐怖活动的犯罪行为，包括我国《刑法》第120条规定的组织、领导恐怖活动组织罪、第120条之一规定的资助恐怖活动组织罪以及其他实施恐怖活动的犯罪。

"重大犯罪案件",根据最高人民法院《关于处理自首和立功具体应用法律若干问题的解释》第 7 条第 2 款的规定,一般是指犯罪嫌疑人、被告人可能被判处无期徒刑以上刑罚或者案件在本省区或全国范围内有较大影响的案件。但这里是专指贪污贿赂犯罪、恐怖活动犯罪中的"重大犯罪案件"。即本条明确规定违法所得的没收程序是仅限于"贪污贿赂犯罪、恐怖活动犯罪"的特别程序,对于普通刑事案件是不适用的,这在一定程度上是为了有利于防止判决前违法所得没收程序被加以滥用。

(二)违法所得没收程序的适用条件

根据我国《刑事诉讼法》第 280 条的规定,对于适用没收违法所得程序,只能适用于被追诉人不能到案的情况,即"犯罪嫌疑人、被告人逃匿,或者犯罪嫌疑人、被告人死亡"的情况。据此,被追诉人不能到案有两种情形。

第一种情形是因为主观原因不能到案,即"犯罪嫌疑人、被告人逃匿"。这种情形还必须符合时间方面的要求,即"在通缉一年后不能到案"。时间方面的要求意在减少适用这一程序的随意性,尽量保护被追诉人的参与权、辩护权。

第二种情形是因为客观原因被追诉人不能到案,即"死亡"。

因此,该程序只能适用于那些被追诉人逃匿或者死亡不能到案的贪污贿赂犯罪、恐怖活动犯罪等重大犯罪案件。如果被追诉人能够到案并接受相关处理的,应当依照刑事诉讼的普通程序进行相应的处理,不能单独对其财产进行审理,也不能在其不到庭的情况下随意地对其财产进行审理。

在具体的实践过程中,应当注意的是,对于被追诉人逃匿的,司法机关应当尽力进行通缉、抓捕,以使之尽快到案并依照法定程序追诉,只有对确实在通缉一年后仍无法抓捕到案的,才可以适用这一特别程序。

（三）违法所得没收程序案件的管辖

1. 职权管辖

即在针对此类案件进行处理的过程中各机关的职权划分。根据我国《刑事诉讼法》第 280 条的规定：对于符合条件的案件，“人民检察院可以向人民法院提出没收违法所得的申请。”“公安机关认为有前款规定情形的，应当写出没收违法所得意见书，移送人民检察院。”

由此可见，人民检察院对于没收违法所得程序具有启动的相应职权，人民法院具有对案件进行审理裁判权，而公安机关只具有提出意见的权力。

2. 审判管辖

在对违法所得没收程序进一步的审判管辖方面，我国《刑事诉讼法》对于级别管辖和地域管辖进行相关的规定。根据我国《刑事诉讼法》第 281 条的规定，“没收违法所得的申请，由犯罪地或者犯罪嫌疑人、被告人居住地的中级人民法院组成合议庭进行审理。”

由此可见，从对地域管辖和级别管辖的相关规定来看，进一步没收违法所得的申请，要由犯罪地或者犯罪嫌疑人、被告人居住地的中级人民法院作为第一审管辖法院。

三、处理违法所得没收程序案件的具体程序

（一）启动程序

根据我国《刑事诉讼法》第 280 条的规定，犯罪嫌疑人、被告人的违法所得没收程序的启动，需要通过人民检察院向人民法院提出没收违法所得的申请，并提供犯罪嫌疑人、被告人有关犯罪事实的证据材料，以及能够明确证明属于犯罪嫌疑人、被告人违

法所得及其他涉案财产的相关证据材料。同时在案卷中还应当对于违法所得及其他涉案财产的种类、数量、存放地点以及查封、扣押、冻结有关财产的情况载明。

（二）案件的公告和审理程序

我国《刑事诉讼法》第281条还规定："……人民法院受理没收违法所得的申请后，应当发出公告。公告期间为6个月。犯罪嫌疑人、被告人的近亲属和其他利害关系人有权申请参加诉讼，也可以委托诉讼代理人参加诉讼。人民法院在公告期满后对没收违法所得的申请进行审理。利害关系人参加诉讼的，人民法院应当开庭审理。"

（三）法院对违法所得的裁决

我国《刑事诉讼法》第282条第1款规定："人民法院经审理，对经查证属于违法所得及其他涉案财产，除依法返还被害人的以外，应当裁定予以没收；对不属于应当追缴的财产的，应当裁定驳回申请，解除查封、扣押、冻结措施。"根据这一规定，人民法院经审理，对于查证属于违法所得的财产，主要有两种处理方式。

（1）对于被害人的财产，应当依法返还给被害人。

（2）裁定予以没收。人民法院经过进一步的明确审理，不能认定是通过违法所得的，应当裁定驳回申请，解除查封、扣押、冻结的措施。

由于人民法院并没有对被告是否犯罪、所犯何罪做出进一步的明确认定，所以审理出来的结果不可以以判决的形式做出。此外，由于对处理结果可以进行上诉、抗诉，因此，该结果尽管具有一定的行政性处理的特征，也只能是裁定，而不是决定，这两者是有很大的区别的。

具体而言，依法返还被害人财产和予以没收的裁定属于实体性裁定，而驳回申请，解除查封、扣押、冻结措施的裁定是属于程序性的裁定。

人民法院对没收违法所得的申请后的审理程序，被告人并没有到案，并不对被告人是否有罪做出判决，而只就涉案的财产部分做出是否是违法所得的认定、是否予以没收的处理。因此，法律明确规定人民法院经审理后以裁定形式予以没收或者驳回申请。

（四）上诉、抗诉程序

我国《刑事诉讼法》第282条第2款规定："对于人民法院依照前款规定做出的裁定，犯罪嫌疑人、被告人的近亲属和其他利害关系人或者人民检察院可以提出上诉、抗诉。"

为了能够保证审理的公正性，使确有错误的没收违法所得的裁定在发生法律效力前可以得到及时的纠正，也使对不服裁定的利害关系人获得法律救济的机会，对办案质量和司法公正做到相应的保障，加强人民检察院的法律监督职责，法律规定犯罪嫌疑人、被告人的近亲属和其他利害关系人对人民法院的裁定不服，可以提出上诉，人民检察院可以提出抗诉。

（五）回转程序

鉴于当事人的缺席审判性质，我国《刑事诉讼法》第283条特别规定了回转程序："在审理过程中，在逃的犯罪嫌疑人、被告人自动投案或者被抓获的，人民法院应当终止审理。没收犯罪嫌疑人、被告人财产确有错误的，应当予以返还、赔偿。"

违法所得没收程序是在犯罪嫌疑人、被告人没有到案参加法庭审理情况下进行的，在审理过程中，在逃的犯罪嫌疑人、被告人自动投案或者被抓获的，人民法院应当终止违法所得没收程序的审理，按照普通程序对案件进行审理。这样有利于查明案件事实，在对全案情况进行综合之后，对定罪量刑做出正确的判决，这也有利于保障犯罪嫌疑人、被告人辩护权等诉讼权利和其他合法权益。

对于犯罪嫌疑人、被告人在人民法院做出没收裁定生效后归案的，对没收违法所得的裁定应当区别情况处理：对被告人依照普通程序审理后依法判决，原裁定正确的，予以维持，不再对涉案财产做出处理；按照普通程序审理后，原裁定确有错误的，依照审判监督程序，予以撤销，对定罪量刑及涉案财产做出判决。本条明确规定没收犯罪嫌疑人、被告人财产确有错误的，应当予以返还、赔偿，以更好地维护有关利害关系人的合法权益。

第四节　依法不负刑事责任的精神病人的强制医疗程序

一、精神病人强制医疗程序概述

在社会群体之中，精神病人是非常特殊的一种。在我国，精神病人绝对数量很大。根据相关的统计数据显示，我国重症精神患者 1600 万，其中有很多都是具有非常严重暴力倾向的人员，对社会公众的安全及其自身的安危随时都会有一定的危及。据公安部不完全统计，精神病人每年实施的案件达万起以上，而针对这些肇事肇祸的精神病人到底应该如何进行针对性的管理与相应的救治，这已经成为进一步维护社会稳定的一个关键环节。

（一）精神病人强制医疗程序的概念

依法不负刑事责任的精神病人的强制医疗程序，具体是指公安司法机关对不负刑事责任且有社会危害性的精神病人采取强制治疗措施的特别诉讼程序。

由于对精神病人而言，他们自身并没有健全的辨别能力和足够的自我控制能力，因此，对其所实施的危害行为并不负刑事责任。但是，为了对公众人身、财产安全进行维护，同时也从有利于病人健康恢复的角度考虑，国家对其人身自由进行一定限制并对其采取强制治疗措施是有必要的。

因此，所谓的强制治疗的主要目的，不是为了对实施具体行为的人进行相应的惩罚和教育，而从本质上来讲，其实是一种较为特殊的社会防卫措施。相应地，对依法不负刑事责任的精神病人的强制医疗程序的主要目的也不是为了解决犯罪嫌疑人、被告人的刑事责任问题，而更多的是为了能够明确审查从而进一步决定是否对其采取强制医疗措施。作为一种保安处分措施，各国的强制医疗的实体问题一般由刑法加以详细的规定，相关程序问题主要是由刑事诉讼法规定。

（二）设置精神病人强制医疗特别程序的背景

1. 立法基础

根据我国《刑法》第 18 条的规定，“精神病人在不能辨认或者不能控制自己行为的时候造成危害结果，经法定程序鉴定确认的，不负刑事责任，但是应当责令他的家属或者监护人严加看管和医疗；在必要的时候，由政府强制医疗。”由于我国《刑法》这一规定具有一定的比较原则，在 2012 年修订前的《刑事诉讼法》也并没有对此具体程序进行明确的规定，在实际执行过程中难免会面临一些较为棘手的问题。

一是实施暴力行为的精神病人，一般来说，都有着较为严重的病情，在进一步看管他们并为他们治疗的过程中，都需要投入大量的精力、物力、财力，并且还需要较强的专业知识，这对于家属或监护人而言，就有一定的难度，他们不但没有足够的精力承担而且也不具备相应的条件，结果就进一步导致对这些精神病人疏于管理、治疗，任由他们在社会中游荡，有些有继续危害社会的危险；有的家属或监护人担心他们实施危害社会或者伤害他人行为，通常将他们长期禁锢在家中，这也使他们得不到有效的治疗。

二是我国《刑法》只规定了“必要的时候”由政府进行强制性的医疗，而对于适用条件、如何提起、决定程序和执行机构以及在执行过程中治疗效果的评估等基本问题都没有给出明确的规定，修订前的《刑事诉讼法》也没有提到与此相关的规定，实践中一般都是由公安机关根据具体情况予以裁量，结果就造成了各地强制医疗执法标准混乱不统一的局面。

这种立法状况不仅对社会秩序做不到有效的维护，也会在一定程度上给公民的人身自由带来很大的威胁，存在强制医疗任意化的危险。另外，强制医疗行政性太强，但是没有足够的司法性。在进行决定的过程中，既没有一个相对中立的第三方对于强制医疗的申请合法性和合理性进行相应的审查，相关当事人及其他利害关系人也没有有效渠道参与到该程序以维护自己的合法权益。

2. 实践做法

我国有两家民间公益组织发布的一份《中国精神病收治制度法律分析报告》，通过对100多个真实案件、300篇新闻报道的深入分析，揭示了当前我国精神病治疗和司法实践中“该收治的不收治、不该收治的却被收治”的乱象，《报告》称：我国现行的精神病收治制度存在巨大缺陷，对于精神病收治局面十分混乱。这不仅会对社会公共安全造成一定的威胁，也使得每一个人都会随时面临“被收治”的风险。

《报告》指出，一方面，许多应当被收治的患者，由于没有足够的能力去支付医疗费，得不到及时地治疗，或是被家人长期进行禁锢措施，或是随意地流落街头，这都成为散落在社会中的一颗“不定时炸弹”，对公共安全造成了威胁，同时，这些患者本身的自由乃至生命安全也时常会受到侵害。

另一方面，大量无病或无须强制收治的人，却被与之有利益冲突的人送往精神病院，从而花费大量的医疗费用，还不得不承受丧失人身自由、被迫接受本不该接受的治疗带来的痛苦。这种情况在很大程度上导致了原本稀缺的医疗资源铺张浪费，把一些有限的资源主要用在了错误的人身上，真正需要治疗的又得不到应有的资源。

《报告》指出，精神病收治制度不完善和资源配置的错位，使公众随时面临双重风险和威胁：不仅面临受流浪精神病人随时袭击的风险和威胁，而且也随时都面临"被收治"的风险和威胁。[①]

为了进一步对法律规定的缺陷进行弥补，把实践中存在的种种问题进行相应的解决，我国2012年修订的《刑事诉讼法》在"特别程序编"对"依法不负刑事责任的精神病人的强制医疗程序"进行明确的规定，从而在一定程度上对强制医疗的适用条件、决定程序、解除程序进行明确，在审理程序过程中设置了法律援助和法律救济程序，同时规定人民检察院对强制医疗的决定和执行实行监督。

二、强制医疗程序的适用对象

我国《刑事诉讼法》第284条规定："实施暴力行为，危害公共安全或者严重危害公民人身安全，经法定程序鉴定依法不负刑事责任的精神病人，有继续危害社会可能的，可以予以强制医疗。"根据该条规定，强制医疗程序的适用对象必须同时符合行为要件、病理要件和社会危险性要件。

（一）行为要件

第一，必须是精神病人"实施了暴力行为"。对于没有实施暴力行为的一般精神病人，是不能采取强制医疗的。

第二，精神病人实施的暴力行为应当达到"危害公共安全或者严重危害公民人身安全"的严重程度。对于这种严重程度的理解，可以理解为如果是精神正常的公民实施了这些行为，则应当被追究刑事责任的"犯罪程度"。

（二）病理要件

进行强制的医疗对象必须属于"经法定程序鉴定依法不负刑

① 王俊秀，陈磊．我国精神病收治乱象亟待整治[N].中国青年报，2010-10-11.

事责任的精神病人”。进一步判断暴力行为实施者是否应该承担相应的刑事责任,是否适用于强制医疗程序,关键是其在实施暴力行为的时候是否因患有精神病或严重精神障碍而丧失了本应该具有的辨别能力和控制能力。

因此,司法精神病学鉴定结论是强制医疗程序能否启动和运行的关键和最为核心的证据基础。

(三)社会危险性要件

社会危险性要件,即行为人“有继续危害社会可能”,使法律保护的社会关系处于一种危险的状态,这时,才能对其进行强制性的医疗。行为人虽然实施了暴力行为,但如果不再具有继续危害社会可能的,如已经严重残疾等,丧失了继续危害社会的能力,则不需要再对其进行强制医疗。但在这种情况下,也应当责令他的家属或者监护人对其严加看管和医疗,而不能对其放任不管。

凡是符合以上条件的精神病人,也不必然送交强制医疗。我国《刑事诉讼法》第 284 条规定的是“可以”,而非“应当”。如此对强制医疗的适用对象进行严格地限定,既是为了防止将不符合条件的人错误送交强制医疗,也是为有关部门提供相对自由裁量的空间,毕竟国家财力和医疗资源都是有限的,需要节约。

三、强制医疗的申请与审理程序

我国《刑事诉讼法》第 285 条第 1 款、第 2 款、第 3 款规定:“根据本章规定对精神病人强制医疗的,由人民法院决定。”“公安机关发现精神病人符合强制医疗条件的,应当写出强制医疗意见书,移送人民检察院。对于公安机关移送的或者在审查起诉过程中发现的精神病人符合强制医疗条件的,人民检察院应当向人民法院提出强制医疗的申请。人民法院在审理案件过程中发现被告人符合强制医疗条件的,可以做出强制医疗的决定。”“对实施暴力行为的精神病人,在人民法院决定强制医疗前,公安机关可以采取临时的保护性约束措施。”

（一）强制医疗程序的启动

我国《刑事诉讼法》第285条第2款的规定表明，启动强制医疗程序具体有两种方式。

（1）通常情况下，强制医疗程序经由人民检察院向人民法院提出申请而启动。

（2）在较为特殊的情形下，人民法院也可以直接决定启动这一程序。

由检察院提出申请的规定说明，公民个人无权对启动强制医疗程序进行申请，包括公安机关也不能直接向法院提出申请启动强制医疗程序。具体而言，检察院的申请可以分为两种情形。

第一，公安机关在侦查阶段如果发现犯罪嫌疑人有可能是精神病人的话，应当按照有关法律规定对犯罪嫌疑人进行相关方面的鉴定，如果鉴定结果进一步确认犯罪嫌疑人就是精神病人，而且是在不能辨认或者不能控制自己行为的时候造成了具有一定危害结果的，应当及时把相关的刑事案件予以撤销，并为此写出相对的强制医疗意见书，进一步移送到人民检察院，然后由人民检察院向人民法院提出具有强制医疗的申请。

第二，人民检察院在审查起诉过程中，如果发现犯罪嫌疑人是精神病人而且符合进行强制医疗的相关条件，就应该向人民法院提出强制医疗申请。

经研究认为，如果在侦查阶段经鉴定证明犯罪嫌疑人是精神病人的，公安机关也应当将相关材料移送人民检察院，由人民检察院对材料审核把关后，再向人民法院提出强制医疗的申请。这样有利于办案质量得到有效的提高，防止类似将正常人“被精神病”的现象再次发生。

（二）有权采取强制医疗措施的决定机关

我国《刑事诉讼法》第285条第1款的规定表明，无论是人民检察院向人民法院提出强制医疗申请的，还是人民法院在案件审理过程中发现精神病人符合强制医疗条件的，都应由人民法院依照法定程序做出决定。这里的决定权既包括适用强制医疗的决定权，也包括解除强制医疗的决定权。

我国《刑事诉讼法》将对精神病人强制医疗的决定权明确授予人民法院，主要基于以下考虑。

首先，强制医疗措施不仅关乎到公民人身自由的限制，而且关乎公民的名誉权和人格权，为了防范公民人身自由受到非法侵犯或假冒精神病人逃避刑事处罚的情况发生，将强制医疗措施的决定纳入规范的司法程序，严格适用刑事诉讼的原则和制度，由人民法院做出无疑是十分必要的。

其次，如前所述，适用强制医疗措施的条件之一是必须明确认定有关人员实施的暴力行为已经严重“危害公共安全或者严重危害公民人身安全”，在客观方面达到严重的“犯罪程度”，并且由于无刑事责任能力而“不负刑事责任”。

对这两个关键、重要法律事实的认定，为了能更好地使慎重公正的原则得以进一步的体现，无疑也应当由人民法院在充分保障相关当事人参与权的情况下，依照严格规范的诉讼程序做出，而不应由公安机关或其他行政机关简单地以行政方式单方面做出。这一权力配置无疑有利于强制医疗程序在程序上、实体上的公正性和准确性。

此外，我国《刑事诉讼法》还规定“对实施暴力行为的精神病人，在人民法院决定强制医疗前，公安机关可以采取临时的保护性约束措施”。这里的“保护性约束措施”只是“临时”的，而且要保障精神病人的合法权益免受非法侵犯。

（三）强制医疗的审理程序

我国《刑事诉讼法》第286条规定：“人民法院受理强制医疗的申请后，应当组成合议庭进行审理。人民法院审理强制医疗案件，应当通知被申请人或者被告人的法定代理人到场。被申请人或者被告人没有委托诉讼代理人的，人民法院应当通知法律援助机构指派律师为其提供法律帮助。”

1. 审判组织

人民法院对强制医疗的申请进行相关的受理后，由合议庭进行进一步的审理，之所以这么做，主要是考虑到，强制医疗关系公民的人身自由、社会安全和公共秩序，且强制医疗案件除了要把行为人是否实施了暴力行为查明之外，还要对行为人实施暴力行为时是否患有精神病、是否因精神病而无刑事责任能力、是否现在仍因精神病而具有社会危害性必须予以强制治疗进行明确地查明，可见这个过程需要考量到很多的事实，组成合议庭进行审理显然更有利于保证案件的质量，也为了防止独任审理的主观擅断。

2. 告知程序

“人民法院审理强制医疗案件，应当通知被申请人或者被告人的法定代理人到场。”这主要是考虑到被申请人或者被告人很可能是精神病人，不具有诉讼行为能力，通知其法定代理人到场，能够更好地对其合法权益进行相关的维护。

3. 法律援助

由于强制医疗案件相对较为复杂，在这个过程中会涉及精神医学及法律两方面较为专业的知识，加之行为人本身无行为能力或人身自由受到相关限制，其无法正常行使法律赋予的诉讼权利，且有些诉讼行为依法只有辩护人或诉讼代理人才有权进行行使，如调查收集证据的权利，因此，法律明确规定“被申请人或者被告人没有委托诉讼代理人的，人民法院应当通知法律援助机构指派律师为其提供法律帮助”。

4. 审理期限

我国《刑事诉讼法》第 287 条第 1 款规定：“人民法院经审理，对于被申请人或者被告人符合强制医疗条件的，应当在一个月以内做出强制医疗的决定。"该审理期限显然不是很长,而且规定中没有提高相关的延期,这主要是为了使被申请人或者被告人能够尽快结束不确定的状态。

5. 申请复议与救济

我国《刑事诉讼法》第287条第2款规定:"被决定强制医疗的人、被害人及其法定代理人、近亲属对强制医疗决定不服的,可以向上一级人民法院申请复议。"比照刑事诉讼中的上诉程序,强制医疗程序也应实行两审终审制,由上级法院受理不服下级法院的决定而提起的复议。这里需要注意提起复议的主体,包括了被害人及其法定代理人、近亲属。

6. 强制医疗程序的解除

强制医疗程序的解除有两种途径。

(1)医疗机构提出意见

我国《刑事诉讼法》第288条第1款规定:"强制医疗机构应当定期对被强制医疗的人进行诊断评估。对于已不具有人身危险性,不需要继续强制医疗的,应当及时提出解除意见,报决定强制医疗的人民法院批准。"

(2)本人及近亲属提出申请

我国《刑事诉讼法》第288条第2款规定:"被强制医疗的人及其近亲属有权申请解除强制医疗。"

人民法院有权对强制医疗机构的解除、强制医疗的诊断意见和被强制医疗的人及其近亲属解除强制医疗的申请进行审查,以确定被强制医疗的人是否还具有社会危害性,并根据审查的结果决定是否批准解除强制医疗。

四、人民检察院对强制医疗的决定和执行实行监督

我国《刑事诉讼法》第289条规定:"人民检察院对强制医疗的决定和执行实行监督。"人民检察院对强制医疗的监督主要包

括两个方面。

(一)对强制医疗的决定实行监督

在强制医疗的决定程序中,既包括公安机关进行的一系列侦查活动,也包括人民法院进行的审理活动在内。人民检察院对公安机关在侦查阶段的监督,主要是通过对公安机关所提出的强制医疗意见及相关办案工作进行相应审查来实现监督工作的,其中主要包括侦查机关在收集精神病人实施暴力行为的证据材料,对精神病人进行鉴定的程序,对实施暴力行为的精神病人采取临时的保护性约束措施是否合法等。

人民检察院对人民法院在审理阶段进行的监督,主要通过审查人民法院审理强制医疗是否符合法律规定的程序,对强制医疗的决定是否正确、合法等来实现的。

(二)对强制医疗的执行实行监督

具体包括强制医疗机构的执行活动,也包括人民法院解除强制医疗的批准活动。人民检察院对强制医疗机构的执行活动进行监督,主要审查强制医疗机构是否对被强制医疗的人实施必要的治疗,是否按照要求定期对被强制医疗的人进行诊断评估,是否按照要求提出解除强制医疗的申请,是否保障被强制医疗的人的合法权利等。

人民检察院对人民法院批准解除强制医疗的监督,主要体现在人民法院解除强制医疗的批准程序和批准决定是否合法,是否存在徇私舞弊行为等。

第五节　涉外刑事诉讼程序与司法协助制度

一、涉外刑事诉讼概述

涉外刑事诉讼程序，是指人民法院、人民检察院和公安机关办理具有涉外因素的刑事案件所适用的诉讼程序。根据最高法《适用刑事诉讼法的解释》第392条的规定，所谓涉外刑事案件，具体是指以下几个方面。

（1）在中华人民共和国领域内，外国人犯罪的或者我国公民侵犯外国人合法权利的刑事案件。

（2）符合《刑法》第7条、第10条规定情形的我国公民在中华人民共和国领域外犯罪的案件。

（3）符合《刑法》第8条、第10条规定情形的外国人对中华人民共和国国家或者公民犯罪的案件。

（4）符合《刑法》第9条规定情形的中华人民共和国在所承担国际条约义务范围内行使管辖权的案件。

二、涉外刑事诉讼程序的原则

（一）国家主权原则

对外国人犯罪的案件进行办理的过程中，应当适用我国《刑事诉讼法》和有关司法解释、规章的规定，只有法律或者司法解释、规章或者我国加入的国际公约、条约等有特别规定时，才能够适用于特别规定。

享有外交特权和豁免权的外国人的刑事责任问题，通过外交途径解决（我国《刑事诉讼法》第6条第2款、公安部《刑事案件程序规定》第349条）。

（二）诉讼权利和义务平等原则

外国籍、无国籍犯罪嫌疑人、被告人在刑事诉讼中，享有我国法律规定的诉讼权利并承担义务（最高法《适用刑事诉讼法的解释》第395条、公安部《刑事案件程序规定》第346条）。

（三）使用我国通用语言文字进行诉讼原则

在侦查阶段，公安机关办理外国人犯罪案件应该使用中华人民共和国通用的语言文字。如果犯罪嫌疑人对中国语言文字不通晓，公安机关应当为他提供翻译（公安部《刑事案件程序规定》第350条）。

在审判阶段，人民法院审判涉外刑事案件，使用中华人民共和国通用的语言、文字时，应当为外国籍被告人提供翻译。如果外国籍被告人通晓中国语言文字，拒绝他人的翻译，或者不需要诉讼文书外文翻译的，应当由本人出具书面进行声明，人民法院的诉讼文书为中文本，外国籍当事人不通晓中文的，应当附有外文译本，译本不加盖人民法院印章，以中文本为准（最高法《适用刑事诉讼法的解释》第401条）。

（四）委托中国律师参加诉讼原则

外国籍被告人委托律师进行辩护的，或者外国籍附带民事诉讼的原告人、自诉人委托律师代理的，应当委托具有中华人民共和国律师资格并依法取得执业证的律师。

外国籍被告人没有委托辩护人的，人民法院可以通知法律援助机构为其指定相关的律师为其提供一定的辩护。被告人拒绝辩护人为其进行辩护的，应当由其提出书面声明，或者将其口头声明记录在案。被告人属于应当提供法律援助情形的，须另行委托或指派（最高法《适用刑事诉讼法的解释》第402条；公安部《刑事案件程序规定》第359条）。

在中华人民共和国领域外居住的外国人寄交或者委托交给中国律师或者公民的授权委托书，必须经所在国公证机关证明、所在国外交部或者其授权机关认证，并经中国驻该国使领馆认证，才具有法律效力。但中国与该国之间有互免认证协定的除外（最高法《适用刑事诉讼法的解释》第 403 条）。

三、涉外刑事诉讼中外国人国籍的确认

在侦查阶段，外国人的国籍，以其在入境时的有效证件予以确认。国籍不明的，由出入境管理部门协助予以查明（公安部《刑事案件程序规定》第 347 条）。办理无国籍人犯罪案件，在侦查阶段适用与外国人犯罪案件相同的规定。

在审判阶段国籍不明的，根据公安机关或者有关国家驻华使领馆出具的证明确认。国籍确实无法查明的，以无国籍人对待，适用涉外刑事诉讼审理程序，在裁判文书中注明“国籍不明”（最高法《适用刑事诉讼法的解释》第 394 条）。

四、涉外刑事诉讼有关立案侦查的特别规定

（1）外国人犯罪案件，由犯罪地的县级以上公安机关立案侦查（公安部《刑事案件程序规定》第 351 条）。

（2）外国人犯中华人民共和国缔结或者参加的国际公约规定的罪行后进入我国领域内的，由该外国人被抓获的设区的市一级以上公安机关立案侦查（公安部《刑事案件程序规定》第 352 条）。

（3）外国人在中华人民共和国领域外的中国船舶或者航空器内犯罪的，由犯罪发生后该船舶或者航空器最初停泊或者降落地、目的地的中国港口的县级以上交通或者民航公安机关立案侦查（公安部《刑事案件程序规定》第 353 条）。

（4）外国人在国际列车上犯罪的，由犯罪发生后列车最初停靠的中国车站所在地或者目的地的县级以上铁路公安机关或者

该外国人居住地的县级以上公安机关立案侦查（公安部《刑事案件程序规定》第354条）。

（5）外国人在中华人民共和国领域外对中华人民共和国国家或者公民犯罪，依照我国《刑法》应当受处罚的，由该外国人入境地或者入境后居住地的县级以上公安机关立案侦查（公安部《刑事案件程序规定》第355条）。

（6）发生重大的或者可能引起外交交涉的外国人犯罪案件的，有关省、自治区、直辖市公安机关应当及时将案件办理情况报告公安部。公安部与外交部商议后，应当单独或者会同外交部联名将案件进展情况等及时通知我国驻外使馆、领事馆（公安部《刑事案件程序规定》第356条）。

五、涉外刑事诉讼强制措施的适用

（1）对外国人做出监视居住、取保候审决定或者执行拘留、逮捕后的，应当在48小时以内层报省级公安机关，同时通报同级人民政府外事办公室（公安部《刑事案件程序规定》第357条）。

（2）对外国人依法做出取保候审、监视居住决定或者执行拘留、逮捕后，有关省、自治区、直辖市公安厅、局应当在规定的期限内，将外国人的姓名、性别、入境时间，护照或者证件号码、案件发生的时间、地点，涉嫌犯罪的主要事实，已采取的强制措施及其法律依据，通知该外国人所属国家的驻华使馆、领事馆，同时报告公安部。外国人在公安机关侦查后或者执行刑罚期间死亡的，有关省、自治区、直辖市公安机关应当通知该外国人所属国家的驻华使馆、领事馆，同时报告公安部（公安部《刑事案件程序规定》第358条）。

（3）公安机关侦查终结前，外国驻华外交、领事官员要求探视被监视居住、拘留、逮捕或者正在看守所服刑的本国公民的，应当及时安排有关的探视事宜。犯罪嫌疑人拒绝其国籍国驻华使、领事官员探视的，公安机关可以不予安排，但应当由其本人提出书面声明。在公安机关侦查羁押期间，经公安机关批准，外国籍犯罪嫌疑人可以与其近亲属、监护人会见、与外界通信（公安部《刑事案件程序规定》第 360 条）。

（4）对涉外刑事案件的被告人，可以决定限制出境；对开庭审理案件时必须到庭的证人，可以要求暂缓出境。限制出境的决定应当通报同级公安机关或者国家安全机关。

人民法院决定限制外国人和中国公民出境的，应当书面通知被限制出境的人，也可以采取扣留其护照或者其他有效出入境证件的办法，在案件审理终结前不得离境。

对需要在边防检查站阻止外国人和中国公民出境的，应当层报高级人民法院，由高级人民法院填写口岸阻止人员出境通知书，向同级公安机关办理交控手续。控制口岸不在本省、自治区、直辖市的，应当通过有关省、自治区、直辖市公安厅（局）办理交控手续。紧急情况下，确有必要的，也可以向边防检查站交控，再补交交控手续（最高法《适用刑事诉讼法的解释》第 404 条）。

六、涉外刑事案件的审判和执行

（一）涉外刑事案件的审判

（1）人民法院审判涉外刑事案件，应当公开进行，但依法不应公开审理的除外。公开审理的涉外刑事案件，其国籍国驻华使领事馆官员要求旁听的，可以向受理案件法院所在地的高级人民法院提出申请，法院应当安排（最高法《适用刑事诉讼法的解释》第 400 条）。

（2）人民法院审理涉外刑事案件及处理结果，应当及时通报当地外事部门（最高法《适用刑事诉讼法的解释》第 396 条）。

（3）外国籍被告人采取强制措施的情况；开庭的时间、地点、是否公开审理等事项；宣判的时间、地点；对外国籍被告人执行死刑的，在死刑裁判下达后执行前；或者在案件审理中死亡的，应当及时通知其所属国家的驻华使、领馆，并按照有关规定处理（最高法《适用刑事诉讼法的解释》第 396 条）。

（二）涉外刑事案件的执行

对判处独立使用驱逐出境刑罚的外国人，省级公安机关在收到人民法院的刑事判决书、执行通知书的副本后，应当指定罪犯所在地的设区的市一级公安机关执行。被判处徒刑的外国人，其主刑执行期满后应执行驱逐出境附加刑的，省级公安机关在收到原执行监狱的上级主管部门转交的原刑事判决书、执行通知书副本或者复印本后，应当指定罪犯所在地的设区的市一级公安机关执行。我国政府已按照国际条约或《外交特权与豁免条例》的规定，对实施犯罪，但享有外交或者领事特权和豁免的外国人宣布为不受欢迎的人或者不可接受并拒绝承认其外交或领事人员身份，责令限期出境的人，无正当理由逾期不自动出境的，由公安部凭外交部公文指定该外国人所在的省级公安机关负责执行或者监督执行（公安部《刑事案件程序规定》第 361 条）。

本章小结

本章通过对刑事诉讼的特别程序展开深入的研究，进一步对刑事诉讼的特别程序有了整体、全面地了解，通过对刑事诉讼的特别程序：主要包括未成年人刑事案件诉讼程序、当事人和解的公诉案件诉讼程序、犯罪嫌疑人、被告人逃匿、死亡案件违法所得的没收程序、依法不负刑事责任的精神病人的强制医疗程序和涉外刑事诉讼程序与司法协助制度五个方面进行分别的探究与分析，对于刑事诉讼法作为一门实践性很强的部门法，有了更加深入的了解与掌握。

参考文献

[1]《刑事诉讼法学》编写组 . 刑事诉讼法学 [M]. 北京：高等教育出版社，2017.

[2] 胡铭 . 刑事诉讼法 [M]. 北京：法律出版社，2016.

[3] 曾友祥 . 刑事诉讼法学 [M]. 北京：北京大学出版社，2016.

[4] 宋英辉 . 刑事诉讼法学（第五版）[M]. 北京：中国人民大学出版社，2016.

[5] 程荣斌 . 刑事诉讼法 [M]. 北京：人民大学出版社，2016.

[6] 杨宇冠 . 完善人权司法保障制度研究 [M]. 北京：中国人民公安大学出版社，2016.

[7] 彭海青，庞华玲 . 刑事诉讼法 [M]. 北京：法律出版社，2015.

[8] 陈瑞华 . 刑事证据法学 [M]. 北京：北京大学出版社，2014.

[9] 吴洪淇 . 转型的逻辑：证据法的运行环境与内部结构 [M]. 北京：中国政法大学出版社，2013.

[10] 何家弘，刘品新 . 证据法学 [M]. 北京：法律出版社，2013.

[11] 黄风 . 中华人民共和国国际刑事司法协助法立法建议稿及论证 [M]. 北京：北京大学出版社，2012.

[12] 张磊 . 国际刑事司法协助热点问题研究 [M]. 北京：中国人民公安大学出版社，2012.

[13] 全国人大常委会法制工作委员会刑法室 .《关于修改中

华人民共和国刑事诉讼法》的决定条文说明、立法理由及相关规定 [M]. 北京：北京大学出版社，2012.

[14] 刘玉民，于海侠 . 刑事证据规则适用 [M]. 北京：中国民主法制出版社，2012.

[15] 邱爱民 . 实物证据鉴真制度研究 [M]. 北京：知识产权出版社，2012.

[16] 彭小龙 . 非职业法官研究：理念、制度与实践 [M]. 北京：北京大学出版社，2012.

[17] 祖鹏，李玉华 . 人民陪审制度的理论与实践 [M]. 北京：法律出版社，2012.

[18] 田文昌，陈瑞华 . 刑事辩护的中国经验 [M]. 北京：北京大学出版社，2012.

[19] 樊崇义，王建明 .《联合国反腐败公约》与我国职务犯罪侦查研究 [M]. 北京：中国方正出版社，2011.

[20] 刘志远 . 中国刑事赔偿原理与实务 [M]. 北京：中国人民大学出版社，2011.

[21] 张红 . 国家赔偿法学 [M]. 北京：北京师范大学出版社，2011.

[22] 陈光中，徐静村 . 刑事诉讼法学 [M]. 北京：中国政法大学出版社，2010.

[23] 江必新，梁凤云，梁清 . 国家赔偿法理论与实务 [M]. 北京：中国社会科学出版社，2010.

[24] 江必新 . 国家赔偿法指导案例评注 [M]. 北京：中国民主与法制出版社，2010.

[25] 刘爱卿 . 国家赔偿立法与实践 [M]. 济南：山东大学出版社，2010.

[26] 石佑启，刘嗣元 . 国家赔偿法新论 [M]. 武汉：武汉大学出版社，2010.

[27] 金钟 . 证明力判断论 [M]. 北京：中国人民公安大学出版社，2010.

[28] 左卫民 . 刑事诉讼的中国图景 [M]. 上海：生活·读书·新知三联书店，2010.

[29] 陈瑞华 . 比较刑事诉讼法 [M]. 北京：中国人民大学出版社，2010.

[30] 房保国 . 刑事证据规则实证研究 [M]. 北京：中国人民大学出版社，2010.

[31] 梁玉霞 . 中国区际刑事司法协助研究 [M]. 北京：中国人民公安大学出版社，2009.

[32] 张筱薇 . 涉外犯罪研究 [M]. 北京：法律出版社，2009.

[33] 施鹏鹏 . 陪审制研究 [M]. 北京：中国人民大学出版社，2008.

[34] 何家弘 . 从应然到实然——证据法学探究 [M]. 北京：中国法制出版社，2008.

[35] 冯象 . 木腿正义 [M]. 北京：北京大学出版社，2007.

[36] 孙远 . 刑事证据能力导论 [M]. 北京：人民法院出版社，2007.

[37] 何家弘 . 中国的陪审制度向何处去 [M]. 北京：中国政法大学出版社，2006.

[38] 何家弘 . 电子证据法研究 [M]. 北京：法律出版社，2002.

[39] 朱苏力 . 送法下乡 [M]. 北京：中国政法大学出版社，2000.

[40] 陈泽宪，周维明 . 追逃追赃与刑事司法协助体系构建 [J]. 北京师范大学学报（社会科学版），2015（5）.

[41] 刘少军 . 我国主动引渡制度存在的问题与完善 [J]. 理论视野，2015（11）.

[42] 楼伯坤 .APEC 成员合作反腐司法一体化机制构建 [J]. 中国法学，2016（2）.

[43] 郗蕊 . 浅谈新刑事诉讼法视野下电子证据的审查 [J]. 法治与社会，2017（2）.

[44] 王大为，黄慧霞 . 论两岸四地刑事司法协助机制创新 [J]. 法学研究，2011（3）.

[45] 李海滢 . 我国刑事被害人救助制度的未来走向——以国家刑事赔偿、国家刑事补偿与刑事被害人救助关系辨析为进路 [J]. 齐鲁学刊，2012（1）.